# VOYAGE

# A TRAVERS L'ALGÉRIE

PARIS
IMPRIMERIE DE G. ROUGIER ET Cⁱᵉ, 1, RUE CASSETTE

# VOYAGE À TRAVERS L'ALGÉRIE

## NOTES ET CROQUIS

PAR

GEORGES-ROBERT

500 ILLUSTRATIONS INÉDITES
dont 50 hors texte.

1° LA PROVINCE D'ALGER ;
2° LA PROVINCE DE CONSTANTINE ;
3° LA PROVINCE D'ORAN ;
4° LE SAHARA ALGÉRIEN.

DESCRIPTION, HISTORIQUE, MŒURS,
LÉGENDES, ITINÉRAIRES, ETC.

E. DENTU, Éditeur, 3, place de Valois
(PALAIS-ROYAL)

# LA PROVINCE D'ALGER

# DIVISIONS DE L'OUVRAGE

## I. — LA PROVINCE D'ALGER

L'Algérie. — La population européenne. — L'administration indigène. — La justice française et musulmane. — Les Arabes. — Les mariages. — Les Kouloughis. — Physionomie générale de la province d'Alger. — Alger, son histoire, ses environs — Description et historique des principales villes : Aumale, Blida, Cherchell, Dellys, Médéa Miliana, Orléansville, Tenès, Teniet-el-Haâd, Tizi-Ouzou, etc., etc. — Les gorges de la Chiffa et de Palestro. — Hammam-R'irha. —, Les Kabyles. — Légendes arabes, etc., etc. — Principaux itinéraires.

## II. — LA PROVINCE DE CONSTANTINE

Physionomie générale de la province de Constantine. — Les Aissaoua. — Les Khouans ou confrérie religieuse. — Les Berranis. — Les nègres. — La prière du musulman. — Constantine, son histoire, ses environs. — Description et historique des principales villes : Batna, Bône, Bougie, Djidjelli, Guelma, La Calle, Philippeville, Sétif, Tebessa, etc., etc. — Les gorges du Chabet-el-Akhra et d'El-Kantara. — Histoire de Yusuf. — Légendes arabes, etc., etc. — Principaux itinéraires.

## III. — LA PROVINCE D'ORAN

Physionomie générale de la province d'Oran. — Les juifs. — Les maures. — Les mariages indigènes. — Makhzen et goum. — L'armée d'Afrique. — Le Ramadan. — La diffa. — Les mirages. — Les sauterelles. — Oran, son histoire, ses environs. — Description et historique des principales villes : Arzew, Mascara, Mostaganem, Nemours, Relizane, Sidi-bel-Abbès, Tiaret, Tlemcen, etc. — Les cascades d'El-Ourit. — Le combat de Mazagran. — Légendes arabes, etc., etc. — Principaux itinéraires.

## IV. — LE SAHARA ALGÉRIEN

Physionomie générale du Sahara. — Les Arabes sédentaires et nomades. — Les chameaux. — Les chasses à la gazelle, à l'autruche et au faucon. — Description et historique des principales oasis. — Laghouat. — Bou-Saâda. — Aïn-Madhi. — Le M'zab. — El-Goléa. — Ouargla. — Les missions Flatters. — L'oued R'ir. — Biskra. — Les Oulad-Naïl. — Tougourt. — Temacin. — Les Ziban. — L'oued Souf. — Les dunes et le simoun. — Les Oulad-Sidi-Cheikh. — Géryville. — Les fantasias. — Le cheval arabe. — El Abiod. — Les Hamiam-R'araba. — Aïn-Sefra. — Tiout. — Les principaux itinéraires, etc., etc.

# LEXIQUE

**AGHA.** — Chef arabe, nommé par le gouvernement pour surveiller les caïds des différentes tribus placées sous ses ordres et pour centraliser l'impôt.

**AGHALICK.** — Territoire soumis à l'autorité d'un agha; résidence de ce fonctionnaire.

**ALFA.** — Plante fourragère qui couvre une grande partie de la province d'Oran.

**BAI ou BEY.** — Titre que les mahométans donnent au gouverneur d'une province ou d'une ville.

**BASSOUR.** — Espèce de palanquin porté par les chameaux et dans lequel les femmes arabes voyagent.

**CADI.** — Fonctionnaire remplissant diverses fonctions et entre autres celles de juge et de notaire.

**CHÉRIF** (Chorfa au pluriel). — Ce titre appartient à tout musulman qui, directement et par les mâles, descend du prophète par la branche de *Fatma Zohra*, sa fille, mariée à Ali-ben-Bou-Taleb.

**CHOTT.** — Lac salin, plus ou moins desséché.

**DAYA.** — Bas-fond. On trouve dans la plupart une riche et vigoureuse végétation.

**DYS.** — Plante fourragère poussant en gros gazons touffus sur le flanc des montagnes.

**DJEBEL.** — Montagne.

**GHAZZER.** — Orthographe arabe du mo razzier, de razzia.

**HARKA.** — Expédition composée d'indigènes.

**KHALIFA.** — Titre qui, avant la conquête, était supérieur à celui d'agha et qui, maintenant, est donné à l'un des subordonnés de ce dernier.

**KHAMMÈS.** — Métayer qui cultive au cinquième.

**KHOUAN.** — Secte religieuse.

**KIFF ou KIEF.** — Le véritable sens de ce mot a quelque chose de très vague, et le nombre de ses acceptions est pour ainsi dire infini. Il correspond à la fois à nos différents mots, santé, plaisir, repos, bonheur, délassement, flegme, distraction, humeur, etc. On l'emploie aussi pour désigner le fumeur qui se grise avec le hachisch.

**KOUBBA.** — Chapelle, tombe de marabout.

**KSAR** (Ksour au pluriel). — Village arabe.

**MAKHZEN.** — Cavaliers irréguliers faisant le service dans les bureaux arabes. — Dans le Sahara, ces cavaliers sont montés avec des chameaux de course (mehara).

**MARABOUT.** — De l'arabe morabet — qui signifie « lié, attaché ». La qualité de marabout, qui est héréditaire, n'a aucune analogie avec celle de prêtre chez nous; cependant, l'influence se perd si ceux à qui il est transmis ne s'en rendent pas dignes par une continuation de piété et de bonnes œuvres.

**MERCANTIL.** — Marchand ambulant, juif ou arabe, qui, généralement, suit les expéditions.

**OUED.** — Rivière avec ou sans eau.

**OULAD.** — Enfants de... gens de...

**REDHIR.** — Mare d'eau pluviale.

**TARGUI.** — Singulier de Touareg — nom des tribus berbères qui habitent le Sahara central.

**TOLBAS.** — Savants, personnages influents dans la tribu.

**ZAOUIA.** — Ermitage musulman, centre de confrérie où l'on professe quelquefois l'enseignement arabe supérieur.

# L'ALGÉRIE

L'Algérie, cette magnifique colonie que la France possède de l'autre côté de la Méditerranée, a déjà inspiré beaucoup de littérateurs et d'artistes ; mais, jusqu'à ce jour, aucun ouvrage complet n'ayant été publié, cet intéressant pays est encore presque inconnu de tous et l'on ignore généralement ce qu'il a été, ce qu'il est actuellement et ce qu'il est appelé à devenir.

Depuis bientôt soixante ans que nous y sommes installés, de nombreux progrès ont été réalisés, tant au point de vue de la civilisation qu'au point de vue commercial ; cependant, il est évident qu'avec les ressources considérables que cette colonie possède, on aurait pu obtenir plus rapidement d'heureux résultats, si l'administration n'avait pas été sujette à de longs tâtonnements.

Aujourd'hui, l'Algérie est en pleine prospérité et prend chaque jour une importance de plus en plus grande ; son commerce d'exportation, qui pendant longtemps avait été insignifiant, a augmenté, depuis quelques années, dans des proportions considérables, surtout depuis l'importation de la vigne dans les régions les plus favorables.

Par suite des nombreuses communications qui ont été créées dans ces derniers temps, et grâce aussi aux lignes ferrées qui ont été construites, notamment dans les provinces d'Oran et de Constantine, — celle d'Alger n'étant pas favorisée sous ce rapport, — l'échange des produits de la métropole avec ceux du Sud se fait aujourd'hui facilement, et la sécurité la plus absolue règne dans toute la partie de l'Algérie habitée par les Européens.

Bien entendu, ainsi que beaucoup d'autres pays, notre colonie n'est pas exempte des vols et des assassinats; mais la plupart de ces crimes ont lieu chez les indigènes, et il serait facile de prouver au moyen d'une statistique fort simple, qu'actuellement les Européens ne sont pas plus en danger au milieu des Arabes que dans la capitale la plus civilisée.

*<br>* *

D'après le recensement de 1886, on compte en Algérie 220,000 Français, sans l'armée, qui représente à elle seule environ 54,000 hommes, et les Israélites naturalisés au nombre de 42,500.

Il y a en outre 206,000 étrangers de nationalités diverses, 22,000 Tunisiens et marocains, et enfin 3,250,000 musulmans.

La population européenne, en Algérie, est très mélangée; on y rencontre un peu de toutes les nations; aussi, dans les grands centres, à Alger par exemple, est-on étrangement frappé, en visitant les quartiers excentriques, d'entendre ce méli-mélo de dialectes et de patois, plus bizarres et plus discordants les uns que les autres.

Après l'élément français, l'espagnol domine dans une grande proportion, particulièrement dans la province d'Oran ; puis vient le maltais, ou l'anglo-maltais, qui s'est implanté en Algérie depuis notre conquête.

A part les représentants de ces deux races, si faciles à reconnaître par leur type, leur costume et leurs mœurs, les autres peuples n'offrent physiquement rien de bien tranché : ils sont ici ce qu'ils sont en Europe.

*<br>* *

La superficie de l'Algérie est d'environ 70 millions d'hectares ; elle est bornée au nord par la Méditerranée, à l'ouest par le Maroc, à l'est par la Tunisie et au sud par une ligne indéterminée dont nos possessions extrêmes, Ouargla et El-Goléa forment à peu près la limite.

Par la conformation de son sol, l'Algérie se divise naturellement en trois zones :

1º Le *Tell*, qui est la partie essentiellement cultivable, dont la terre fertile produit les fruits et les grains, sous une température analogue à celle du midi de la France. — Cette région est située entre le littoral et une ligne imaginaire qui part de la frontière du Maroc au sud de

Sebdou, passe par Tiaret, Boghar, Aumale, Batna, Krenchela et va aboutir sur la frontière tunisienne à Aïn-Boudriès.

2° Les *Hauts-Plateaux*, pays des pâturages, élevés de 900 à 1,200 mètres au-dessus du niveau de la mer et qui se relient d'un côté au Tell et de l'autre au Sahara par des pentes assez douces.

C'est dans cette région qu'on rencontre les plantes avec lesquelles les indigènes nourrissent leurs troupeaux; le guettaf, le drin, le diss, le semara et l'alfa.

3° Le *Sahara*, dont les vastes solitudes sont interrompues, de distance en distance, par des groupes d'oasis; cette contrée aride et désolée n'a de fertilité que dans les endroits où, grâce à quelques nappes d'eau souterraine, les palmiers sont réunis en assez grand nombre.

*<br>* *

Le climat de l'Algérie est généralement doux et salubre. Sur le littoral, la température moyenne est de 12 degrés pendant l'hiver, et elle s'élève habituellement à 25, 28 et 30 degrés pendant l'été.

La région des hauts plateaux est moins agréable sous ce rapport; la température y est très variable, il y fait souvent extrêmement chaud pendant l'été et l'hiver y est parfois très rigoureux.

Dans le Sahara, les journées sont toujours très chaudes; mais, par contre, les nuits sont excessivement froides; on ne s'aperçoit de l'hiver que par l'arrivée des pluies, qui en tombant quelquefois durant plusieurs jours de suite, font le bonheur des Sahariens.

TRANSATLANTIQUE FAISANT LE SERVICE
DE MARSEILLE A ALGER.

L'histoire de l'Algérie est fort intéressante et nous montre que, de tout temps, la possession de ce beau pays fut convoitée par les peuples habitant l'autre côté de la Méditerranée.

Cette histoire remonte à la fondation de Carthage, par Didon, fille de Bélus, qui, en l'an 860 avant J.-C., fuyait la tyrannie de Pygmalion, son frère, roi de Tyr, et abordait en Afrique.

M. Galibert, dans son ouvrage sur l'Algérie, nous raconte de quel singulier stratagème se servit cette princesse pour obtenir l'hospitalité sur ces arides plages; « Elle ne demandait qu'une petite portion de terre, ce que pourrait enceindre la peau d'un bœuf; et, pour prix d'un si faible service, elle offrait des sommes considérables. Cette peau, découpée en lanières très minces, finit par circonscrire un très grand espace, sur lequel s'éleva bientôt une importante forteresse, Byrsa, qui commandait les environs ainsi qu'une rade immense. Jarbas, chef des Maxyes et des Gétules, qui lui avait fait cette concession, frappé de la beauté de Didon, séduit sans doute aussi par ses richesses, voulut l'épouser; mais cette fière princesse dédaigna la main du barbare et se donna la mort pour se soustraire à ses obsessions. »

Carthage régna sur toute l'étendue du pays qui forme aujourd'hui la Tripolitaine, la Tunisie, l'Algérie et le Maroc; elle fut pendant près de six cents ans l'une des plus grandes villes du monde, sa marine était redoutable et, partout où elle pouvait aborder, elle fondait des comptoirs.

En 264 avant J.-C., Carthage engagea contre Rome la lutte où elle devait succomber; en 146, elle était détruite et son empire passait partie aux mains des Romains et partie aux mains des rois de Numidie et de Mauritanie.

Bientôt après ce partage, Metellus et Marius, ayant vaincu Jugurtha, la Numidie devint province romaine, et la Mauritanie conquise par Jules César, fut destinée, avec l'Égypte, à assurer à Rome la subsistance en blé.

Vers la fin du iv° siècle, les Vandales qui avaient franchi les colonnes d'Hercule vinrent ravager ce pays et s'y établirent en maîtres.

Puis, au vii° siècle, ce fut le tour de la domination musulmane, implantée par Sidi Okba-ben-Nafé; la régence d'Alger fut alors vassale du khalifat de Cordoue.

Vers la fin du xv° siècle, quand, après la prise de Grenade, les Maures furent chassés d'Espagne et que les Turcs, maîtres de Constantinople, prirent le premier rang dans l'islamisme, Alger devint un repaire de pirates qui, malgré les efforts des Etats chrétiens, infestèrent la Méditerranée.

Combattue d'abord par Charles-Quint, qui fut vaincu, Alger entra ensuite dans l'alliance de François I<sup>er</sup> et les flottes barbaresques, sous la conduite de Kheired-Din et de Dragut, ravagèrent alors les côtes de Nice et de Naples.

Tunis fut bombardée au xvi° siècle par la flotte anglaise, commandée par l'amiral Blak; et, sous le règne de Louis XIV, le duc de Beaufort fit subir le même sort à Djidjelli.

En 1687, Alger fut bombardée par Duquesne; mais, bientôt après, les pirates recommencèrent leurs pillages.

Enfin, en 1830, le souverain Hussein-Dey, excité par une réclamation du consul français, M. Deval, répondit par un coup d'éventail au visage de l'agent diplomatique. C'est alors que les satisfactions exigées par la France ayant été refusées, une escadre vint bloquer le port d'Alger; puis, en présence de l'obstination du Dey, une expédition fut décidée, sous les ordres du général de Bourmont, et les Français débarquèrent à Sidi-Ferruch, le 14 juin 1830.

JUIF ALGÉRIEN.

L'Algérie est divisée en trois provinces : la province d'Alger, la province de Constantine et la province d'Oran.

Le gouvernement en est confié à un gouverneur général civil, qui est lui-même secondé par un secrétaire général et assisté d'un conseil supérieur.

Les troupes de terre et de mer, qui appartiennent au 19ᵉ corps, sont sous le commandement d'un général en chef.

Le siège du gouvernement civil est à Alger, ainsi que le commandement militaire.

La colonie est représentée au Sénat par trois sénateurs, et à la Chambre par six députés.

Chaque province renferme un territoire civil et un territoire militaire.

Le territoire civil est administré par un préfet sous l'autorité supérieure du gouverneur général.

Le territoire militaire est administré par le général commandant la division, sous la haute direction du général en chef.

Les arrondissements, sur le territoire civil, sont administrés par des sous-préfets et sont divisés en communes de plein exercice et en communes mixtes.

Les communes de plein exercice sont administrées comme celle de la métropole. Les conseils municipaux renferment des membres indigènes et européens.

Les communes mixtes sont des circonscriptions dans lesquelles la population indigène domine. Il y a des communes mixtes en territoire civil et en territoire militaire; dans le premier cas, elles sont administrées par un administrateur civil et, dans le second cas, par une commission municipale que préside le commandant supérieur, maire, sous la haute autorité du général commandant la division. L'Algérie compte actuellement 232 communes de plein exercice, 84 communes mixtes, dont 6 en territoire militaire et 13 en territoire civil.

Depuis notre occupation, afin de maintenir l'ordre plus facilement et de percevoir les impôts sans trop de difficultés, les indigènes ainsi que le territoire qu'ils occupent ont été classés par catégories et placés sous la surveillance et l'autorité de chefs nommés par le gouvernement.

Voici quelles sont les différentes divisions administratives des populations indigènes, sur le territoire militaire, et particulièrement dans la région saharienne.

Le *douar*, qui n'est autre chose que le groupement de quelques tentes amies ou liées par quelques questions d'intérêt, peut être considéré comme la base de la constitution sociale des Arabes.

La réunion de plusieurs douars forme une *ferka* (section), obéissant à un cheick, qui, comme fonctionnaire, reçoit l'investiture de l'autorité publique.

Le *cheick* est nommé par le commandant de la division, sur la présentation du caïd, sous la direction duquel il règle, dans sa ferka, les contestations relatives aux labours. Il aide à la répartition et à la rentrée des amendes et de l'impôt, et rassemble les bêtes de somme requises, pour les convois, par l'autorité militaire. Ses fonctions lui donnent une position analogue à celle du maire dans la commune française.

Le cheick est assisté dans toutes les fonctions importantes par la réunion des principaux notables des douars placés sous ses ordres.

Cette réunion prend le nom de djema.

Plusieurs ferkas, ou même une seule ferka, si elle est considérable, constituent une tribu.

La *tribu* est commandée par un caïd.

Le *caïd* est choisi parmi les hommes les plus marquants de sa tribu. Il est nommé par le commandant de la division, sur la présentation du commandant de la subdivision. Le caïd est responsable de sa tribu vis-à-vis de l'autorité française. C'est lui qui perçoit l'impôt, qui est chargé du bon ordre et juge les actes de désobéissance et les rixes. Il peut frapper des amendes jusqu'à concurrence de 25 francs. En temps d'expédition, le caïd lève un contingent de cavaliers qu'il commande, et qui marche avec nos troupes.

Les caïds n'ont pas de traitement fixe, mais ils sont autorisés à percevoir un tant pour cent sur les impôts et les amendes.

Le groupement d'un certain nombre de tribus forme un aghalick, sous les ordres d'un agha ou d'un kaïd-el-kaïd (caïd des caïds) appellation qui tend à se substituer à celle d'agha.

L'*agha*, généralement issu d'une famille influente, ou ancien chef militaire à notre solde, est nommé par le ministre, sur la présentation du commandant de la subdivision.

L'agha a pour mission de surveiller les caïds des différentes tribus placées sous ses ordres. Il centralise l'impôt.

En temps de guerre, il commande les contingents convoqués par l'autorité militaire. Comme le caïd, il juge les contestations ; mais, dans

DOUAR

des cas plus graves. Il peut imposer des amendes de 50 francs. Il y a trois classes d'aghas.

Des aghalicks, peuvent former une circonscription relevant d'un bach-aha (chef des aghas).

Cette division est en train de disparaître.

Il n'est, en effet, plus nommé de bach-aghas. Des événements récents ont démontré l'inconvénient qu'il y avait à laisser une autorité et une puissance aussi considérables entre les mains d'un chef indigène, qui peut, à un moment donné, s'en servir contre nous.

Certains bach-aghas et aghas indépendants exercent sur leur territoire une autorité politique et administrative. Ils ont une troupe indigène armée et soldée par la France, pour assurer la tranquillité, mais ils ne peuvent entreprendre d'opérations sans l'assentiment du commandant de cercle.

*<br>* *

Dans chaque tribu est installé un *kadi*, qui rend la justice, règle les contestations civiles, dresse les actes de mariage, prononce les divorces. Le kadi nommé par le commandant de la subdivision doit avoir un certificat de capacité du tribunal supérieur indigène.

Les kadis ne peuvent condamner à la prison, sans prendre l'avis de l'autorité française.

Ils n'ont pas de traitement fixe, mais touchent des droits pour les actes qu'ils rédigent. Les jugements qu'ils rendent sont (disent les méchantes langues) également pour eux une source de bénéfices.

Les kadis des villes, indépendamment du prix qu'ils prélèvent sur les actes qu'ils établissent, ont un traitement fixe.

En dehors du kadi, qui a des attributions toutes spéciales, l'organisation judiciaire en Algérie est la même qu'en France; seulement les nécessités mêmes de l'existence, les besoins de la colonisation et de la sécurité publique, les conditions des relations économiques ont dû amener certaines modifications de détail dans la compétence, dans la procédure, dans les délais et dans les moyens d'exécution.

INTÉRIEUR DE MAISON MAURESQUE. — VUE DU PORT D'ALGER EN 1840.

# LES ARABES

Les Arabes ne s'installèrent sur cette partie de l'Afrique septentrionale que vers le milieu du xi° siècle de Jésus-Christ; ils en chas-

sèrent les Berbères et, peu à peu, se formèrent en tribus afin d'aller camper dans toutes les parties de cette vaste région.

« L'Arabe, dit le colonel Niox, c'est le pasteur, le cavalier qui aime les grands espaces et vit sous la tente. Dédaigneux du travail de la terre, il reste fidèle au précepte de Mahomet : « Où entre la charrue entre la honte. » Quelques tribus ont cependant fini par se fixer au sol.

« L'organisation politique des Arabes est en général aristocratique. Il existe chez eux trois espèces d'aristocraties : une aristocratie militaire, les *djouad*, représentés par les descendants des anciennes familles conquérantes; une aristocratie religieuse, formée par les descendants des marabouts dont l'influence est en rapport avec leur réputation de sainteté; et une aristocratie de race formée par les *chorfa*, qui font remonter leur généalogie à Mahomet. Abd-el-Kader appartenait à la fois à l'aristocratie militaire et à l'aristocratie religieuse : c'est la raison du grand prestige qu'il exerçait. »

L'Arabe est de race blanche et, malgré sa sobriété, est très vigoureux. Il supporte facilement la fatigue et les privations; c'est même là sa seule supériorité sur le soldat français, qui, lui, doit non seulement lutter contre le climat, mais doit encore soutenir de longues et pénibles marches en souffrant parfois de la soif et de la faim.

L'Arabe, très superstitieux, se couvre de talismans; il en attache au cou de ses chevaux, de ses lévriers, pour les préserver du mauvais œil, des maladies, de la mort; il est généralement vaniteux, humble, obséquieux, arrogant tour à tour; il est menteur, voleur; il est paresseux de corps et d'esprit.

Les Arabes, comme du reste tous les musulmans, sont polygames.

Pour l'Arabe riche, la femme est un objet de luxe; chez l'Arabe pauvre, c'est une aide pour ses travaux, souvent une bête de somme; mais quelle que soit sa condition, la femme arabe est toujours tenue dans le plus complet état d'infériorité.

Les Arabes disent : *La naissance d'une fille est une malédiction.*

Les mariages, sauf ceux contractés entre familles influentes, ne sont que marchés. Quand un Arabe a trouvé, parmi les familles qui l'entourent, une jeune fille qui lui plaît, il va trouver le père de celle-ci et lui demande, non la main de sa fille, mais quelle somme il veut en échange. L'affaire conclue, le mari emmène chez lui celle qu'il vient d'acheter pour en faire sa femme.

Souvent, ces mariages ne donnent pas de bons résultats, il y a rapidement désaccord entre les époux. L'Arabe riche s'en console aisément en achetant une nouvelle femme, mais l'Arabe pauvre, qui n'a pas à sa disposition l'argent nécessaire, a recours au divorce.

Moyennant une somme modique, le divorce est prononcé. Si les torts sont du côté de la femme, son mari la renvoie dans sa famille

et son beau-père lui rend la somme qu'il a payée. Si les torts sont réciproques, moitié seulement de l'argent est rendue au mari; enfin, si le divorce est prononcé contre l'époux, la femme retourne chez ses parents et celui-ci n'a droit à aucune restitution.

D'après la loi de Mahomet, tout musulman a droit de posséder trois femmes légitimes, plus une négrese. Il peut, outre celles-ci, en avoir d'autres illégitimes, autant que sa fortune lui permet d'en nourrir; c'est alors un harem.

Les femmes sont d'un prix plus ou moins élevé, suivant leur beauté, leur âge, leur naissance et aussi suivant les contrées.

Une femme coûte, prix minimum, vingt douros (100 fr.); il y en a de mittin douros (1,000 fr.) et au-dessus.

Une femme divorcée se paie moins cher qu'une jeune fille.

Certaines unions étant conclues alors que la jeune fille est encore enfant, le mariage n'est consommé que lorsque celle-ci est nubile (environ douze ans).

\*
\* \*

Les koulour'lis, que l'on rencontre surtout à Alger, sont fils de Turcs et de Mauresques. Ils portent le costume oriental, avec la chechia ou le turban et sont souvent confondus avec les Maures.

Généralement grand et élancé, les membres souples et nerveux, le koulour'li porte la tête haute, et semble toujours se souvenir que ses pères ont été pendant longtemps les maîtres de ce pays.

Sa principale occupation consiste à fumer son chibouk, tranquillement installé au café maure où il absorbe un kaoua ou un thé; parfois aussi, il y fait une partie de dames, ou chante en s'accompagnant de la guzla (instrument à corde).

Cette race tend à disparaître, elle s'éteint chaque jour davantage et se confondra bientôt avec les Arabes.

PERRUQUIER ARABE.

# LA PROVINCE D'ALGER

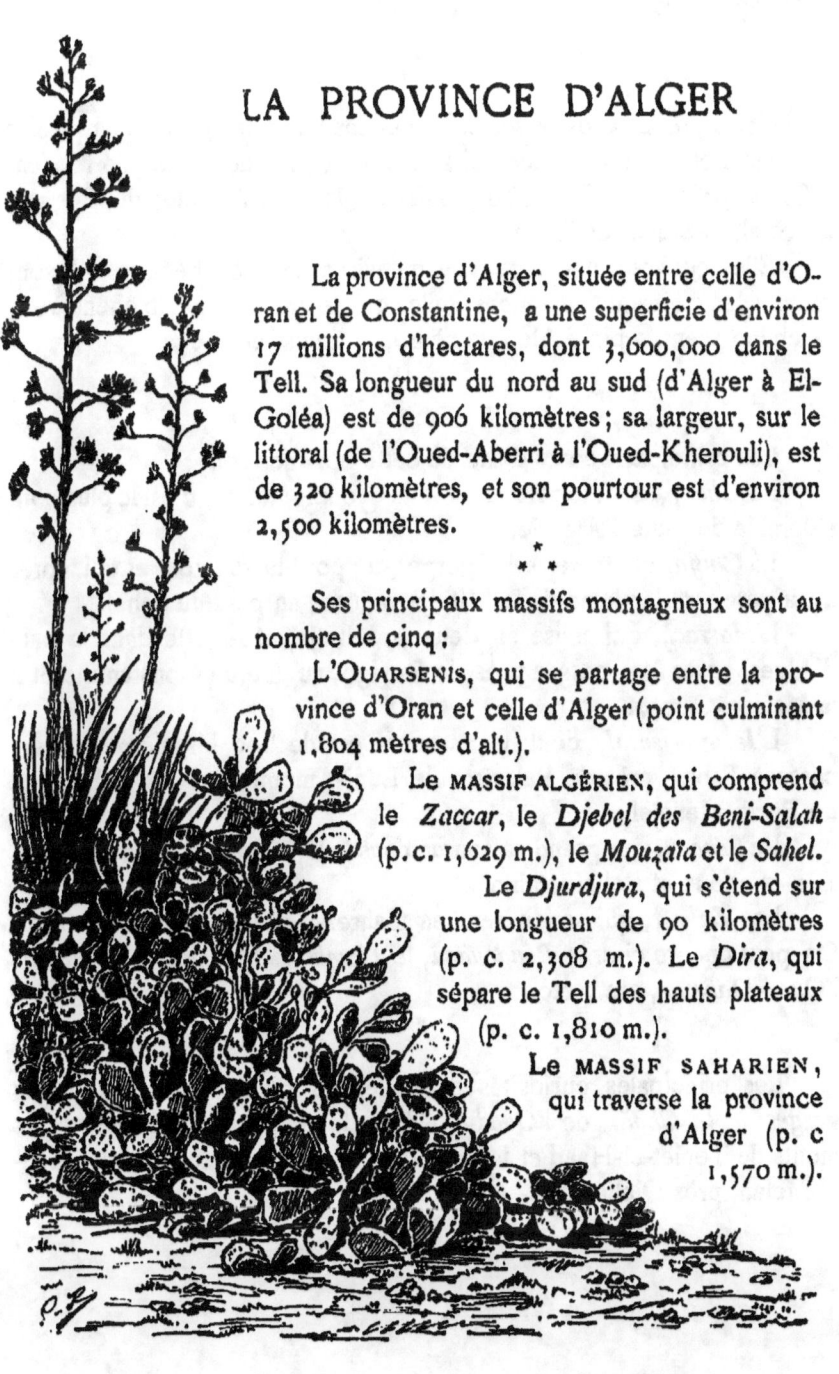

La province d'Alger, située entre celle d'Oran et de Constantine, a une superficie d'environ 17 millions d'hectares, dont 3,600,000 dans le Tell. Sa longueur du nord au sud (d'Alger à El-Goléa) est de 906 kilomètres ; sa largeur, sur le littoral (de l'Oued-Aberri à l'Oued-Kherouli), est de 320 kilomètres, et son pourtour est d'environ 2,500 kilomètres.

\*\*\*

Ses principaux massifs montagneux sont au nombre de cinq :

L'OUARSENIS, qui se partage entre la province d'Oran et celle d'Alger (point culminant 1,804 mètres d'alt.).

Le MASSIF ALGÉRIEN, qui comprend le *Zaccar*, le *Djebel des Beni-Salah* (p. c. 1,629 m.), le *Mouzaïa* et le *Sahel*.

Le *Djurdjura*, qui s'étend sur une longueur de 90 kilomètres (p. c. 2,308 m.). Le *Dira*, qui sépare le Tell des hauts plateaux (p. c. 1,810 m.).

Le MASSIF SAHARIEN, qui traverse la province d'Alger (p. c 1,570 m.).

Entre ces massifs s'étendent les plaines du *Chélif* à l'ouest, de la *Mitidja* au centre, et des *Issers* à l'est.

*<br>* *

Cette province est assez boisée et ses forêts les plus remarquables par leur étendue sont celles qui se trouvent près de Blida, de Médéa, d'Orléansville, de Miliana, de Teniet-el-Haâd, d'Aumale, de Boghar, de Guelt-el-Stel et de Djelfa.

Elles couvrent une superficie d'environ 325,000 hectares où sont réunies les différentes essences, telles que le chêne-liège, le chêne vert, le chêne zéen, le pin d'Alep, le cèdre, le thuya, etc., etc.

*<br>* *

Les principaux cours d'eau de cette province sont :

Le *Chélif*, dont le parcours est de 650 kilomètres ; c'est le plus considérable de toute l'Algérie.

La *Chiffa*, qui traverse les gorges qui portent son nom et qui, après avoir parcouru la plaine de la Mitidja va jusqu'au pied du Sahel.

L'*Harrach*, qui divise en deux la Mitidja, et se jette dans la baie d'Alger, après être passée près de Rovigo, au gué de Constantine et à la Maison-Carrée.

L'*Isser oriental*, dont le parcours est de 200 kilomètres et qui passe à Tablat, près de Palestro, de Beni-Amran, de Souk-el-Haâd et de Bordj-Ménaïel.

Le *Sébaou*, qui prend sa source dans le Djurjura et arrose Rébeval, Ben-N'choud et Bellefontaine.

Les *Zahrez*, qui se divisent en Zahrez-R'arbi et Zahrez-Chergui. On peut encore citer le *Boudouaou*, le *Hamiz*, le *Mazagran*, le *Mador*, l'*Oued-Dahmou*, etc., etc.

*<br>* *

Les principales curiosités naturelles de cette province sont les *gorges de la Chiffa*, de l'*Oued-el-Kébir*, de l'*Harrach*, de *Palestro* ; les monts de Teniet-el-Haâd et la forêt des cèdres ; la cascade de l'Oued-el-Melah, près Djelfa ; etc., etc.

# ALGER

Le panorama d'Alger, vu de la mer, est un des plus merveilleux spectacles que l'on puisse contempler ; en y arrivant la nuit, la ville est enveloppée d'une brume rougeâtre sur laquelle se détachent en points lumineux les longues lignes des becs de gaz qui éclairent les quais et le port ; mais le matin, de quatre à cinq heures, au moment où le soleil se lève, l'aspect est tout différent et devient alors féerique.

Les premiers rayons du soleil, en frappant sur la terrasse de la Kasbah, donnent à cette cité l'aspect d'une immense carrière de marbre blanc ; tous les détails disparaissent dans l'ensemble, et seuls, les quais et le boulevard de la République, avec ses nombreuses arcades et ses splendides hôtels, ainsi ensoleillés, se détachent de l'arrière-plan et semblent s'avancer dans la mer comme une barrière infranchissable.

Du bateau, on peut aussi admirer les environs d'Alger : à droite, sur la hauteur, c'est Notre-Dame d'Afrique, ayant à ses pieds le village de Saint-Eugène ; puis, un peu plus loin, la pointe Pescade ; à gauche, c'est Mustapha-Supérieur, avec ses magnifiques propriétés parmi lesquelles se trouve le palais d'été du gouverneur; plus loin le grand séminaire de Koubba; puis, en bas, Lagha, Mustapha-Inférieur, Hussein-Dey, la Maison-Carrée; puis enfin, tout là-bas, à gauche, le Fort de l'Eau, la Rassauta et le cap Matifou.

Avec les services rapides, inaugurés depuis deux ou trois ans par la compagnie Transatlantique, on arrive généralement à Alger pendant la nuit; aussi, si l'on y gagne en vitesse, y perd-on d'un autre côté; car, non seulement on ne peut admirer la ville, vue d'une certaine dis-

tance, mais encore on n'assiste pas au spectacle amusant d'un débarquement en plein jour.

A l'approche du paquebot qui est signalé longtemps à l'avance, les portefaix et les bateliers se préparent à l'assaut, et le bateau n'est pas plutôt entré dans le port, qu'ils s'accrochent à ses flancs, escaladent le bord et se précipitent au-devant des étrangers, afin de s'emparer des bagages.

C'est une bousculade insensée, un charivari de tous les diables; c'est à qui aura les paquets et les valises, à qui transportera les voyageurs jusqu'aux quais, et tout cela accompagné de cris, de jurements, de disputes, etc., etc.

La scène recommence en arrivant à terre; mais alors elle est exé-

BISKRI ALGÉRIEN

cutée par les yaouleds, ces gamins qui, simplement vêtus d'un séroual blanc (pantalon), d'une chemise et d'une chéchia (calotte rouge), font à Alger l'office de commissionnaires et de cireurs.

Ils ne crient pas moins fort que leurs aînés les portefaix et il n'est pas facile non plus de se débarrasser d'eux; ils y mettent souvent un acharnement insupportable, et la personne ainsi assiégée, afin d'en finir, cède et leur confie sa valise ou son plaid.

Ces porte faix et ces yaouleds, sont connus sous le nom général de *biskri;* ils sont originaires de Biskra, capitale du Zab, et quittent leur pays pour venir à Alger gagner quelque argent qui leur permette de retourner chez eux vivre à l'abri du besoin. Ils occupent tout un quartier de la ville, et les plus âgés ou les plus vigoureux sont employés soit à porter de l'eau chez les particuliers, soit à travailler sur le port.

Alger, qui est la ville la plus importante de notre colonie, et qui en est aussi la capitale, compte actuellement 75,000 habitants environ, parmi lesquels 24,000 Français, 17,000 Musulmans, 8,500 Israélites. 25,500 de nationalités diverses.

Cette ville est entourée d'une enceinte continue, flanquée de bastions et bordée d'un large fossé; depuis longtemps déjà, des projets ont été présentés au gouvernement afin d'obtenir l'autorisation de démolir les fortifications pour agrandir la ville; mais aucune solution n'a encore été donnée.

Cinq portes donnent accès dans la ville; au S.-O. la *porte Azoun* (Bab-Azoun); au-dessus, la *porte d'Isly;* puis en haut, la *porte du Sahel;* au N.-O., la *porte Vallée* et en bas la *porte de l'Oued* (Bab-el-Oued).

Alger est divisé en deux parties bien distinctes : le quartier européen et le quartier arabe.

Dans le quartier arabe, qui, du bas de la ville, c'est-à-dire des rues Bab-el-Oued et Bab-Azzoun, s'étend jusqu'au haut de la Kasbah, les rues sont étroites et tortueuses; c'est là qu'habitent les Arabes, les Juifs, les Maures et les Mauresques.

Dans le quartier européen, qui s'agrandit chaque jour, surtout du côté de la place Bresson et de la Poste, les maisons sont magnifiques, elles ont toutes trois étages sur la façade et un quatrième sur la terrasse qui remplace le toit.

Le quartier de la Préfecture et de la Marine, c'est-à-dire le vieux quartier européen, est habité presque entièrement par les Espagnols, les Mahonnais et les Maltais.

On rencontre à Alger, comme endroits intéressants : la *place du Gouvernement*, avec la statue du duc d'Orléans; la *place Malakoff*, où se trouve la cathédrale, l'archevêché et le palais du gouverneur; le marché de la *place de Chartres;* la *place Bresson*, avec le square et le théâtre; la *place d'Isly;* avec la statue du général Bugeaud et l'hôtel du général commandant le 19° corps; le marché couvert de la *place de la Lyre;* la *place Randon*, où est la synagogue; la *place Bab-el-Oued* où est le lycée; les deux *mosquées Maléki* et *Hanéfi*, dans la rue de la Marine; la *Zaouïa de Sidi Abd-er-Rahman*, qui domine le jardin Marengo; la Kasbah, etc.

* *

La Kasbah véritable, où habitait le dey Hussein, domine Alger du point culminant occidental au sommet du triangle de la ville.

Elle est antérieure à 1516, année où elle fut restaurée et augmentée par Selim-Ben-Teumi.

Ali-Khodja, surnommé le fou, avant-dernier dey d'Alger, s'étant aliéné l'esprit des troupes, fit transporter nuitamment ses trésors à la Kasbah, où il s'enferma, avec une garde à lui, le 1ᵉʳ novembre 1817.

Les janissaires s'étant insurgés à cette nouvelle, Ali fit décapiter un grand nombre de meneurs.

Le soufflet donné par Hussein à notre consul, M. Deval, est le dernier épisode de l'histoire de la Kasbah.

Aujourd'hui, c'est une immense caserne habitée par les zouaves et l'artillerie, et traversée par la route d'El-Biar, route qui a fait disparaître la plus grande partie des fameux jardins du dey.

A Alger, on appelle généralement *la Kasbah* cette partie de la ville située entre la Kasbah proprement dite et le quartier européen, c'est-à-dire le quartier arabe dont les maisons blanches s'élèvent en amphithéâtre sur le flanc du mamelon qui fait face à la mer.

Toute cette partie haute se compose de constructions carrées, d'un ou deux étages au plus, blanchies à la chaux et sans ouvertures sur les rues; les chambres ne reçoivent de jour que par une cour intérieure; les rues sont étroites, sales, tortueuses, et l'aspect général est des plus monotones.

« Toutes les maisons mauresques sont bâties sur le même

modèle, dit M. Piesse ; aucune n'a de façade extérieure. La seule différence existe dans les dimensions, car c'est toujours, partout, chez le riche comme chez le pauvre, un quadrilatère dont les étages sont surmontés d'une terrasse ou d'un toit plat. Sauf la saillie des balcons, les murs de la rue sont unis ; quelquefois, et c'est rare, des arcatures couvrent la façade, comme à Constantine. Les portes d'entrée, massives, garnies de clous à grosses têtes, s'enchâssent dans des jambages en marbre ou en pierre dont les rosaces forment l'ornement. Dans les grandes maisons, la porte est précédée d'un portique garanti par un auvent supporté par des poutres carrées en bois de cèdre, plus ou moins sculptées ou peintes. Quand on a franchi la porte de la rue, qui généralement n'est jamais directe avec celle des appartements, on entre dans un vestibule, ou skiffa, garni de bancs des deux côtés ; c'est là que le maître de la maison reçoit ceux qui viennent lui parler et expédie ses affaires ; peu de personnes, pas même les plus proches parents, ont la permission d'entrer plus avant, à moins que ce ne soit dans les occasions extraordinaires.

« Ensuite on arrive dans une cour ouverte qui, suivant que le propriétaire est à son aise, est pavée de marbre ou d'autres matériaux qui sèchent facilement.

« Cette cour répond assez à l'*impluvium cava œdium* des Romains, les unes et les autres étant ouvertes par-dessus et donnant un jour à la maison.

« Dans les grandes cérémonies, lorsqu'on est obligé de recevoir beaucoup de monde, comme pour un mariage, la circoncision d'un enfant ou autre occasion semblable, on se contente d'introduire la compagnie dans la cour, dont le pavé est alors couvert de nattes et de tapis pour la commodité de la conversation.

« Autour de la cour il y a quatre galeries, puis les appartements bas, salle de bain, cuisine et citerne ; au-dessus de ces galeries, soutenues par des colonnes en pierre ou en marbre, unies, à cannelures torses ou octogones, qui supportent des arcades en fer à cheval, il y a quatre autres galeries, soutenues également par des colonnes qui sont reliées par des balustrades à hauteur d'appui, décorées de colonnettes ou de panneaux découpés ou pleins, mais alors sculptés.

« Nous avons vu, rarement il est vrai, et dans de très anciennes maisons, des balustrades en maçonnerie, déchiquetées en triangles ou en trèfles. Les portes des chambres, qui sont ordinairement de la hauteur de la galerie, sont à deux battants et faites d'une infinité de petits panneaux unis ou sculptés. Des fenêtres carrées et grillées s'ouvrent à côté.

Les galeries soutiennent une terrasse qui sert de promenade aux hommes, le jour, et la nuit, aux femmes; elle sert aussi pour étendre et faire sécher le linge; sur l'un des côtés, il y a ordinairement un pavillon où l'on peut travailler à l'abri des injures de l'air et observer ce qui se passe du côté de la mer; car la plus grande attention des Algériens était d'observer si leurs corsaires revenaient avec des prises. »

C'est l'usage, en été, quand la réception doit être nombreuse, de préserver la cour des ardeurs du soleil ou des effets de la pluie à l'aide d'un rideau ou *velum* qui, tenant par des cordes aux crochets fixés sur les terrasses, peut être plié et étendu suivant qu'on le juge convenable.

L'intérieur des chambres est généralement blanchi à la chaux; le plafond est formé par des poutrelles en bois de cèdre; mais dans les maisons riches, les murs sont ornés de faïence, et les plafonds en bois sculpté offrent des rosaces, des fleurs, des fruits, des poissons peints en couleurs voyantes et dorés.

« Quant à l'ameublement, rien de plus simple : des nattes ou des tapis, quelques glaces et, à l'extrémité de la chambre, un divan servant de siège le jour, de lit la nuit; de grands coffres en bois peint, historiés de clous, renferment les hardes et les bijoux des hommes et des femmes. Les carreaux de faïence ornent, avons-nous dit, l'intérieur des appartements; ils concourent également à la décoration des escaliers, dont les marches sont en marbre ou en ardoise, et aussi à celle des arcades.

« L'usage des cheminées est inconnu, si ce n'est pour les cuisines; on a su en tirer un parti très élégant : des conduits placés à chaque côté de la terrasse se terminent par une série de bouches ouvertes de côté, coiffées de pyramidions faïencés et ornés de boules.

« En somme, rien de mieux compris, sous un climat chaud, que la maison mauresque avec ses galeries, ses portiques, ses ventilateurs finement évidés, ses appartements oblongs ouverts sur une cour intérieure rafraîchie par une fontaine. Quand on a déployé le velarium antique, elle est harmonieuse, tempérée et douce au delà de toute expression; la chaleur y perd son énergie sauvage et la lumière son intensité et ses reflets brûlants. »

« Tout, dans l'existence, les goûts, l'architectonique des Maures, s'explique donc merveilleusement par les conditions climatériques sous l'influence desquelles ils sont placés; tout est le résultat des lois hygiéniques instinctivement pratiquées.

« Dans les maisons mauresques de quelque importance, on trouve souvent une autre petite maison (douira) où l'on pénètre par un escalier donnant sur l'escalier principal ; c'est dans cette douira, appropriée au style général de la grande maison, que les Maures ou les Turcs se retiraient pour leurs travaux, ou plutôt pour leurs plaisirs. »

\*
\* \*

La fondation de la ville d'Alger date des temps les plus reculés. Sous le nom d'*Icosium*, à l'époque chrétienne, elle posséda des évêques; lorsque les Arabes envahirent l'Afrique, les Berbères s'y installèrent.

Ensuite, soit qu'elle ait été détruite ou anéantie d'une façon ou d'une autre, elle fut reconstruite au IV° siècle de l'hégire (x° de l'ère chrétienne), sous la dynastie arabe Sanhadjienne, par Bologguin, fils de Zïri, qui lui donna le nom d'El-Djezaïr-Beni-Mer'ana, nom que les Musulmans lui donnent encore aujourd'hui.

MAURESQUE

L'occupation d'Alger par les troupes françaises eut lieu le 5 juillet 1830, après vingt jours de combats et d'escarmouches.

M. Léon Galibert raconte ainsi l'entrée des troupes dans la ville :

« Le 5 juillet au matin, alors que, dans le camp français, tout le monde s'apprêtait à relever par une brillante tenue la solennité qui avait été annoncée, un envoyé du dey venait encore implorer du général en chef un nouveau délai. Mais les ordres les plus précis avaient été donnés la veille pour que l'armée opérât sans retard sa concentration sur Alger. C'eût été commettre une faute grave que de contremander ce mouvement. D'ailleurs, on avait fait aux vaincus toutes les concessions possibles ; il fallait donc que la capitulation s'accomplît. « Au reste, » dit le général en chef à l'envoyé du dey, « si votre maître n'est pas satisfait des avantages qui lui ont été accordés, qu'il retire sa signature. Vous le voyez, tout ici s'apprête à canonner la Kasbah. » En effet, le général La Hitte, craignant une surprise, avait mis à profit la nuit du 4 au 5, pour ouvrir de nouvelles tranchées et s'approcher de la place.

« Au moment où l'envoyé du dey cherchait encore à négocier, une batterie se dressait à quatre cents mètres de la Kasbah. La réponse du général en chef fut considérée comme définitive, et Hussein ne songea plus qu'à exécuter la capitulation.

« A onze heures, les trois divisions de l'armée française se mirent en marche pour prendre possession des différents postes qui leur avaient été assignés. La porte Neuve, qui était la plus rapprochée des attaques, fut choisie pour l'entrée triomphale; le général Achard, avec sa brigade, devait occuper la porte Bab-el-Oued et les forts qui l'avoisinent ; le général Berthier de Savigny, le fort Bab-Azoun et les différents postes de la marine, car l'escadre, depuis la canonnade du 3, était tenue au large par les vents contraires. Le chemin qui conduit du fort l'Empereur à la Porte-Neuve est étroit, encaissé, rocailleux ; il se trouvait, en outre, obstrué par les boulets, des éclats de bombes et des débris de toute espèce, au milieu desquels les chevaux et les roues des caissons demeuraient sans cesse engagés. Une batterie de campagne ouvrait la marche ; venaient ensuite les sapeurs du génie, l'une des gloires les plus éprouvées de l'armée française ; puis, le 6ᵉ régiment de ligne, qui, par son numéro d'ordre, formait la tête de colonne de la deuxième division. Ces troupes devaient occuper la Kasbah. Le général en chef, entouré d'un nombreux et brillant état-major, escorté d'un escadron de chasseurs, dont les lances et les shakos étaient ornés de branches de myrte et de laurier, s'avançait ensuite, au bruit des fanfares guerrières. — Le ciel était d'une limpidité extrême, et des flots de lumière se jouant à travers toutes ces masses d'hommes et de chevaux, rehaussaient l'éclat de leurs armes et la couleur variée de leurs uniformes. Officiers et soldats partageaient l'ivresse de leur général ; tous savouraient à longs traits les délices de cette journée. Cependant, lorsqu'on fut près des remparts, un profond sentiment de tristesse remplaça ces élans de bonheur ; là se trouvaient, entassés pêle-mêle, les cadavres horriblement mutilés des prisonniers français que les Arabes avaient faits pendant la durée du siège ; leurs membres étaient déchirés et la tête séparée du tronc. C'était un spectacle affreux. Les drapeaux s'inclinèrent devant ces glorieuses dépouilles, les tambours roulèrent la marche funèbre et l'armée défila au port d'armes ; enfin, on franchit la porte Neuve.

« Ici, les difficultés du chemin augmentèrent ; de la porte Neuve à la Kasbah, ce n'est plus qu'une ruelle étroite, bordée de mauvaises bicoques, bâties sans alignement, et où trois hommes peuvent à peine passer de front. Les essieux de l'artillerie renversaient à chaque instant des pans de muraille, et ces démolitions imprévues entravaient la marche de la colonne. Pendant que l'on était occupé à déblayer la voie, le colonel Bartillat, chargé de faire le logement du quartier général, surmontant tous ces obstacles, s'avança avec un faible détachement vers la Kasbah. Aussitôt qu'on le vit s'approcher de l'enceinte, le dey, qui s'y trouvait encore, en sortit précipitamment ; ses domestiques maures et les esclaves nègres imitèrent son exemple, emportant tout ce qui leur tombait sous la main, et laissant échapper, dans leur fuite, la plupart des objets qu'ils enlevaient; si bien, qu'en un clin d'œil l'entrée de la Kasbah et ses abords semblaient avoir été livrés au pillage. Les juifs profitèrent seuls de cette panique; ils recueillirent ces épaves avec une avidité extrême. Nos soldats s'emparèrent bien de quelques objets, mais moins à cause de leur valeur intrinsèque que de leur bizarrerie.

« Dans ses autres quartiers, Alger était loin de présenter l'aspect triste et désolé d'une ville où la victoire vient d'introduire l'ennemi. Les boutiques étaient fermées, mais les marchands, assis tranquillement devant leurs portes, semblaient attendre le moment de les rouvrir. Ni l'harmonie d'une musique qu'ils n'avaient jamais entendue, ni l'éclat du triomphateur ne firent impression sur les Algériens. Assis ou couchés sur les bancs de pierre, ils ne se retournaient même pas pour voir défiler nos troupes. — Dans les faubourgs, on rencontrait des Arabes montés sur leurs ânes, ou conduisant leurs chameaux, qui faisaient signe aux détachements français de les laisser passer, en criant de toute leur force : *Balak! balak!* (gare! gare!) Cet imperturbable sang-froid s'expliquait par la confiance que notre parole leur inspirait. En effet, tous les habitants d'Alger savaient que la capitulation garantissait à chacun l'inviolabilité de ses propriétés, le respect des femmes, la sûreté individuelle ; n'ayant rien à craindre, ils n'éprouvaient que de l'indifférence pour les nouveaux venus. — Seuls, les Maures et les Koulouglis, les Juifs surtout, accueillirent notre arrivée avec joie, car ils espéraient que la longue oppression des Turcs allait faire place à un régime meilleur. — Quelques musulmanes voilées se laissaient entrevoir, à travers le grillage épais de leurs balcons ; les juives, plus hardies, garnissaient les terrasses de leurs demeures, sans paraître surprises du spectacle nouveau qui s'offrait à leurs yeux. « Nos soldats, au contraire, dit le commandant Pédissier, jetaient partout des regards avides et curieux, car tout faisait naître leur étonnement dans une ville où leur présence seule semblait n'étonner personne. »

« Les portes Bab-Azoun et Bab-el-Oued, les forts qui leur correspondent et les batteries de la côte furent occupés en même temps que la porte Neuve et la Kasbah. Nulle part on ne rencontra des janissaires ; sur aucun point la garnison turque n'avait laissé de postes. — Les miliciens célibataires s'étaient retirés dans les casernes ; ceux qui étaient mariés avaient cherché asile dans les habitations de leurs familles. — Malgré cet abandon, jamais ville en Europe ne fut occupée avec plus d'ordre.

« Le quartier général s'établit, ainsi que nous l'avons dit, à la Kasbah ; un bataillon seulement de la division Loverdo et quelques compagnies d'artillerie en formèrent la garnison. Deux autres bataillons de cette division s'installèrent près de la porte Bab-Azoun ; le reste campa près de la porte Neuve et autour du château de l'Empereur. Une partie de la brigade Achard forma la garnison du fort Bab-el-Oued

et de celui des Anglais ; l'autre campa dans les terrains environnants. Le fort Bab-Azoun fut occupé par un bataillon de la division d'Escars ; le deuxième régiment de marche avait pris position une demi-lieue en avant, sur les bords de la mer. — Les autres corps de cette division étaient répartis sur les hauteurs qui dominent la plage orientale. — Les sapeurs du génie et la plus grande partie des canonniers furent logés dans les bâtiments de la Marine.

« A peine les différentes divisions eurent-elles occupé leurs postes respectifs, que tout changea de face dans Alger et les environs :

de la ville. Les préjugés des musulmans s'opposaient à ce qu'on fît loger les troupes dans les maisons particulières. Aussi observa-t-on rigoureusement tout ce qui avait été prescrit à cet égard dans la capitulation.

« Nos soldats ne franchirent le seuil d'aucune habitation privée ; des sentinelles ou simplement des consignes écrites suffirent pour empêcher l'accès des mosquées.

« Disons-le à la gloire de l'armée française, sa modération et sa retenue prouvèrent au monde civilisé qu'elle comprenait parfaitement

la haute mission qui venait de lui être confiée. Les brigades qui étaient entrées dans la ville établirent leurs bivouacs sur les places, sans que leur présence excitât la moindre alarme parmi les habitants. Un grand nombre, au contraire, accouraient pour les voir de près, et les nègres finirent par danser au son de la musique de nos régiments. Il semblait que ce fût pour eux un véritable jour de fête. La plupart venaient offrir gratuitement leurs services aux soldats et se prosternaient devant eux, en criant : « Allah ! » Dans les bivouacs de l'extérieur, la scène était encore plus pittoresque et plus animée. Ici, les soldats avaient pour tentes des palmiers, ou de larges platanes, ou bien des haies de laurier-rose et d'aubépine.

« Une fraîcheur délicieuse, entretenue par des sources d'eau vive, régnait sous tous ces ombrages, tandis que la fumée grise et vaporeuse des cuisines, qui s'échappait à travers ces masses touffues, produisait avec le beau vert du feuillage et l'azur des cieux un piquant contraste. — Le bivouac était rempli d'Arabes qui venaient offrir à nos soldats des légumes, des œufs, des volailles. Ils s'étonnaient qu'on leur en offrît le paiement, et, quand ils avaient reçu l'argent, ils se prosternaient, frappaient la terre de leur front et murmuraient avec une grande volubilité des phrases inintelligibles qui provoquaient de longs éclats de rire. »

Aussitôt après son entrée dans la Kasbah, le général en chef fit chanter le *Te Deum* pour remercier Dieu de la victoire qu'il venait d'accorder aux armes de la France. (M. l'abbé Dapigez, à qui nous sommes redevables de plusieurs détails très intéressants sur la campagne de 1830, nous apprend, particularité assez curieuse, qu'au nombre des personnes qui assistaient au *Te Deum*, se trouvait une danseuse de l'Opéra de Londres.)

Le premier soin des chefs qui occupaient les ports de la Marine fut de délivrer les esclaves chrétiens enfermés dans le bagne. On en trouva cent vingt-deux, dont quatre-vingts appartenaient aux équipages français du *Sylène* et de l'*Aventure* échoués sur les côtes d'Afrique quelques mois auparavant. — Parmi les esclaves français se trouvait un nommé Béraud, de Toulon, qui était là depuis 1802.

ALGER. — TYPES DIVERS.

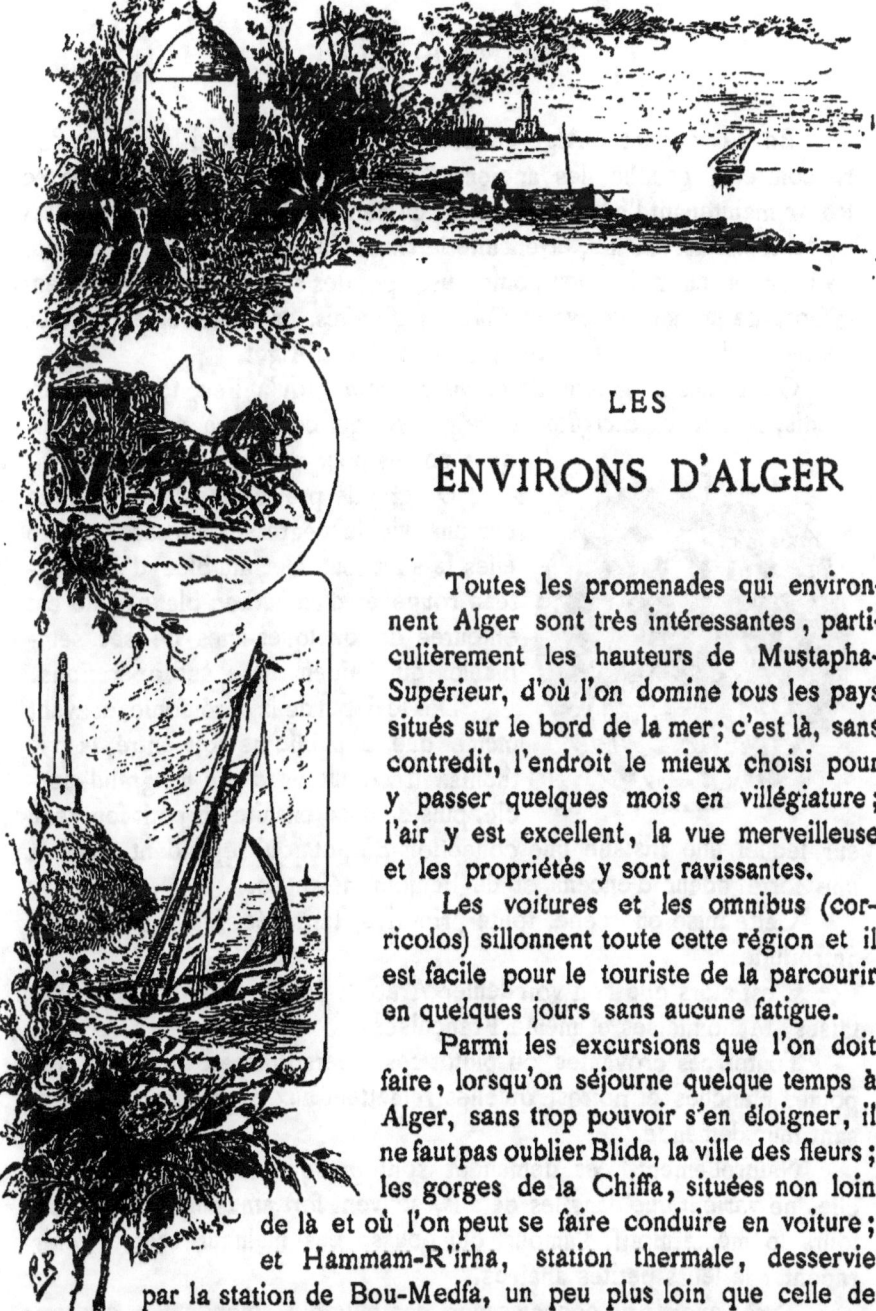

# LES ENVIRONS D'ALGER

Toutes les promenades qui environnent Alger sont très intéressantes, particulièrement les hauteurs de Mustapha-Supérieur, d'où l'on domine tous les pays situés sur le bord de la mer ; c'est là, sans contredit, l'endroit le mieux choisi pour y passer quelques mois en villégiature ; l'air y est excellent, la vue merveilleuse et les propriétés y sont ravissantes.

Les voitures et les omnibus (corricolos) sillonnent toute cette région et il est facile pour le touriste de la parcourir en quelques jours sans aucune fatigue.

Parmi les excursions que l'on doit faire, lorsqu'on séjourne quelque temps à Alger, sans trop pouvoir s'en éloigner, il ne faut pas oublier Blida, la ville des fleurs ; les gorges de la Chiffa, situées non loin de là et où l'on peut se faire conduire en voiture ; et Hammam-R'irha, station thermale, desservie par la station de Bou-Medfa, un peu plus loin que celle de Blida sur la ligne d'Alger à Oran.

## SAINT-EUGÈNE

En se rendant d'Alger à Saint-Eugène, on côtoie la mer et l'on rencontre, à gauche, les anciens *jardins du Dey*, dans lesquels se trouve maintenant l'hôpital militaire ; un peu plus loin, les *Sept Fontaines* ou *fontaines des Génies*, et ensuite le *cimetière européen et juif*. A droite de la route, au milieu des nombreuses pointes rocheuses qui sillonnent le bord de la mer, s'élève le *Fort des Anglais*, dans lequel est installé l'entrepôt des poudres de chasse de la ville d'Alger.

C'est dans la grotte des *Sept Fontaines*, qu'a lieu, tous les mercredis, le fameux *sacrifice des négresses,* qui consiste à égorger quelques poules pour conjurer le mal.

La grande prêtresse est représentée par une vieille négresse, affreuse comme elles le sont toutes et affublée d'un manteau rouge et d'un turban blanc ; elle est entourée de quelques-unes de ses semblables qui l'aident dans ses opérations.

Dès le début de la cérémonie, et avant même que le public ne soit entré, la pythonise trace autour d'elle un grand cercle, puis dispose ensuite un petit fourneau sur lequel elle installe une collection de pots qui répandent aussitôt une forte odeur d'encens et de benjoin mélangés.

Cette mise en scène, toute primitive, terminée, les clientes sont introduites.

C'est alors que l'on voit défiler Arabes, Juives, Espagnoles, Maltaises, Mahonnaises et même Françaises !

Toutes ces croyantes, ou plutôt ces superstitieuses, apportent des poules blanches et noires, qu'elles remettent aux négresses en adressant leur demande.

Naturellement, ces demandes sont presque toutes les mêmes, elles ne varient que dans les détails, souvent fort amusants ; c'est toujours le même motif, l'amour, qui pousse ces malheureuses à venir raconter là leurs petites affaires.

Après avoir pris connaissance des faits qui amènent sa cliente, la vieille négresse l'encense des pieds à la tête, puis brandit trois fois autour d'elle les volatils auxquelles elle coupe ensuite le cou, en procédant lentement et partiellement. Alors, elle barbouille avec le sang qu'elle recueille dans un bassin de métal les mains, les pieds, le front et les yeux de la trop croyante personne, tout en récitant des prières ou plutôt des incantations magiques.

C'est pendant ce temps que les pauvres poules, à moitié mortes, achèvent le sortilège. — Agitent-elles leurs ailes tremblotantes du côté de la mer, c'est bon signe et la grande prêtresse pousse des cris joyeux ; si, au contraire, les malheureux oiseaux se débattent du côté du rocher, le charme est rompu et l'opération est à recommencer.

Dans le cas de réussite, l'intéressée, après cette cérémonie, boit un peu d'eau de la source, puis s'y lave par trois fois et se retire enfin pleine d'espoir.

*
* *

*Saint-Eugène* possède environ 3,400 habitants ; c'est un endroit où l'on vient surtout en villégiature et où, à cet effet, de nombreuses villas ont été construites.

Les restaurants y abondent et sont très fréquentés, les dimanches et jours de fête, par la jeunesse algérienne.

## LA POINTE PESCADE

De loin, la pointe Pescade est signalée par son bordj, aujourd'hui en ruines et qui fut bâti en 1671, en même temps que le fort des Anglais, par Adj-Ali-Agha ; il est occupé maintenant par des douaniers qui ont construit un petit logement sur l'un des côtés.

De ce point, la vue est superbe ; on découvre toute la côte, ainsi qu'Alger.

La pointe Pescade est très renommée parmi les amateurs de promenade qui tiennent aussi à se bien restaurer, et l'établissement de Saint-Pons, construit sur les rochers, au bord de la mer, y est non seulement apprécié pour sa situation, mais aussi pour son excellente cuisine.

De la pointe Pescade, une des excursions les plus intéressantes est celle des gorges de Radjel-Afroun, où il est impossible de se rendre en voiture.

## GUYOTVILLE

A 5 kilomètres avant d'arriver à Guyotville, on voit le cap Caxine, sur lequel s'élève un phare de 64 mètres de haut et qui éclaire à environ 25 milles en mer.

Le village de Guyotville a été bâti sur l'ancien emplacement d'Aïn-Benian ; il tient son nom du comte Guyot, qui fut directeur de l'intérieur de 1840 à 1846.

C'est un pays très fertile et les récoltes y sont abondantes.

Parmi les endroits à visiter, on peut signaler : les ruines romaines de *Ras-Knater* à 1 kilomètre vers l'ouest; la grotte préhistorique du *Grand-Rocher*, à 1 kilomètre S.-O. ; et les nombreux dolmens qui existent encore près du *Ravin des Beni-Messous*, à environ 1 kilomètre plus loin et dans la même direction que le Grand-Rocher.

## NOTRE-DAME D'AFRIQUE

Quoique l'église de Notre-Dame d'Afrique soit construite sur un des mamelons les plus élevés des environs d'Alger, on peut cependant y arriver en voiture; la montée est rude, mais la vue n'en est que plus belle et plus étendue lorsqu'on arrive au sommet.

Cette église, aux murs demi-sphériques, terminés par des demi-coupoles alternées par des clochetons, est surmontée d'un dôme que décore, à demi-hauteur, une colonnade et que termine une croix; aperçue de la mer, elle fait énormément d'effet et, ainsi perchée sur cette hauteur, semble être inaccessible.

A l'intérieur de Notre-Dame d'Afrique, on peut voir une statue de

saint Michel, en argent massif, donnée par la corporation des pêcheurs napolitains et dont la valeur est estimée à près de 100,000 francs.

Une petite chapelle consacrée à Monseigneur Pavy, le 20 septembre 1857, se trouve en avant de l'église.

## LE FRAIS-VALLON

Le chemin qui mène au Frais-Vallon, ainsi appelé parce que le soleil n'y pénètre jamais, est des plus pittoresques; tracé à mi-côte sur le flanc d'un mamelon, il est ombragé par une route verdoyante et entoure l'oued, dont le lit, presque à sec pendant l'été, roule ses eaux avec tapage, au milieu des pierres et des rocs, pendant l'hiver.

On trouve au Frais-Vallon plusieurs sources, dont l'une d'elles, bien connue des Arabes, est renfermée dans la Koubba de Sidi-Medjbar, marabout vénéré des musulmans d'Alger.

C'est cette source, qui, d'après la légende, a le privilège de faire retrouver un mari aux femmes divorcées qui y font trois voyages.

## L'ASILE DES VIEILLARDS

Cet établissement, desservi par les petites sœurs des pauvres, est situé non loin du Frais-Vallon.

## LE FORT L'EMPEREUR

Le fort l'Empereur (ou Sultan-Calang), qui aujourd'hui sert de prison disciplinaire pour les officiers, fut bâti en 1545 par Hassen, successeur de Kheir-ed-Din.

C'est dans ce fort que fut organisée la défense, lorsqu'en 1830, les troupes françaises assiégèrent Alger.

Les janissaires turcs s'y distinguèrent par leur courage, continuant à lutter malgré les ravages causés par nos boulets et nos obus, et ne quittèrent leur poste que devant l'impossibilité absolue de tenir davantage et après avoir fait sauter la tour ronde qui contenait la poudrière.

## EL-BIAR

El-Biar est un village européen d'environ 2,500 habitants, entouré de quelques fermes et de propriétés arabes éparpillées au milieu des côteaux verdoyants.

A un kilomètre environ au delà d'El-Biar se trouve le *couvent des jeunes filles du Bon-Pasteur*, où sont reçus les enfants abandonnés de huit à quatorze ans et les jeunes filles qui, ayant déjà mené une vie de désordres, viennent librement ou sont amenées là par leurs parents pour se repentir.

D'El-Biar on peut rejoindre la route d'Alger à Birmandraïs, en prenant un petit chemin qui domine tout Alger ainsi que Mustapha-Supérieur et qui aboutit au point connu sous le nom de la colonne Voirol. — A droite et à gauche, ce chemin est environné de riches habitations indigènes.

## BOU-ZARÉA

Du village de Bou-Zaréa, situé à 402 mètres d'altitude, le panorama est superbe et la vue s'étend au loin, d'un côté sur la plaine de la Mitidja jusqu'au tombeau de la Chrétienne et, de l'autre jusqu'à la vallée de l'Harrach.

On peut arriver aussi à cet endroit en passant par Notre-Dame d'Afrique et la vallée des Consuls.

La mosquée de Sidi-Nouman, entourée de plusieurs koubbas, se trouve à un kilomètre au-dessus du village.

## CHERAGA

Principalement habité par d'anciens colons venus du Var, le village de Cheraga possède outre la culture des céréales, celle des arbres et arbustes odoriférants dont on distille les produits.

Sidi-Ferruch, Staouëli, Zeralda et la Trappe sont des annexes de Cheraga et portent sa population à environ 4,700 habitants.

Le buste du maréchal Pélissier, duc de Malakoff, est placé dans ce village, sur une fontaine, au centre de la place.

## LA TRAPPE DE STAOUËLI

Fondée en 1843, par les trappistes, sur le plateau où fut livré, le 19 juin 1830, le fameux combat qui décida du sort de l'Algérie, l'abbaye de Staouëli est aujourd'hui un des plus beaux et des plus utiles établissements de notre colonie algérienne.

Malgré les subventions qui leur furent accordées de toutes parts, malgré l'aide qu'ils rencontrèrent et cent cinquante condamnés militaires qu'on avait mis à leur disposition, les trappistes eurent énormément de mal pour transformer ce plateau en un pays fertile.

Cependant, leurs efforts furent couronnés de succès et, à l'heure actuelle, la colonie agricole de Staouëli possède : 500 hectares de cultures diverses, 15 hectares de géranium pour la distillerie et 425 hectares de vigne, dont le vin fort apprécié est expédié dans toutes les directions.

De plus, une importante ferme dans laquelle sont installés des ateliers, un moulin à farine, quatre cents ruches et un nombreux bétail, occupe de deux cents à deux cent cinquante ouvriers.

L'abbaye, dont l'entrée est formellement interdite aux femmes, compte cent vingt pères trappistes, parmi lesquels on rencontre plusieurs officiers démissionnaires.

Leur existence, quoique des plus tristes, est des plus intelligentes ; chacun s'occupe suivant ses goûts, ses connaissances ou ses dispositions ; aussi l'ordre le plus parfait règne-t-il dans cet établissement modèle.

En avant de l'abbaye se trouvent les dix palmiers qui abritent la statue de la vierge, Notre-Dame de Staouëli. Le milieu du bâtiment, qui a la forme d'un rectangle, est occupé par un jardin entouré d'un cloître à deux rangs d'arcades au rez-de-chaussée et au premier étage.

Partout, on ne trouve que le strict nécessaire, mais les frères trappistes, dont l'hospitalité est légendaire, reçoivent les visiteurs avec tant d'amabilité qu'on oublie bien vite le manque de confortable ou de mets délicats. Tout individu sans ressources peut sans crainte frapper à la porte des trappistes, il est reçu à bras ouverts et hébergé pendant plusieurs jours ; il peut rester plus longtemps, s'il consent à travailler, et peut même, plus tard, entrer dans l'ordre si cette existence lui convient.

Le village de Staouëli est à 5 kilomètres de la Trappe.

## SIDI-FERRUCH

C'est dans la presqu'île de Sidi-Ferruch que les Français débarquèrent le 14 juin 1830 et qu'après avoir organisé leur camp ils furent attaqués par les contingents d'Ibrahim, gendre du dey d'Alger, et par les beys d'Oran et de Constantine, qui avaient eux-mêmes planté leurs tentes à 9 kilomètres de là, sur le plateau de Staouëli.

Le village de Sidi-Ferruch fut créé en 1844 et est habité par des pêcheurs et des maraîchers.

Cette presqu'île tient son nom de Sidi-Ferredj, qui fut marabout

vénéré dans la contrée. La légende raconte que Sidi-Ferredj devait surtout son prestige à un enlèvement dont il avait été victime de la part d'un Espagnol. Emmené en pleine mer par son ravisseur, ils se retrouvèrent, après avoir voyagé toute la nuit, à l'endroit même d'où ils étaient partis la veille. « Reconduis-moi à terre, dit le marabout à l'Espagnol, et tu pourras continuer ton chemin. » Il fut fait ainsi qu'il le désirait, et, le lendemain, comme le navire, après avoir marché sans cesse, se retrouvait encore à la même place, l'Espagnol, ayant aperçu sur le pont les babouches du marabout, ne douta pas un seul instant que cet oubli ne fût seul cause de l'insuccès de sa marche, et, émerveillé par ce nouveau miracle, s'empressa de reporter les chaussures à Sidi-Ferredj, auquel il demanda en grâce de continuer à vivre auprès de lui.

C'est ainsi que ce chrétien, devenu musulman, fut enterré avec Sidi-Ferredj dans une koubba qui n'existe plus aujourd'hui, et après la démolition de laquelle on transporta les ossements du marabout et de son fidèle admirateur dans la koubba de Sidi-Mohammed, près de Staouëli.

## MUSTAPHA-SUPÉRIEUR

La route qui mène à Mustapha-Supérieur, en quittant Alger par la porte de Constantine, traverse d'abord l'Agha, le bourg d'Isly et ensuite des jardins remplis de plantes exotiques et renfermant de blanches villas mauresques.

Cette route, qui se dirige directement sur Birmandraïs par la colonne Voirol, serpente sur le flanc de la colline, toujours en vue de la mer et est entourée des nombreuses et superbes villas, habitées, pendant l'hiver, par de riches familles étrangères. Aussi ce chemin est-il le rendez-vous du high-life algérien ; il est surtout très fréquenté, l'après-midi, après la sieste, par de nombreux équipages et par les amateurs de chevaux qui viennent exhiber là des produits anglo-normands ou autres.

C'est un peu avant d'arriver au petit village de Mustapha-Supérieur, situé à mi-côte, qu'est l'entrée du palais d'été du gouverneur ; cette propriété est remarquable, non seulement par l'ensemble de ses bâtiments, mais encore par ses plantations de toute beauté. C'est dans ce palais qu'ont lieu toutes les réceptions et toutes les fêtes officielles.

Une des plus jolies promenades qui conduisent d'Alger à Mustapha est celle que l'on connaît sous le nom de *chemin des Aqueducs*. Ce chemin commence à la rampe Rovigo, à la cité Bitche, et, après mille détours, vient aboutir sur la route de Birmandraïs, presque à hauteur du palais du gouverneur.

La *colonne Voirol* s'élève à 5 kilomètres d'Alger, sur le point culminant de la route ; c'est là qu'aboutit le chemin qui mène à El-Biar et

PANORAMA D'ALGER, VUE PRISE DE MUSTAPHA-SUPÉRIEUR

qu'est situé l'endroit connu sous le nom de *Bois de Boulogne*, par lequel on peut descendre à la fontaine Bleue.

## BIRMANDRAÏS

Birmandraïs, village de très peu d'importance, est cependant très fréquenté par les promeneurs ; les chemins qui y conduisent sont très pittoresques, entre autres celui du *Ravin de la femme sauvage*, qui prend naissance au Ruisseau, à 5 kilomètres de Birmandraïs, sur la route d'Alger à Hussein-Dey.

De la place de Birmandraïs, où sont plantés de nombreux platanes qui abritent la mairie, l'église, l'école et les restaurants à la mode, la route qui se dirige sur Birkadem monte et descend, traversant des terrains bien cultivés.

## BIRKADEM

Petit village dans le genre de Birmandraïs, mais beaucoup plus nu ; quelques fermes dans l'intérieur du pays et aux alentours.

Birkadem est surtout connu à cause de son pénitencier militaire et de l'orphelinat de jeunes filles arabes, fondé par Monseigneur de la Vigerie en 1867.

## L'AGHA

Situé aux portes d'Alger, ce petit village n'a d'intéressant que son établissement de bains de mer ouvert toute l'année et auquel est atta-

ché un café-restaurant. La route se bifurque au milieu du pays, sur la place de l'Abreuvoir et va d'un côté à Mustapha-Supérieur et, de l'autre, à Mustapha-Inférieur.

## MUSTAPHA-INFÉRIEUR

C'est à Mustapha-Inférieur que se trouve le champ de manœuvres sur lequel les escadrons de cavalerie logés non loin de là, dans le quartier de Mustapha, en face du parc à fourrage, viennent s'exercer.

Cet immense terrain sert aussi de turf à l'époque des courses d'Alger, qui ont lieu au printemps et à l'automne.

Entre Mustapha-Inférieur et le café des Platanes du jardin d'Essai, se trouve, à droite, sur le bord de la route, la koubba de Sidi-Mohammed-Abd-er-Rahman-Bou-Kobrin, marabout très vénéré et fondateur d'une confrérie. Cette koubba ainsi que la maison de son gardien sont closes par un mur entouré d'un cimetière musulman ; tous les vendredis, jour de repos chez les Arabes, les Mauresques y viennent en grand nombre, non seulement pour prier, mais encore pour s'y réjouir, car il est rare de passer de ce côté, ce jour-là, sans entendre de joyeux éclats de rire et sans voir quelques jolies Mauresques dévoilées, en train de festoyer sous les arbres mêmes du cimetière.

De temps en temps, les Arabes viennent faire quelques fantasias sur le terrain de manœuvres de Mustapha, en l'honneur du marabout Bou-Kobrin.

## JARDIN DU HAMMA
#### OU JARDIN D'ESSAI

Le jardin d'Essai est une des plus jolies et des plus intéressantes promenades des environs d'Alger; son entrée principale, sur la route du Ruisseau, est ombragée par d'immenses platanes sous lesquels sont installés un vieux café maure et un hôtel-restaurant français. C'est à cet endroit que s'arrêtent voyageurs et promeneurs; européens et indigènes ont là tout ce qu'il leur faut. La situation est ravissante et la brise de mer qui vient jusque-là arrive embaumée par toutes les fleurs et plantes du jardin qu'elle traverse.

Le jardin d'Essai fut créé en 1832 par M. Hardy; il s'étend aujourd'hui sur un espace de 80 hectares.

Entre autres curiosités, on peut citer principalement ses plates-bandes, larges de 3 à 4 mètres et réunissant par groupes de familles toutes les plantes d'un intérêt horticole reconnu; l'allée des platanes, vis-à-vis de l'entrée principale; l'allée des palmiers, plantée en 1847 et qui est terminée par une petite oasis qui donne sur la mer, au bord de la route et de la voie du chemin de fer et qui est séparée du jardin

AU JARDIN D'ESSAI

proprement dit par une des portes; enfin, l'allée des magnolias et des ficus roxburghii. A citer aussi beaucoup de végétaux du plus grand intérêt forestier et une allée bordée d'eucalyptus globulus dont la végétation est si extraordinaire.

Dans ce jardin, on élève aussi des autruches, des alpacas, des lamas, des zèbres et des gazelles.

## LE RUISSEAU

Petit village duquel on peut se rendre à *Koubba*, à 3 kilomètres de là, où vient d'être inaugurée la statue du général Margueritte.

Un peu avant d'arriver à Koubba, et déjà sur la hauteur, s'élève le grand séminaire fondé par Monseigneur de Lavigerie et dont les bâtiments, d'une grande importance, mais très simples, produisent cependant de loin un imposant effet.

C'est aussi du Ruisseau que l'on peut se rendre à Birmandraïs par le *Ravin de la femme sauvage*, qui tient simplement ce nom bizarre d'une jeune et jolie marchande de vin, qui, d'après ce qu'on raconte, était établie en cet endroit vers 1844.

## HUSSEIN-DEY

C'est à Hussein-Dey, village composé de villas, d'usines et de fermes, que l'artillerie a installé son école de tir. Chaque année, les troupes casernées au Tagarin, à Alger, viennent camper là pendant plusieurs mois et se livrent alors aux exercices si intéressants du tir en mer.

Au centre du village s'élèvent l'église et les écoles, vis-à-vis desquelles on a foré un puits artésien.

## LA MAISON-CARRÉE

La Maison-Carrée, qui fut bâtie par les Turcs en 1724, après avoir été en 1830 un port militaire, est devenue aujourd'hui une prison centrale.

Le village qui a été construit en bas du fort, sur le bord de l'Harrach, est actuellement un des plus importants ; il s'y tient, tous les vendredis, un marché à bestiaux.

L'archevêque d'Alger, Monseigneur le cardinal de Lavigerie, a fait élever, entre la prison et la mer, d'énormes bâtiments, entourés de magnifiques plantations, qui, depuis 1868, sont affectés à un orphelinat de jeunes indigènes et à la maison mère des *Missions africaines*.

## LE FORT-DE-L'EAU

Le Fort-de-l'Eau est une petite commune d'environ 1,500 habitants, dont la plus grande partie sont Mahonnais ; ils s'occupent de culture et sont considérés comme les premiers maraîchers du pays.

## LA RASSAUTA. — CAP MATIFOU

Le petit village de la Rassauta n'est séparé du cap Matifou que par l'*Oued-Khramis*, à 24 kilomètres d'Alger, où était établie une batterie basse défendant l'embouchure de cette petite rivière, et par les ruines de Rusgunia, à 26 kilomètres et demi d'Alger, qui sont très intéressantes à visiter.

De triste mémoire pour les malheureux qui ont eu à subir la quarantaine infligée aux navires pendant le choléra de 1884, le cap Matifou n'a pour tout ornement qu'un phare.

A l'époque des quarantaines, un lazaret y ayant été installé, avait apporté un peu d'animation ; mais les voyageurs n'en étaient pas plus heureux pour cela et, s'ils n'avaient su créer d'eux-mêmes quelques distractions, ils auraient pu mourir d'ennui en vue d'Alger.

L'ancien fort turc de Matifou, aujourd'hui démantelé, servait, vers 1685, de salle d'attente aux pachas envoyés de Constantinople à Alger ; ils demeuraient là pendant quelques jours, de façon à donner le temps de déménager à leurs prédécesseurs.

UNE RUE DE LA KASBA (ALGER)

# D'ALGER A ORAN

Une ligne ferrée, la première qui fut créée en Algérie, conduit d'Alger à Oran en treize heures ; elle traverse la plaine de la Mitidja et dessert les principaux centres, tels que : Boufarik, Beni-Mered, Blida, Affreville et Orléansville, dans la province d'Alger.

## BOUFARIK

Boufarik, après avoir été l'endroit le plus malsain de l'Algérie, par suite des marais dont ce pays était sillonné, est aujourd'hui la région la plus florissante de la Mitidja.

Les nombreuses plantations d'eucalyptus dont on l'a gratifié et les importants travaux d'assainissement qui y ont été exécutés, après avoir longtemps combattu les miasmes, ont fini par les vaincre.

Cette ville, ombragée par de magnifiques platanes, est très bien entretenue ; ses rues sont larges, ses maisons bien construites ; en un mot, tout, dans cette charmante petite cité, sent le confortable et le bien-être.

Le chemin de fer d'Alger à Oran, qui dessert Boufarik, amène beaucoup de monde au marché du lundi, où l'on compte 3 à 4,000 Arabes des tribus voisines.

C'est à Boufarik qu'a été inauguré, il y a quelques mois, le monument du sergent Blandan, le héros de Beni-Mered.

## BENI-MERED

*Beni-Mered* fut, dès 1841, habité par des militaires libérés, puis, en 1846, le village fut augmenté et des colons civils y furent installés.

Depuis cette époque, cette localité, qui compte aujourd'hui environ 550 habitants, n'a fait que prospérer, et sa situation, auprès du chemin de fer et à proximité de Blida et de Boufarik, lui donne beaucoup de chances d'augmenter encore.

Sur la place s'élève une fontaine surmontée d'un obélisque, que nos soldats appellent *la colonne de Beni-Mered*, et qui fut élevée par souscription en souvenir de l'héroïque fait d'armes du sergent Blandan et de ses vingt-deux hommes.

Le 11 avril 1841, vingt-deux hommes du 26° de ligne, chargés de l'escorte de la correspondance, furent assaillis, entre Boufarik et Beni-Mered, par 200 ou 300 cavaliers arabes; le sergent Blandan, commandant le détachement, sommé de se rendre par l'un des assaillants, lui répondit par un coup de feu et le renversa; alors s'engagea un combat acharné pendant lequel, Blandan, frappé de trois coups de feu, tomba en s'écriant : « Courage, mes amis, défendez-vous jusqu'à la mort. » Ses paroles furent entendues, et tous furent fidèles à l'ordre héroïque de leur chef. Mais bientôt, le feu des Arabes, si supérieurs en nombre, mit dix-sept de ces braves hors de combat; cinq seulement restèrent debout. Ils défendirent encore leurs camarades blessés ou morts, jusqu'à l'arrivée des secours amenés par le lieutenant-colonel Moris, du 4° chasseurs, qui se précipita sur l'ennemi et le mit en fuite.

COMBAT DE BENI-MERED (1841)

## BLIDA

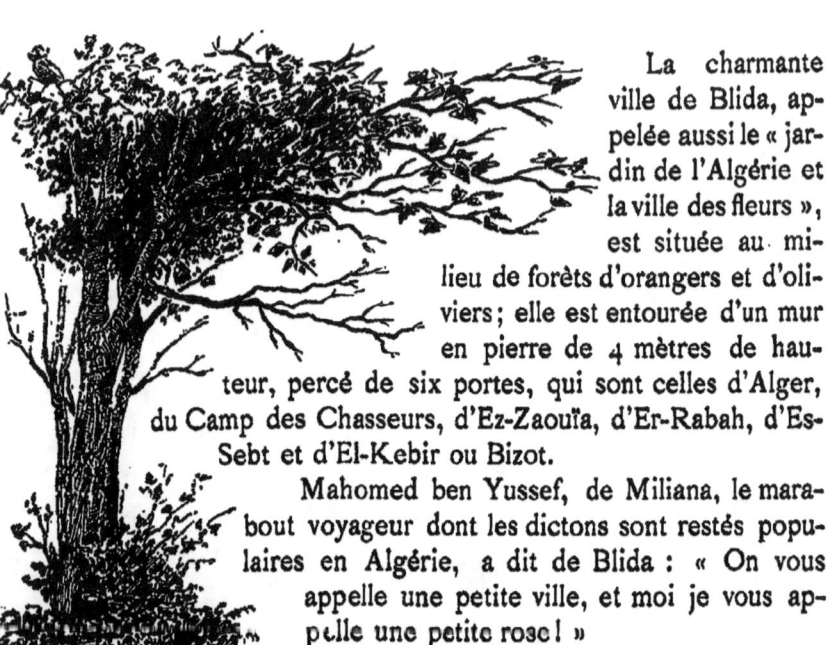

La charmante ville de Blida, appelée aussi le « jardin de l'Algérie et la ville des fleurs », est située au milieu de forêts d'orangers et d'oliviers ; elle est entourée d'un mur en pierre de 4 mètres de hauteur, percé de six portes, qui sont celles d'Alger, du Camp des Chasseurs, d'Ez-Zaouïa, d'Er-Rabah, d'Es-Sebt et d'El-Kebir ou Bizot.

Mahomed ben Yussef, de Miliana, le marabout voyageur dont les dictons sont restés populaires en Algérie, a dit de Blida : « On vous appelle une petite ville, et moi je vous appelle une petite rose ! »

Détruite en 1825 par un terrible tremblement de terre qui ensevelit sous les décombres 7,000 habitants, la moitié de sa population, Blida fut sur le point d'être reconstruite dans une enceinte dont on voit encore les murailles en ruines à 2 kilomètres au nord-ouest. Mais les constructions commencées furent abandonnées pour rebâtir l'ancienne ville, et, en 1830, lorsque le général de Bourmont arriva dans ces parages, Blida existait de nouveau.

A plusieurs reprises, Blida se défendit d'une façon remarquable : d'abord en novembre 1830 contre le général Clauzel, qui n'y put pénétrer qu'après un combat sanglant et qui fut ensuite obligé de se retirer ; puis contre le duc de Rovigo, qui, en novembre 1834, s'en empara de nouveau, massacra tout et l'évacua encore ; enfin, le maréchal Vallée, en mai 1838, l'occupa sans coup férir ; mais, afin de ne pas provoquer l'émigration, il fit camper ses troupes aux environs dans deux endroits où ont été élevés depuis les villages de Joinville et de Montpensier.

Aujourd'hui, Blida compte 24,000 habitants ; ses principales rues et places sont entourées de maisons européennes, mais une grande partie de la ville est encore composée de constructions arabes.

On peut se rendre d'Alger à Blida, par le chemin de fer, en quatre heures ; la gare est située au bout d'une belle avenue, à environ 500 mètres des fortifications, lesquelles ne tarderont pas à disparaître si l'importance qu'a prise Blida, depuis quelques années, augmente encore.

Place militaire de second ordre, cette ville possède le dépôt du 1er chasseurs d'Afrique et du 1er tirailleurs algériens ; un grand nombre de bâtiments affectés aux différents services militaires ont été construits dans les environs de la place d'armes, laquelle, avec la place Saint-Charles, où est l'église, la place du Marché européen et la place du Marché indigène, forment les quatre principaux centres.

Les environs de Blida sont ravissants ; toutes les villas sont entourées de grands jardins remplis de fleurs et d'arbustes ; on y compte actuellement, non compris 40,000 jeunes plants, près de 50,000 orangers, citronniers, limonadiers, cédratiers et orangers-chinois, dont les produits sont bien connus sur les marchés où l'on exporte jusqu'à 5 à 6 millions d'oranges.

Deux magnifiques jardins offrent aux habitants, pendant l'été, de

**LA RUE DES KOULOUGLIS A BLIDA**

charmantes promenades : le *Jardin Bizot*, près la porte du même nom, et le *Bois sacré* où les koubbas sont ombragées par des oliviers séculaires.

## AFFREVILLE

Affreville, bâtie dans la plaine au bas de Miliana, a une population d'environ 2,800 habitants.

Sa situation, sur le chemin de fer, lui a donné immédiatement une certaine importance, qui ne fera qu'augmenter par suite de l'extension que prend chaque jour la colonie agricole de cette région. D'après les découvertes faites, à plusieurs reprises, dans les environs, on suppose que le village actuel est construit sur l'ancien emplacement de la ville romaine de *Zuccabar*.

## ORLÉANSVILLE

C'est au général Bugeaud qu'on doit la création de cette ville, qui compte aujourd'hui près de 9,000 habitants.

Construite en 1843, toujours sur d'anciennes ruines romaines, elle commença à recevoir des colons en 1845 et, en 1856, fut constituée en commune.

Au point de vue militaire, la position stratégique de cette ville lui donnait immédiatement une importance incontestable ; aussi, comme toute garnison attire toujours dans son voisinage des débitants et des marchands, Orléansville fut promptement habitée, et, aujourd'hui, cette cité, entourée d'un mur bastionné défendu par un fossé, est une des plus importantes de la région.

Cinq portes donnent accès dans la ville, dont les rues sont bien alignées et les habitations bien construites.

Voisine des hautes montagnes, où la neige séjourne pendant une grande partie de l'année, Orléansville n'a pas un climat bien agréable ; l'été, la chaleur est accablante ; l'hiver, le froid est d'autant plus rigoureux et persistant qu'il est entretenu encore par des vents très violents.

De nombreux travaux d'irrigation ont été exécutés aux environs de la ville, et bientôt les jardins, déjà nombreux, formeront, avec le magnifique bois de pins et de caroubiers qui a été créé au sud-ouest, un splendide horizon de verdure.

# LA MITIDJA

KOLÉA. — TOMBEAU DE LA CHRÉTIENNE. — TENÈS. — TENIET-EL-HAÂD. — MILIANA. — HAMMAN-R'IRHA.

La plaine de la Mitidja s'étend sur un espace d'environ 75 kilomètres de long sur 30 de large ; après avoir été longtemps couverte de marais et de marécages, elle est aujourd'hui complètement assainie, et, grâce aux nombreux canaux d'irrigation dont elle est sillonnée, sa fertilité est remarquable.

## KOLÉA

La création de Koléa remonte à 1550, et cette ville, lieu de pèlerinage des Arabes, fut détruite, comme Blida, en 1825, par un tremblement de terre.

Le comte de Castellane nous raconte, dans ses *Souvenirs*, que la mosquée et la koubba qui attiraient un si grand nombre de pèlerins, avaient été construites en l'honneur de Si Embareck, « un homme des Hachem de l'Ouest, qui quitta sa tribu avec deux domestiques et vint à Miliana. Comme il était pauvre, il renvoya ses domestiques, qui se rendirent sur les bords du Chélif et donnèrent naissance à la tribu des Hachem de l'Est, qui s'y trouve encore. Si Embareck se rendit à Koléa, et là il s'engagea comme krammès (métayer qui cultive au cinquième) chez un nommé Ismaïl ; mais Si Embareck, au lieu de travailler, ne faisait que dormir. Pendant ce temps, chose merveilleuse, ses bœufs, attelés à la charrue, marchaient toujours, de telle façon qu'au bout du jour ils avaient fait leur ouvrage. — On rapporta ce prodige à Ismaïl qui, voulant s'en assurer par ses propres yeux, se cacha, un jour, près de là et vit Si-Embareck couché sous un arbre, tandis que ses bœufs labouraient.

« La tradition même ajoute que des perdrix, pendant ce temps, s'approchaient de Si Embareck pour lui enlever sa vermine. Ismaïl, se précipitant alors à genoux, lui dit : « Tu es l'élu de Dieu ; c'est toi qui es mon maître, je suis ton serviteur. » Aussitôt, le ramenant chez lui, il le traita avec le plus profond respect. Sa réputation de sainteté s'étendit bientôt au loin : de toutes parts, on venait solliciter ses prières et lui apporter des offrandes. Ses richesses ne tardèrent pas à devenir considérables ; mais son influence était plus grande encore, et les Turcs eux-mêmes le respectaient. Les descendants de ce saint personnage furent, à leur tour, regardés comme les protégés de Dieu ; en leurs mains habiles, cette puissance était toujours restée considérable. »

Aujourd'hui, il ne reste plus rien de la ville ancienne ; les nouvelles constructions qui y ont été faites sont toutes européennes ; seules, la mosquée de Si-Embareck, qui a été convertie en hôpital, et la koubba de ce saint ont été respectées.

Koléa, avec les annexes de Fouka et de Douaouda, compte environ 6,000 habitants.

# TOMBEAU DE LA CHRÉTIENNE

Le tombeau de la Chrétienne, que l'on aperçoit à l'extrémité de la plaine de la Mitidja, est un vaste monument dont le soubassement carré a 63 mètres sur chaque face ; il est entouré de soixante-huit demi-colonnes engagées, de l'ordre ionique, divisées par quatre portes. Le tout est surmonté d'un dôme formé de trente-trois degrés

qui, en rétrécissant graduellement leur plan, donnent à cet édifice l'aspect d'un cône tronqué ; sa hauteur est de 30 mètres.

Malgré les recherches qui ont été faites à différentes reprises en 1855, 1856, 1865, 1866, etc., et qui n'ont abouti qu'à faire connaître l'intérieur de ce mausolée qui se compose de couloirs et d'excavations, on n'a pu, jusqu'à ce jour, définir d'une façon positive son emploi et l'époque de sa construction.

Les uns prétendent que c'est là qu'avaient été déposés les restes de Juba II et de Cléopâtre Séléné ; les autres, que ce monument a servi à la sépulture de toute une famille de rois maures ; enfin, une légende arabe raconte qu'un certain Ben-Hassen, qui avait été chargé par son maître de se rendre au tombeau de la Chrétienne, pour y brûler un papier en se tenant tourné vers l'Orient, n'eut pas plutôt mis cet ordre à exécution, que le tombeau s'entr'ouvrit, laissant s'échapper un nuage de pièces d'or et d'argent qui prit, en s'élevant, la direction du pays des chrétiens.

Le pacha, qui était alors Salah-Kaïs (en 1552), toujours d'après la même légende, ayant appris ce fait, jura de détruire le monument et y envoya, à cet effet, une armée d'ouvriers qui, à leur tour, au moment où ils donnèrent le premier coup de pioche, virent tout à coup apparaître au sommet de l'édifice une femme chrétienne qui, étendant les bras vers le bas de la colline, s'écria : « Halloula! Halloula! à mon secours! » Aussitôt, une nuée de sauterelles s'abattit sur les ouvriers qui se sauvèrent au plus vite.

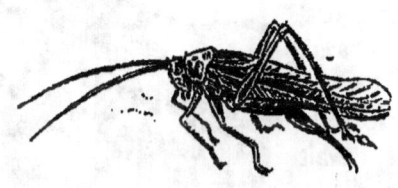

# CHERCHELL

La ville de Cherchell compte 8,000 habitants environ ; elle est construite à la mauresque sur les pentes septentrionales des collines qui bordent la mer. Son port, peu important, n'est accessible que pour les navires d'un tonnage moyen.

Son enceinte, percée par les trois portes d'Alger, de Miliana et de Tenès, renferme des rues et des places dont l'alignement a nécessité la démolition de beaucoup de maisons indigènes; ces habitations se composent, en général, d'un rez-de-chaussée avec toiture en tuiles creuses et d'une cour couverte de vigne.

Les bâtiments militaires sont, comme dans toutes les places de l'Algérie, construits sans aucun goût; ce sont toujours ces énormes casernes carrées, percées de fenêtres régulières, alors qu'il eût été si facile, sans augmenter les dépenses et sans nuire à l'organisation intérieure, de donner à ces constructions un cachet tout oriental.

A l'est de la ville se trouvent les bains maures, dont les bâtiments, récemment construits, sont bien dans la note voulue.

Une partie des murailles de l'ancienne ville, qui s'appelait alors *Césarée* ou *Julia-Caesarae*, existent encore, ainsi que les restes d'un cirque, d'un forum, du palais des proconsuls, d'un temple de Neptune, de bains consacrés à Diane et d'une belle mosquée à trois nefs supportées par cent colonnes de granit, dont les chapiteaux sont admirablement sculptés.

Cherchell a été fondée, quelques années avant Jésus-Christ, sur l'emplacement de l'ancienne *Jol*, par Juba II; c'est lui qui lui donna le nom de Césarée, en commémoration des bienfaits qu'il avait reçus d'Auguste.

Par ses ruines, il est facile de voir que cette ville devait être prospère et digne d'être la capitale de la Mauritanie césarienne.

Après avoir appartenue aux Vandales, puis de nouveau aux Romains, elle tomba entre les mains des Arabes et, dès cette époque, déchut rapidement. Les Maures, chassés d'Espagne vers la fin du xvᵉ siècle, la reconstruisirent en partie; en 1531, l'amiral André Doria s'en empara à son tour; mais, peu de temps après, elle retomba au pouvoir des deys d'Alger, qui la conservèrent alors jusqu'à l'époque de notre conquête.

Le 26 décembre 1839, un bâtiment de commerce français ayant été abordé par des barques de pêcheurs et mis au pillage, l'occupation de cette ville fut décidée et, le 15 mars 1840, le général Vallée en prit possession.

Les Arabes, qui avaient abandonné la ville, vinrent alors l'attaquer à différentes reprises; mais ils furent toujours repoussés par le lieutenant-colonel Cavaignac.

Les tribus voisines se décidèrent bientôt à faire leur soumission et une partie des habitants rentrèrent dans leurs maisons.

# TENÈS

Tenès, située sur le bord de la mer, compte environ 5,000 habitants. C'est une jolie petite ville, où les rues sont larges, bien alignées et plantées d'arbres. Les maisons sont bien construites et sont même coquettes à côté des constructions de l'administration, telles que les casernes, la douane et l'hôpital. Quatre portes donnent accès dans la ville.

Tenès est bâtie sur les ruines de l'ancienne *Cartenna*, dont les citernes, les silos et les hypogées, qui constituaient une ville souterraine, ont été utilisés pour faire des magasins ou des caves.

Tenès, comme Bône dans la province de Constantine, est fréquentée par les pêcheurs de corail, dont les barques vont et viennent le long de la côte.

L'histoire de *Cartenna* (Tenès) est peu connue. Pline nous apprend que cette ville était le chef-lieu de la deuxième légion. Rogatus, évêque donatiste de Cartenna, joue un rôle dans l'histoire africaine. Il avait modifié l'hérésie de Donatus et comptait quelques sectaires qui, tirant leur dénomination de son nom, s'appelaient rogatistes. Ce personnage, très peu évangélique, mit à profit l'éphémère domination de Firmus (370) pour exercer de cruels traitements envers ses ennemis religieux et politiques. Du reste, l'hérésie, née dans les murs de Cartenna, ne fit pas de grands progrès; car, sous l'épiscopat de Vicentius, successeur de Rogatus, on ne comptait guère que deux évêques qui en fussent partisans. Cartenna a-t-elle disparu lors de l'invasion vandale ou de l'invasion arabe? On ne sait. La position de Cartenna, reconnue une première fois par le général Changarnier, le 27 décembre 1842, fut choisie par le maréchal Bugeaud, le 1ᵉʳ mai de l'année suivante, pour la création d'un centre de population et de force militaire, à l'abri d'un coup de main ou d'une incursion des Arabes, entre Miliana, Mostaganem et Orléansville, et pouvant servir de port à cette dernière ville, créée à la même époque, et dont les communications par terre n'étaient pas toujours faciles. Les développements du nouveau Tenès furent rapides. Aux environs de Tenès, sur un plateau élevé, se trouve Vieux-Tenès, qui fut bâti, suivant El-Bekri, l'an 262 de l'hégire (875 après J.-C.) et peuplé par deux colonies andalousiennes. Ses habitants étaient très mal famés, car on les regardait comme des voleurs et des pirates. Les anciens remparts de cette petite ville arabe ne renferment guère aujourd'hui que des bâtiments en ruines, une grande mosquée et la mosquée de Lella-Aziza.

Vieux-Tenès, annexé à Tenès en 1851, ne compte pas plus de 1,200 habitants qui font le commerce des grains ou exercent le métier de journalier ou de portefaix.

## TENIET-EL-HAÂD

Le village de Teniet, qui est situé sur le plus important des cols taillés sur les contreforts de l'Ouarsenis, ne possède qu'une grande avenue bordée d'arbres et de maisons, au milieu de laquelle s'élèvent, sur une place, la mairie, l'église et les écoles.

L'altitude de Teniet est de 1,145 mètres et la température y est toujours très modérée pendant l'été, en raison du voisinage de la neige qui, pendant une grande partie de l'année, couvre les montagnes.

Sur un mamelon à l'est est construit un village nègre, appelé, d'un côté, *Tombouctou-Inférieur* et, de l'autre, *Tombouctou-Supérieur*.

Au nord-ouest se trouve le poste occupé par la garnison et créé en 1843.

La fameuse forêt des cèdres se trouve à 14 kilomètres de Teniet.

Cette forêt, qui s'étend sur les deux versants du Djebel-en-Nedal, dont le point culminant est à 1,700 mètres d'altitude, embrasse une étendue de 3,000 hectares environ, dont 1,200 de chênes et 1,800 de cèdres remarquables par leurs gigantesques dimensions; — le plus beau de tous, la *Sultane*, a 3 mètres de diamètre. Le *Sultan*, qui était plus gros encore, a été abattu.

# MILIANA

*Miliana* n'est séparée de la gare d'Affreville que par une distance de 9 kilomètres, que l'on peut franchir soit à pied, en prenant les sentiers, soit en voiture, en suivant la route.

D'après les historiens, la fondation de Miliana date de la même époque que celle d'Alger ; elle passa donc entre bien des mains avant d'arriver dans celles de l'empereur du Maroc qui, en 1830, après la prise d'Alger et la chute du Dey Hussein, envoya un de ses lieutenants pour en prendre possession. Mais il avait compté sans Abd-el-Kader, qui bientôt après en chassa les Marocains, l'occupa à son tour et, en 1834, y installa comme khalifa, Ali-ben-Embarech, notre ancien agha de la Mitidja.

Cependant, l'occupation de Médéa, en 1840, devait amener celle de Miliana ; nos troupes s'en emparèrent le 8 juin suivant. A notre approche, les Arabes avaient évacué la ville en y mettant le feu ; aussi ne présentait-elle, lorsque nous y entrâmes, qu'un amas de ruines, et c'est à peine si l'on put, après beaucoup de travail, en réparant les maisons qui avaient le moins souffert, ménager un abri pour les troupes pendant l'hiver.

Bâtie sur le flanc d'un rocher, à 740 mètres d'altitude, la ville de Miliana est défendue par des murailles reconstruites sur l'emplacement des anciennes et percées de deux portes : au nord, celle du Zakkar ; à l'ouest, celle du Chéliff.

Le quartier européen comprend la partie centrale de la ville où ont été percées une avenue et plusieurs rues ; la plupart des maisons arabes et mauresques ont été transformées en habitations européennes, excepté cependant dans la partie ouest et autour des murs où les indigènes ont conservé leurs demeures intactes.

Les nombreuses mosquées que comptait encore la ville à l'époque où nous en prîmes possession ont été affectées aux différents services militaires ; l'une d'elles fut même convertie en théâtre ; cependant, la grande mosquée qui est dans le quartier indigène, ainsi que celle où repose le marabout Ben Yusef, n'ont pas été profanées.

Au sud des remparts se trouve la fameuse promenade appelée la Terrasse et plus connue des habitants sous le nom de *Coin des blagueurs;* de là, la vue s'étend sur toute la vallée du Chélif.

Les environs de Miliana sont d'une fertilité remarquable, la vigne y vient très bien et a déjà donné des résultats qui sont fort appréciés.

De Miliana, on peut faire facilement l'ascension du Zakkar (1,500 mètres d'altitude, c'est-à-dire 800 mètres au-dessus de la ville).

## HAMMAM-R'IRHA

De la station de Bou-Medfa un service de voitures qui correspond à tous les trains conduit en une heure et demie à l'établissement thermal d'Hammam-R'irha.

La route, à droite du chemin de fer, assez plate d'abord, monte ensuite, laissant à gauche le pont de fer qui mène au petit village d'*Oued-Djer*. Un profond ravin où coule l'oued Hammam, et qui a pour horizon les cimes du Zakkar, côtoie la route qui, en faisant de nombreux lacets, conduit aux différents bâtiments qui constituent l'établissement thermal d'Hammam-R'irha et au chalet de la poste et du télégraphe.

Hammam-R'irha occupe l'emplacement des *Aquæ-Calidæ* des Romains, ville florissante sous le règne de l'empereur Tibère, vers l'an 32 de notre ère, et qui fut le *rendez-vous général des malades et amateurs de bains.*

Il y a plus d'un siècle, le docteur Shaw, l'archéologue anglais, dans la description qu'il donnait de ces ruines, parlait des vestiges d'un antique rempart, d'un bâtiment à colonnades situé au centre de la ville et d'un monument en forme de temple qui la dominait. Il décrit deux bassins, destinés l'un aux juifs, l'autre aux mahométans, et comme perdus dans les ruines des galeries et des constructions qui s'élevaient alentour, mais qui ont disparu depuis.

Des stèles à personnages ou à inscriptions fort intéressantes, des sculptures qui paraissent être d'ordre ionien, quelques médailles, des pierres sculptées et des fûts de colonnes accusant nettement l'époque de Constantin, de nombreux ustensiles de formes diverses, l'existence d'une vaste nécropole à 1 kilomètre sud de l'hôpital militaire actuel, les traces d'un immense incendie, tout cela témoigne à la fois de la célébrité et de la splendeur d'Aquæ-Calidæ, aussi bien que des catastrophes nombreuses dont elle fut plusieurs fois victime.

M. Arlès-Dufour, le directeur et fondateur de l'établissement actuel, a créé un petit musée avec tout ce qu'il a rencontré : inscriptions tumulaires, têtes d'enfants et de femmes, bustes de déesses, torses de guerriers, lampes funéraires, dont l'une porte la signature

*Oppi*, fioles à parfums en verre irisé, quelques bijoux, des masses d'armes, fragments de colonnes, moulures de pierre, vingt amphores et vases, et une infinité de médailles, etc.

Hammam-R'irha est situé presque exactement sous le méridien de Paris, à 12 kilomètres de la gare de Bou-Medfa, à 26 kilomètres de Miliana, sur la rive gauche de l'oued Hammam, à 5 kilomètres du Zakkar-Chergui, à 30 kilomètres de la mer, à vol d'oiseau, enfin à 600 mètres d'altitude environ, en face du joli village de Vesoul-Benian, dont il n'est séparé que de 3 à 4 kilomètres, mais avec lequel les communications sont cependant très pénibles à cause du ravin très profond qui sépare les deux localités.

Le village d'Hammam-R'irha, qui se trouve à côté de l'établissement thermal, est aujourd'hui chef-lieu de commune mixte; il ne compte guère au point de vue de la colonisation, ce qui n'empêche pas qu'il tienne une place tout à fait unique en Algérie par sa situation vraiment pittoresque, par son climat, par son air pur et surtout par les eaux minérales qu'il possède et qui en font une station de premier ordre, jouissant encore du rare avantage de pouvoir être ouverte toute l'année aux malades qui y accourent des quatre coins du globe.

L'État, reconnaissant la valeur curative de ces eaux, y a lui-même installé depuis longtemps un hôpital militaire, après quoi, en 1877, il a concédé pour quatre-vingt-dix-neuf ans, à M. Arlès-Dufour, toutes les sources thermales et minérales d'Hammam-R'irha.

M. Arlès-Dufour, d'après les stipulations de son cahier des charges, a ouvert, dans un délai de trois ans, un hôpital civil destiné à recevoir les colons indigents, rhumatisants et anémiés, qui y sont envoyés pour faire usage des eaux; de plus, il a réservé un certain nombre de piscines aux Arabes pour qui ces eaux chaudes sont sacrées, qui y attachent une légende vraiment biblique et y viennent de fort loin en pèlerinage pendant toute l'année. Les Arabes aiment beaucoup les bains chauds, mais ils ont une manière à eux de les prendre; souvent on voit les familles arabes faire huit ou dix lieues pour venir aux bains; elles ont le soin d'apporter toutes les provisions nécessaires et s'installent pour un ou deux jours. Quant aux femmes, leur présence est plus qu'indiquée par les nombreux et stridents you! you! you! you! qu'elles poussent.

Le peu de durée de séjour que font les Arabes à Hammam-Rir'ha est cependant d'un grand rapport pour l'établissement, vu le renouvellement continuel des baigneurs.

L'établissement de M. Arlès-Dufour est divisé en deux corps de bâtiments distants l'un de l'autre de 150 mètres environ et formant un out homogène : le Grand-Hôtel et Belle-Vue.

Le *Grand-Hôtel* est assis sur un mamelon ; c'est moins un hôtel qu'un palais de proportions gigantesques ; son grand salon de 20 mètres carrés est peut-être unique.

Cet hôtel, qui comporte environ cent chambres, d'ailleurs presque toujours occupées, est aménagé avec tout le luxe et le confort parisiens. On y trouve toutes les commodités et les installations les plus modernes : téléphone, électricité, etc.; c'est plutôt, à vrai dire, une organisation américaine que française.

Les sources chaudes de la montagne ont été savamment captées et arrivent à de fort jolies baignoires, à des salles d'hydrothérapie et à deux piscines dont une est creusée sous une ancienne crypte romaine.

La salle à manger, très haute et très vaste, peut contenir trois cents couverts. Un salon de repos et de lecture, un petit salon avec piano, des salles de billard et de jeux, un grand café, etc., sont installés dans cet établissement thermal entouré de tous côtés d'arbustes et de fleurs.

*Belle-Vue*, d'un tout autre style et de dimensions plus modestes, tient à la fois du cottage anglais et du chalet suisse. De la véranda, la vue est d'une beauté indescriptible.

*L'hôpital militaire* se compose de plusieurs bâtiments à un rez-de-chaussée.

Le bâtiment central renferme une grande salle contenant trente-quatre lits de soldats, une petite pièce réservée aux sous-officiers et quatre petites pièces pour les officiers. Le bâtiment de gauche, en entrant est affecté aux différents services de l'hôpital. Les piscines, dans un bâtiment à gauche, sont assez vastes et bien disposées. Dans chacune d'elles, il y a une douche dont l'eau est à 43 degrés.

De l'avis des divers docteurs qui ont étudié les eaux d'Hammam-R'irha et consigné les cures obtenues, il résulte qu'elles combattent avec succès un grand nombre d'affections, mais principalement les maladies de poitrine et la phtisie. Il est vrai que ce ne sont pas les eaux seules qui arrêtent le processus morbide et y substituent une évolution réparatrice ; il faut compter aussi l'air, le voisinage d'une forêt de pins de 800 hectares, le climat, l'altitude, un ensemble enfin de conditions hygiéniques qui complète heureusement l'effet du traitement thermal et rend à la santé des gens totalement abandonnés des médecins.

Les amateurs de chasses, hôtes de l'établissement, trouvent aussi à Hammam-R'irha une immense forêt, où ils peuvent tirer la perdrix rouge, le lièvre, le lapin, le sanglier, le chacal et l'aigle, à l'occasion.

TYPES KABYLES

# D'ALGER A CONSTANTINE

La ligne d'Alger à Constantine a été inaugurée tout dernièrement ; les travaux, qui présentaient d'énormes difficultés, ont été menés avec une grande rapidité, et leur exécution fait honneur aux ingénieurs de la Compagnie de l'Est Algérien.

Cette ligne, qui traverse la Kabylie, dessert les principaux centres, tels que : Ménerville, Palestro et Bouïra, dans la province d'Alger ; le trajet, d'un point extrême à l'autre, se fait en dix-huit heures et demie.

Un embranchement mène directement de Ménerville à Tizi-Ouzou, en passant par Bordj-Ménaïel.

## MÉNERVILLE

Ménerville s'appelait encore, il y a une dizaine d'années, le Col des Beni-Aïcha ; ce n'était alors qu'un pauvre petit village qui, ruiné par l'insurrection de 1871, commençait à sortir de ses décombres ; aujourd'hui, ce pays est transformé ; de nombreux colons alsaciens et lorrains y ont été installés, et les terrains environnants, bien cultivés, sont maintenant d'une fertilité remarquable.

Avec ses annexes de Bellefontaine et Souk-el-Hàd, Ménerville compte plus de 7,000 habitants.

Le chemin de fer d'Alger à Constantine passe en tunnel sous le village et bifurque, d'un côté, vers Tizi-Ouzou et, de l'autre, vers Palestro.

## PALESTRO

Situé sur un plateau, à un kilomètre de la ligne du chemin de fer, le village de Palestro eut à subir, plus que tout autre, en 1871, les conséquences de l'invasion kabyle.

Dès le début de la révolte, les insurgés descendirent immédiatement de leurs montagnes et se précipitèrent sur ce malheureux petit bourg, qui n'était créé que depuis trois ou quatre ans.

Ainsi attaqués à l'improviste, les habitants se défendirent courageusement dans l'église, le presbytère et la maison cantonnière. A bout de vivres, de munitions, cernés par des milliers de sauvages et loin de tout secours, ils le croyaient du moins, ils se rendirent ! Cinquante-huit habitants, dont trois femmes, furent massacrés sur place ; les cinquante autres furent sauvés. Quand on apprit les premières défaites des insurgés dans la Mitidja, les chefs les épargnèrent pour exploiter leur clémence au jour de la rétribution. Quand le colonel Fourchault arriva, par une marche hardie, pour sauver le village, Palestro n'existait plus !

Les gorges de Palestro sont une des curiosités les plus intéressantes de la province d'Alger, quoiqu'elles aient été endommagées par les travaux d'art exécutés pour le passage de la ligne ferrée ; elles présentent encore dans plusieurs endroits, qui ont été respectés, des points de vue très pittoresques.

KABYLES TRAVERSANT LA FORÊT DU KSÉNA (Insurrection de 1871)

## BOUÏRA

Bouïra, par sa position actuelle sur le chemin de fer, est appelé à devenir un centre important ; déjà, quoique de création récente, ce village, habité par une colonie intelligente et active, composée en majeure partie par des officiers retraités, avait, avant l'installation du chemin de fer, donné des preuves de son savoir, aussi bien en matière administrative qu'en matière agricole. Il serait donc bien étonnant qu'il s'arrêtât maintenant au milieu de sa prospérité.

## LE FONDOUK

De la Maison-Carrée, la route, qui est en bon état, est parcourue par une voiture qui fait le voyage deux fois par jour et conduit au Fondouk en cinq heures.

Ce village, qui avec Bou-Hamedi compte actuellement 4,800 habitants environ, a été créé sur l'emplacement d'un poste français, établi là en 1839 et qui lui-même aurait été construit sur les ruines d'un ancien poste turc.

Du Fondouk on peut entreprendre l'ascension du Bou-Zegza, élevé de 1,032 mètres au-dessus du niveau de la mer.

\* \*

De la Maison-Carrée, on peut aussi se rendre à l'*Arba*, beau et riche village où se tient, tous les mercredis, un marché important ; puis à *Saint-Pierre* et *Saint-Paul*, à 10 kilomètres au delà du Fondouk et où l'on peut admirer les sites les plus ravissants.

Quoique peu connues, les gorges de Saint-Pierre et Saint-Paul peuvent lutter, au point de vue du pittoresque, avec celles de la Chiffa et de Palestro.

## LA KABYLIE

« Pour avoir une idée d'ensemble de la Kabylie, dit le colonel Niox, il faut s'élever sur les flancs du Djurdjura, en dépassant Fort-National ; vers le Sud, on voit alors se développer le beau bassin elliptique du Sebaoun, ancien lac dont les eaux se sont vidées par les coupures de la chaîne côtière.

« Les énormes torrents d'un autre âge qui descendirent des arêtes du Djurdjura n'ont laissé sur ces sommets que le squelette des rochers, creusant, dans leur course, des ravins d'une profondeur prodigieuse, séparés les uns des autres par des arêtes si étroites que, en certains points, elles ressemblent à des chaussées artificielles, à des ponts jetés d'une rive à l'autre et sur lesquels quatre cavaliers ne pourraient passer de front.

« Les villages kabyles couronnent tous les sommets de ces crêtes. Les préoccupations de la défense et certainement aussi un instinct de race les ont amenés à grouper leurs habitations sur ces arêtes. Ils en voient ainsi les deux versants et en utilisent les lambeaux de terre cultivables ; mais ils n'ont pas d'eau ; aussi leur faut-il aller la chercher dans les ruisseaux, à une grande distance, et c'est là le labeur principal et quotidien des femmes kabyles.

« Autour des villages sont souvent de beaux jardins, des arbres fruitiers, surtout des oliviers et de nombreux figuiers sur les branches desquels la vigne, qu'on laisse croître en liberté, étale follement ses guirlandes et fait mûrir ses grappes magnifiques.

INTÉRIEUR KABYLE

« Vues à distance, les habitations offrent un aspect pittoresque; si l'on gravit les sentiers escarpés qui conduisent au village, le charme du tableau s'évanouit et l'on voit que l'incurie kabyle ne le cède en rien à l'incurie arabe. »

Les deux sommets principaux du Djurdjura atteignent : celui de *Lella Kredidja* 2,308 mètres et celui de *Tamgout*, 2,066 mètres.

Cette montagne, une des plus importantes de l'Algérie, sépare la Kabylie en deux parties : la première, appelée Kabylie du Djurdjura, s'étend jusqu'à la mer; la seconde jusqu'à la ligne du chemin de fer d'Alger à Constantine.

Les villages kabyles, accrochés sur le flanc ou assis sur les arêtes du Djurdjura, sont composés de maisons basses, couvertes en tuiles rouges et séparées entre elles par de petites ruelles étroites. Leur intérieur est plus confortable que chez les Arabes, quoique les animaux vivent dans la même pièce que les habitants. Des bahuts, des coffres, des bancs, des escabeaux et des poteries de toutes formes constituent l'ameublement. Une espèce de soupente aménagée au-dessus de l'endroit où couchent les animaux sert de lieu de repos pour les hommes, les femmes, et les enfants sont relégués dans une pièce particulière, souvent située sous la toiture.

Naturellement, ces demeures ainsi organisées appartiennent aux travailleurs ; celles des Kabyles aisés sont plus confortables et se composent alors de plusieurs pièces bien meublées, dont les poteries les plus diverses et les plus bariolées forment le principal ornement.

## LES KABYLES

Les Kabyles sont les plus anciens habitants de ces contrées ; à l'époque romaine, ils formaient le fond de la population de la Berbérie.

Ne voulant pas subir le joug des différents envahisseurs qui, à tour de rôle, s'emparèrent de l'Algérie, ils se réfugièrent dans les montagnes du Djurdjura qu'ils n'ont pas quittées depuis et où leurs tribus, privées de tout mélange, sont restées ce qu'elles étaient il y a plusieurs centaines d'années.

Leur langage diffère de l'arabe ; mais cependant, en prêtant un peu d'attention, on y rencontre une certaine analogie.

Les Berbères, ou Kabyles de l'Algérie, sont vêtus d'une chemise en laine (cheloukha) qui dépasse les genoux, d'un haïk et d'un burnous ;

FEMME KABYLE

leur tête est presque toujours nue ; lorsqu'ils se répandent dans le Tell, pour aider aux moissons, ils se servent alors d'un chapeau de paille.

D'une taille moyenne et bien prise, d'une constitution robuste, le Kabyle a la physionomie plutôt européenne ; il a le teint blanc, les cheveux généralement rouges, le visage carré, le front large et droit, les yeux bleus, les pommettes un peu saillantes et le nez et les lèvres épaisses.

Le Kabyle est travailleur, laboureur, horticulteur et prêtre, et s'il voyage souvent, au moment des travaux de la plaine, il rentre toujours à son douar (village) lorsque la saison est terminée. — Il aime sa famille et n'a généralement qu'une femme, qui partage avec lui ses fatigues et ses labeurs.

La femme, chez les Kabyles, n'est pas vue de la même façon que chez les Arabes ; elle jouit d'une grande considération et l'on rencontre même chez eux des femmes maraboutes.

Chez ce peuple, certainement plus intelligent que l'Arabe, les enfants cherchent à s'instruire ; aussi, depuis la création des écoles françaises en Kabylie, écoles très fréquentées par tous les indigènes, voit-on les jeunes gens kabyles se faire rapidement des situations, soit dans l'armée, soit dans des emplois du gouvernement où ils savent parfaitement tenir leur rang.

Depuis l'insurrection de 1871, où les Kabyles se soulevèrent et marchèrent contre nous, sous les ordres d'El-Mokhrani, les idées de ce peuple se sont considérablement modifiées, et, aujourd'hui, il cherche à s'assimiler le plus possible à sa nouvelle nationalité.

## DRA-EL-MIZAN

La création de Dra-el-Mizan (alt. 447 m.), d'abord poste militaire, remonte à 1855 ; puis, peu à peu, un village s'est organisé et n'a pas tardé à augmenter, grâce à la bonne qualité des terrains environnants qui sont aujourd'hui couverts de vignes, de figuiers et d'oliviers.

En dehors du village existe un endroit appelé *le camp* et dans lequel, pendant l'insurrection de 1871, les colons trouvèrent un refuge.

D'Alger à Dra-el-Mizan, par Ménerville, la route est bonne, et une voiture en fait chaque jour le voyage.

On peut aussi se rendre à Dra-el-Mizan en prenant le chemin de fer d'Alger jusqu'à la station d'Aomar-Dra-el-Mizan, d'où l'on n'a plus que deux heures de voiture.

## TIZI-OUZOU

Le bordj de Tizi-Ouzou est remarquable par sa construction ; il fut bâti par les Turcs sur des ruines romaines et reconstruit en partie par le général Cuny qui, en 1851, époque à laquelle il en prit possession, le trouva en assez mauvais état.

Le village, qui est desservi par le chemin de fer (ligne d'Alger à

Ménerville et de Ménerville à Tizi-Ouzou), est un chef-lieu d'arrondissement qui compte, avec ses annexes de Ben-Khasfa et de Drâ-ben-Kedda, une population européenne et indigène d'environ 31,500 habitants.

Un chemin, ou plutôt une traverse, relie Dra-el-Mizan à Tizi-Ouzou, et n'est praticable qu'à pied, à cheval ou à mulet.

## FORT-NATIONAL

Situé à 916 mètres d'altitude sur un plateau élevé, Fort-National possède un bordj flanqué de dix-sept bastions qui offrent un développement de 2,200 mètres.

C'est un des points stratégiques les plus importants.

Une garnison, qui est relevée chaque année, est logée dans le bordj, où sont aménagés tous les services militaires.

Le village, qui comprend environ quatre-vingts maisons, s'étend sur les deux côtés de la route qui conduit au bordj.

## DELLIS

De Ménerville à Dellis, la route est carrossable, et une diligence fait le service une fois par jour, en correspondance avec le chemin de fer.

Dellis, bâtie sur un plateau incliné au bord de la mer, rappelle un peu, dans son ensemble, la kasbah d'Alger; toute la partie nord de la ville est occupée par les indigènes; et les constructions européennes, qui sont relativement en petit nombre, se trouvent à l'est, particulièrement du côté de la mer.

De nombreuses ruines romaines ont été trouvées dans cet endroit, ainsi que dans les environs; d'ailleurs, on prétend que cette petite ville maritime, fondée par les Carthaginois, fut détruite par un tremblement de terre pendant l'occupation romaine et rebâtie, plus tard, par les Arabes.

En 1837, les habitants firent une première fois leur soumission au gouvernement français, et, en 1844, le maréchal Bugeaud en prit définitivement possession.

Une muraille, qui a environ 2 kilomètres de tour, sert de fortifications à la ville ; cette enceinte est percée de cinq portes : celles d'Alger, d'Isly, des Jardins, d'Aumale et d'Assanaf.

Dellis est une subdivision militaire, et l'hôtel du général, ainsi que le bureau arabe, l'hôpital, l'église, la mosquée, la douane et l'abattoir, constituent la nouvelle ville.

## AZZEFOUN

Ce petit village, de création récente, situé au bord de la mer, entre Bougie et Dellis, a déjà pris, grâce à l'intelligente initiative de ses habitants, une importance considérable, tant au point de vue de son organisation intérieure que sous le rapport commercial.

De nombreuses vignes y ont été plantées et donnent déjà des résultats surprenants ; et, avant peu, si cette marche ascendante continue, Azzefoun deviendra un des points importants de la côte.

La municipalité a obtenu des fonds pour la construction d'une mairie, d'une gendarmerie et d'une petite caserne ; c'est déjà beaucoup, vu le nombre encore restreint d'habitants ; mais maintenant, ce qu'il faudrait, ce serait d'obtenir l'établissement d'une route conduisant à l'un des centres les plus rapprochés ; car, à part le bateau à vapeur qui fait le service une fois par semaine, il n'existe, pour toutes communications, que quelques mauvaises traverses arabes, qu'il faut parcourir à dos de mulet ou de bourricot.

MÉDÉA ET BLIDA
EN 1850.

Les voyageurs qui se rendent d'Alger à Laghouat en voiture prennent le chemin de fer jusqu'à la Chiffa, où ils trouvent une diligence qui, en quatre jours, les conduit à destination.

Par étapes, les troupes mettent dix-neuf jours, y compris quatre séjours.

Si l'on fait ce voyage sans se servir du chemin de fer, on se rend directement d'Alger à Douéra, en passant soit par El-Biar, soit par Birmandraïs et Birkadem, ces deux routes étant à peu près semblables comme distance.

## DOUÉRA

Douéra est une petite colonie agricole dont presque tous les habitants sont là depuis la création du village.

Les alentours de Douéra sont très bien cultivés et les céréales y donnent de très beaux résultats.

Douéra possède un pénitencier militaire, un hospice pour les vieillards et un hôpital de deux cents lits.

## LES GORGES DE LA CHIFFA

Dans les gorges de la Chiffa, la route serpente à mi-côte des rochers sur une longueur de 20 kilomètres; pendant l'été, la Chiffa ne représente qu'un petit ruisseau où des bandes de singes descendent s'abreuver après le coucher du soleil; mais l'hiver, ce petit ruisseau grossit à vue d'œil, alimenté par les milliers de cascades qui tombent des sommets escarpés; il devient bientôt un torrent et présente alors le spectacle le plus merveilleux.

L'auberge du Ruisseau des Singes, située à peu près au milieu des gorges, est très fréquentée par les touristes et les voyageurs; on y voit, dans la salle à manger, d'amusantes peintures représentant des singes et des chiens, peintures exécutées, il y a longtemps déjà, par un capitaine de chasseurs d'Afrique, M. Girardin.

Près de cette auberge, et sous la route, se trouve une grotte de stalactites très intéressante.

En 1859, la *roche Pourrie* s'éboula à la suite de pluies torrentielles et l'on fit démolir le reste à coups de canon; mais depuis cette époque, il arrive encore parfois que quelques morceaux se détachent des roches environnantes et viennent intercepter la route.

Le *camp des Chênes*, étape où il n'y a qu'un puits, est formé par une espèce d'auberge et une maison forestière.

GORGES DE LA CHIFFA

# MÉDÉA

Médéa, dont la possession définitive ne date que de 1840, après le combat du 17 mai au Mouzaïa, était d'abord tombée entre les mains du maréchal Chauzel en novembre 1830, après une lutte acharnée; puis, le bey Omar qui y avait été laissé avec 1,000 hommes, ayant été attaqué et chassé par les insurgés, le général Desmichels en prit de nouveau possession en 1836, laissant à son tour le bey Mohammed-ben-Hussein avec 600 fusils et 50,000 cartouches; un mois après le départ des Français, celui-ci fut attaqué à son tour et fait prisonnier par El-Berkani, khalifa d'Abd-el-Kader, qui l'envoya à l'émir.

Médéa a complètement changé d'aspect depuis l'occupation française; de nombreuses maisons européennes ont remplacé les constructions arabes; de nouvelles rues ont été percées, les anciennes ont été élargies; la caserne et l'hôpital occupent l'emplacement de la kasbah. Divers services militaires, comme la manutention par exemple, ont été installés dans une ancienne mosquée; en un mot, la ville a été entièrement transformée.

Un quartier de cavalerie a aussi été construit, et il est occupé par le dépôt du 1er spahis.

Une muraille percée de cinq portes, d'Alger, du Maroc, de Miliana, Sah'raoui et des Jardins, entoure la ville, qui compte actuellement 14,000 habitants.

Les coteaux environnants Médéa sont couverts de vignobles dont les vins ont déjà une bonne renommée, particulièrement les vins blancs.

A 2 kilomètres au nord-ouest se trouve le petit village de Lodi d'où l'on peut faire l'ascension du *piton du Daklo* (1,062 mètres).

VUE DE MÉDÉA (1840)

## BOGHARI

Boghari, située à moitié route d'Alger à Laghouat, a pris, depuis quelques années, une très grande extension ; ses constructions toutes récentes sont nombreuses et très confortablement organisées ; sa population est d'environ 2,300 habitants. L'importance de cette localité augmentera encore le jour où l'autorité militaire se décidera à faire descendre de Boghar, où ils sont actuellement perchés, à 8 kilomètres de la route, tous les services militaires, depuis le commandant supérieur jusqu'au secrétaire du bureau de la place.

Actuellement, les militaires faisant étape et séjour à Boghari sont obligés, aussitôt leur arrivée, de grimper jusqu'à Boghar pour faire viser leur feuille de route.

Baukhari, petit village arabe, fondé en 1829 par quelques marchands originaires de Laghouat, se trouve à quelques centaines de mètres de Boghari.

Le ksar, construit sur un rocher, à 200 mètres au-dessus du Chélif, a une physionomie toute saharienne, et le soir, ainsi que dans toutes les villes du Sud, on peut assister aux concerts des nègres et aux danses des Oulad-Naïl.

## BOGHAR

Boghar, qui fait face à Boghari, compte environ 2,300 habitants.

Du bordj construit sur le flanc d'une montagne, à 970 mètres d'altitude et où sont réunis les bâtiments militaires, la vue est admirable ; aussi l'a-t-on surnommé le *Balcon du Sud;* de là, on découvre le Tell et Médéa au nord ; au sud, le regard s'étend sur un espace d'environ 80 kilomètres.

En quittant Boghari, on arrive dans la vallée du Chélif, vaste plaine aride et désolée, où l'on ne rencontre aucune végétation, jusqu'à la région de l'alfa, qui commence à 20 kilomètres de là et se continue pendant 100 kilomètres environ, jusqu'au Rocher de Sel.

Le *Rocher de Sel* est un des points intéressants de cette route pour le voyageur qui vient de parcourir 120 kilomètres sans voir autre chose que l'horizon et ses mirages.

Plusieurs sources, très riches en sel marin, émergent du Rocher de sel et vont se jeter dans l'Oued-Mélale; leurs bords se couvrent de croûtes salines formées par l'évaporation spontanée.

Ce sel, emmagasiné dans des bassins en argile damée, sert à la consommation des garnisons de Boghar, Djelfa et Laghouat.

Pendant les 276 kilomètres qui séparent Boghari de Laghouat, les voyageurs peuvent s'arrêter et reprendre haleine dans les différents caravansérails répartis sur cette route à des distances à peu près égales (de 30 à 40 kilomètres).

Ces caravansérails sont des espèces de bordjs (forts) dans lesquels,

VILLAGE KABYLE

LE KSAR DE BOGHARI

en cas d'insurrection, une troupe pourrait facilement se défendre, et où, en temps ordinaire, militaires et civils trouvent le strict nécessaire pour se réconforter et se reposer au besoin.

## DJELFA

Le village de Djelfa est moderne ; le bordj fut construit en 1852, par la colonne expéditionnaire du général Yussuf, sous le commandement du maréchal Randon.

La population de Djelfa est de 1,600 habitants, presque tous européens ; un quartier est cependant réservé aux indigènes et aux femmes Oulad-Naïl. Ces dernières y sont en assez grand nombre.

La ville est entourée d'une muraille ; un marché important s'y tient tous les vendredis et samedis.

L'autorité militaire est représentée par un commandant supérieur et par un chef du bureau arabe, dont les services sont installés dans le bordj.

Un escadron de spahis tient garnison dans cette place.

## LE DJEBEL-AMOUR

Le chemin qui conduit de Boghari à Laghouat, en passant par le Djebel-Amour, n'est plus praticable pour les voitures à partir de Chellala; de ce point, il n'existe qu'une traverse arabe qu'il faut parcourir à cheval ou à mulet.

*Chellala* est un village arabe aux constructions européennes qui lui donnent un aspect tout différent de celui qu'on est habitué de voir dans le Sud; un bureau arabe annexe de Boghari y est installé.

A Chellala se tient un marché important où viennent s'approvisionner les nombreuses tribus du Djebel-Amour.

Plusieurs marchands juifs et m'zabites tiennent des magasins dans le village.

Les jardins, d'une très grande richesse, produisent d'excellents fruits.

## AFLOU

L'annexe du bureau arabe chargée d'administrer la région du Djebel-Amour se trouve à Aflou; elle est composée d'un capitaine et de deux officiers adjoints, d'un docteur et d'un interprète; la garnison est formée d'une compagnie d'infanterie et de quelques spahis.

La population du cercle d'Aflou est d'environ 1.300 habitants.

D'Aflou à Laghouat, on rencontre Aïn-Madhi et Tadjemout, villages arabes, décrits dans la partie de cet ouvrage relative au Sahara algérien.

## D'ALGER A BOU-SAÂDA

Par la diligence, on peut se rendre d'Alger à Bou-Saâda en trois jours.

Jusqu'à Tablat, la route est très pittoresque, surtout au point culminant de Sakamoudi, à 800 mètres d'altitude, d'où l'on découvre un horizon de montagnes qui semble s'étendre à perte de vue.

Par suite des pluies qui, pendant l'hiver, tombent en grande quantité dans toute cette région, les routes ne sont jamais dans un état parfait, surtout aux environs de Tablat et d'El-Bethom ; aussi le voyageur doit-il s'armer de courage lorsqu'il s'engage dans la seconde partie de ce voyage, c'est-à-dire d'Aumale à Bou-Saâda, où les chemins à peine tracés sont encore en plus mauvais état.

## AUMALE

La ville d'Aumale est située sur un plateau légèrement élevé à 850 mètres d'altitude et au pied nord du Djebel-Dira. — Son mur d'enceinte, bien bâti, repose sur des rochers arrosés à l'ouest par l'Oued-Lekal (rivière Noire).

Quatre portes, d'Alger, de Bou-Saâda, de Sétif et de Médéa, donnent accès dans la ville.

La rue principale, longue de 1,000 mètres, à laquelle aboutissent quelques rues secondaires, commence à la porte d'Alger et finit à celle de Bou-Saâda.

La population est d'environ 5,500 habitants.

La construction d'Aumale sur les ruines d'Auzia, dont la fondation remontait au règne d'Auguste, ne date que de 1846, époque à laquelle le Gouvernement français se décida à y établir un poste militaire permanent.

Les environs d'Aumale sont très bien cultivés et, quoique la température y soit très malsaine, en raison de ses changements brusques, la population a cependant rapidement augmenté.

Chaque année, plusieurs cas de fièvres sont signalés parmi les hommes de la garnison.

En raison de sa situation exceptionnelle, Aumale est un poste militaire d'une certaine importance et possède un détachement de toutes les armes, relevé tous les ans, sauf cependant pour les spahis, dont le 4ᵉ escadron du 1ᵉʳ régiment y est à titre permanent.

Depuis que la ligne d'Alger à Constantine est créée et qu'une gare existe à Bouira, les communications sont beaucoup plus faciles, la distance qui sépare Aumale de Bouira n'étant que de 28 kilomètres. On passe alors aux Trembles, puis à *Aïn-Bessem*, village dont la création remonte à une quinzaine d'années seulement et qui a pris, en peu de temps, une extension considérable.

* * *

C'est dans cette région que les amateurs de grandes chasses se donnent généralement rendez-vous ; et, quoique depuis quelques années, le nombre des lions et des panthères ait considérablement diminué, il ne se passe pas d'hiver sans que les dépouilles de quelques-uns de ces fauves ne soient apportées à Aumale.

OULAD-NAÏL.

# LA FORÊT DU KSENNA

### LA FOSSE AUX LIONS ET LES EAUX-CHAUDES

A 40 kilomètres à l'est d'Aumale se trouve la forêt du Ksenna, dont une grande partie fut incendiée en 1871, lors de l'insurrection kabyle ; c'est dans cette forêt, qui couvre encore environ 35,000 hectares, qu'a été installée, il y a déjà longtemps, la fameuse fosse aux lions destinée à attraper le roi des fauves avec la même simplicité que la plus vulgaire des souris.

Cette fosse, entourée d'une haie assez élevée, est confiée à la garde d'un Arabe, ancien militaire ; elle consiste en un grand trou ayant la forme d'un entonnoir renversé et recouvert d'une plate-forme rectangulaire, placée au niveau du sol. Cette plate-forme, qu'un pivot traverse par le milieu, ressemble, tout en étant beaucoup plus large, à ces balançoires que les enfants construisent avec des planches. Un rien suffit pour faire enfoncer l'un ou l'autre côté de cette sorte de bascule, sur le milieu de laquelle le garde a soin d'installer un mouton. La nuit venue, le mouton bêle et, par ses gémissements, attire bientôt l'attention des lions qui, descendant du Djurdjura, viennent, de temps à autre, s'abreuver dans la rivière qui traverse la forêt.

C'est alors que le fauve, sentant près de lui son régal favori, franchit d'un bond la haie, tombe comme une masse sur l'un des côtés de la plate-forme qui, cédant sous le poids, s'enfonce rapidement et envoie les deux animaux rouler ensemble au fond de la fosse. La fureur du fauve est telle qu'il en oublie la pauvre petite bête qu'il aurait si bien dévorée un instant avant; il ne voit qu'une chose, c'est qu'il est enfermé et fait des bonds prodigieux pour regagner l'orifice du trou; mais ses efforts sont inutiles, et, lorsqu'après avoir été avertis par le garde, les officiers de la garnison d'Aumale arrivent pour le tirer, on le trouve affaissé dans un coin, tandis que le pauvre mouton, plus mort que vif, est blotti dans un autre.

Cependant, à la vue des hommes, le lion se redresse, s'élance encore et de ses griffes cherche à s'accrocher aux parois de la fosse; il lutte ainsi comme un désespéré jusqu'à ce que le plus ancien des officiers accouru, l'ayant ajusté, le renverse d'un coup de feu.

La dépouille de ce lion est portée ensuite chez le commandant supérieur d'Aumale, qui remet au garde la prime convenue, puis, la peau étant généralement conservée par cet officier, la viande est partagée et distribuée aux différentes popotes d'officiers et de sous-officiers de la garnison.

C'est aussi dans cette forêt, près d'un petit village appelé Ksar-Ksenna, que se trouvent les sources sulfureuses de Hammam-Sian. Deux sources sortent au bas d'un rocher qui forme une baignoire naturelle; une troisième tombe en douche de quelques mètres plus haut.

Les Arabes et les Kabyles vont en foule faire usage de ces eaux, et l'énorme quantité d'ex-voto qui pendent aux arbres d'alentour prouve combien elles sont salutaires.

Après avoir quitté Aumale, on arrive au caravansérail de *Sidi-Aïssa*, à 300 mètres duquel s'élève la koubba blanche qui renferme les restes sacrés du marabout Sidi-Aïssa ; puis, après avoir traversé l'Oued-el-Hamm (rivière de la Viande), on aperçoit le caravansérail de Aïn-el-Hadjel.

La route ne varie guère d'Aumale à Bou-Saâda : des montées, des descentes, n'ayant pour toute vue qu'un sol sans végétation, voilà tout ce qu'il y a d'intéressant jusqu'à Ed-Dis, petite oasis de 800 palmiers.

De là à Bou-Saâda il n'y a que quelques kilomètres qui sont rapidement franchis.

## D'AUMALE A TIARET

Cette route, qui est plutôt une traverse arabe, ne peut être parcourue qu'avec des chevaux ou des mulets ; d'un bout à l'autre, sauf sur la route d'Alger à Laghouat, le terrain est très accidenté et présente souvent des passages difficiles.

En quittant Aumale, on côtoie pendant un certain temps les pentes du Djebel-Dira ; puis, après avoir franchi le ruisseau qui est au fond du Guelt-er-Rous (la mare des Têtes), on arrive dans un pays boisé et bien arrosé où est située la R'orfa des Oulad-Meriem (ancien poste militaire).

A Sour-Djouab, où se trouvent de nombreuses ruines romaines, il n'y a qu'une maison, celle d'un caïd ; ce plateau est très boisé et est cultivé dans plusieurs endroits. De Sour-Djouab à Berrouaguïa, le chemin continue à être suffisamment tracé, et, quoique le sol soit très mouvementé, la marche est facile.

De Boghar on s'engage dans la superbe forêt de pins et de chênes qui s'étend sur tout le pays montagneux occupé par les Oulad-Antar ; puis, après avoir parcouru un espace de 16 kilomètres environ, on se retrouve dans un pays dénudé, triste et sauvage.

Sur tout ce parcours, et particulièrement à Taza, la vue est superbe et embrasse un vaste horizon ; on redescend ensuite légèrement pour arriver à Téniet-el-Haâd.

De Teniet on parcourt un pays plat et déboisé, mais fertile en céréales ; après avoir quitté les ruines romaines de Dar-el-Hajadj, d'où l'on aperçoit, à 35 kilomètres au nord, le sommet de l'Ouaransenis, on arrive par les hauts plateaux au pied de la crête sur le penchant de laquelle est située *Tiaret* (province d'Oran).

S. E. MONSEIGNEUR LE CARDINAL LAVIGERIE

# ITINÉRAIRES

## LES ENVIRONS D'ALGER

|  | KIL. |  | KIL. |
|---|---|---|---|
| Saint-Eugène | 3 | Birmandraïs | 7 |
| Pointe Pescade | 6 | Birkadem | 10 |
| Cap Caxine | 10 | L'Agha | 2 |
| Guyotville | 15 | Mustapha-Inférieur | 3 |
| Notre-Dame d'Afrique | 3 | Jardin d'Essai | 5 |
| Frais-Vallon | 2 1/2 | Le Ruisseau et Koubba | 6 et 8 |
| Fort l'Empereur | 2 | Hussein-Dey | 7 |
| El-Biar et Bou-Zaréa | 5 et 9 | Maison-Carrée | 12 |
| Chéraga | 12 | Fort-de-l'Eau | 18 |
| La Trappe de Staouëli | 17 | Sà Rassauta | 20 |
| Sidi-Ferruch | 25 | Le càp Matifou | 27 |
| Mustapha-Supérieur | 3 |  |  |

## D'ALGER A ORAN (*par le chemin de fer*)

### PROVINCE D'ALGER.

|  | KIL. |  | KIL. |
|---|---|---|---|
| L'Agha | 2 | Vesoul-Benian | 98 |
| Hussein-Dey | 7 | Adélia | 110 |
| Maison-Carrée | 12 | *Affreville* | 120 |
| Le Gué de Constantine | 15 | Lavarande | 124 |
| Baba-Ali | 20 | Littré | 138 |
| Bir-Touta | 26 | Duperré | 146 |
| *Boufarik* | 37 | Oued-Rouina | 160 |
| *Beni-Mered* | 45 | Saint-Cyprien-des-Attaf | 170 |
| *Blida* | 51 | Ouled-Abbès | 171 |
| La Chiffa | 58 | Les Attaf | 173 |
| Mouzaïaville | 63 | Bir-Safsaf | 180 |
| El-Afroun | 69 | Tmoulga | 183 |
| L'Oued-Djer | 78 | Oued-Fodda | 186 |
| Bou-Medfa | 91 | Le Barrage | 195 |
|  |  | Ponteba | 203 |

|   |   |   |   |
|---|---|---|---|
| *Orléansville* | 209 | L'Oued-Malah | 332 |
| Malakoff | 217 | Sahouria | 340 |
| Charon | 232 | Perrégaux | 346 |
|   |   | L'Habra | 360 |
| **PROVINCE D'ORAN** |   | Saint-Denis-du-Sig | 370 |
| Oued-Merdja | 243 | L'Ougasse | 374 |
| Inkermann | 254 | La Mare d'Eau | 381 |
| Saint-Aimé | 263 | Sainte-Barbe-du-Tlélat | 395 |
| Les Salines | 283 | Arbàl | 404 |
| Relizane | 296 | Valmy | 411 |
| Les Silos | 305 | La Senia | 416 |
| L'Hillil | 315 | Oran | 421 |

## KOLÉA ET TOMBEAU DE LA CHRÉTIENNE

|   | KIL. |   | KIL. |
|---|---|---|---|
| D'Alger à Zeralda (village europ.) | 25 | De Koléa à Bérard (village europ.) | 7 |
| Douaouda (village européen) | 35 | Tombeau de la Chrétienne (village européen) | 21 |
| Saint-Maurice (hameau) | 36 |   |   |
| Koléa (ville) | 39 |   |   |

## CHERCHELL ET TENÈS

|   | KIL. |   | KIL. |
|---|---|---|---|
| D'Alger à El-Afroun, en chemin de fer | 69 | La Fontaine-du-Génie (village) | 130 |
| Ameur-el-Aïn (village européen) | 75 | Oued-Nesselmoun (mine de fer) | 132 |
| Bou-Rkika (village européen) | 80 | Aïn-Soudana (gisements d'hématite et de carbonate de fer) | 136 |
| Marengo (village européen) | 86 | Gouraya (village) | 145 |
| Fedjana (village européen) | 98 | Villebourg (village) | 155 |
| Zurich (village européen) | 101 | Oued-Dahmous (village) | 179 |
| Bled-Bakhora (village européen) | 105 | Maison-du-Caïd (village) | 198 |
| Cherchell (ville) | 115 | Aïn-el-Bid (village) | 221 |
| Novi (village) | 122 | Tenès (ville) | 234 |

## TENIET-EL-HAÂD

|   | KIL. |   | KIL. |
|---|---|---|---|
| D'Alger à Affreville, en chemin de fer | 120 | Oued-Massin (caravansérail) | 149 |
| Le Puits (hameau) | 132 | Camp des Chênes (hameau et auberge) | 158 |
| El-Bir (maison cantonnière) | 135 | Camp des Scorpions (auberge) | 165 |
| Pont-du-Caïd (auberge) | 136 | Teniet-el-Haâd (ville) | 179 |

## MILIANA

| | KIL. | | KIL. |
|---|---|---|---|
| D'Alger à Affreville, en chemin de fer. | 120 | De Miliana à Affreville, en voiture. | 9 |

## HAMMAM-R'IRHA

| | KIL. | | KIL. |
|---|---|---|---|
| D'Alger à Bou-Medfa, en chemin de fer | 91 | De Bou-Medfa à Hammam R'irha, en voiture. | 12 |

## D'ALGER A CONSTANTINE (*par le chemin de fer*)

### PROVINCE D'ALGER

| | KIL. |
|---|---|
| L'Agha. | 2 |
| Hussein-Dey | 7 |
| Maison-Carrée | 12 |
| Oued-Smar | 15 |
| La Maison-Blanche | 19 |
| Rouïba. | 26 |
| La Reghaïa. | 31 |
| L'Alma. | 39 |
| Oued-Corso. | 42 |
| Bellefontaine. | 48 |
| *Menerville*. | 54 |
| Souk-el-Hâd. | 60 |
| Beni-Amram. | 64 |
| *Palestro*. | 77 |
| Thiers. | 87 |
| Aomar-Dra-el-Mizan. | 98 |
| *Boutra*. | 123 |
| Aïn-el-Esnam. | 138 |
| El-Adjiba. | 150 |
| Maillot. | 160 |
| Bordj des Beni-Mansour. | 171 |
| Pont de l'Oued-Mahrir. | 174 |

### PROVINCE DE CONSTANTINE

| | KIL. |
|---|---|
| Sidi-Brahim. | 185 |
| Les Biban ou Portes de Fer. | 189 |
| Mzita. | 200 |
| Mansoura. | 209 |
| El-Achir. | 226 |
| Bordj-bou-Areridj. | 239 |
| El-Anasser. | 246 |
| Chenia. | 254 |
| Aïn-Tassera. | 263 |
| Tixter. | 271 |
| Le Hammam. | 283 |
| Mesloug. | 296 |
| Sétif. | 308 |
| Ras-el-Ma. | 322 |
| Saint-Arnaud. | 339 |
| Bir-el-Arch. | 352 |
| Saint-Donat. | 367 |
| Châteaudun-du-Roumel. | 384 |
| Talar'ma. | 403 |
| El-Guerra. | 426 |
| Oulad-Rahmoun. | 436 |
| Le Khroub. | 448 |
| Oued-Hamimin. | 452 |
| L'Hippodrome. | 460 |
| Sidi-Mabrouk. | 462 |
| *Constantine*. | 463 |

## LE FONDOUK

| | KIL. | | KIL. |
|---|---|---|---|
| D'Alger à la Maison-Carrée, en chemin de fer | 12 | La Maison-Blanche | 20 |
| Le retour de la chasse | 16 | Bou-Hamedi | 27 |
| | | Le Fondouk | 32 |

## LA KABYLIE

### DRA-EL-MIZAN. — TIZI-OUZOU. — FORT-NATIONAL. — BOUGIE. LES BENI-MANSOUR.

| | KIL. | | KIL. |
|---|---|---|---|
| D'Alger à Ménerville, en chemin de fer | 54 | De Drâ-el-Mizan à Aïn-Zaouïa (village, chemin arabe) | 6 |
| Isserville (village européen, route carrossable) | 59 | Bordj-Borni (fort et village, chemin arabe) | 16 |
| Chabet-el-Ameur (village européen, route carrossable) | 82 | Souk-el-Khramis (gîte d'étape, chemin arabe) | 33 |
| Tizi-Renif (village européen, route carrossable) | 88 | Imesdaten (gîte d'étape, chemin arabe) | 40 |
| Bou-Faïma (village européen, route carrossable) | 96 | Tizi-Ouzou (station et ligne directes sur Ménerville, par Bordj-Menaïel) | 50 |
| Drâ-el-Mizan (grand village) | 116 | | |

### DRA-EL-MIZAN A FORT-NATIONAL ET BOUGIE

| | KIL. | | KIL. |
|---|---|---|---|
| Aïn-Zaouïa (village, chemin arabe) | 6 | Azazga (commune mixte, chemin arabe) | 35 |
| Bordj-Borni (fort et village, chemin arabe) | 16 | Iacouren (commune mixte, chemin arabe) | 47 |
| Ouadia (café-poste, chemin arabe) | 34 | Taourirt-Iril (bordj d'un administrateur, chemin arabe) | 72 |
| Takourt (café-poste, chemin arabe) | 59 | El-Kseur (village, chemin arabe) | 92 |
| Fort-National (fort et village, chemin arabe) | 70 | La Réunion (village, chemin arabe) | 104 |
| De Fort-National à Mekla (village européen, chemin arabe) | 10 | Bougie (ville de la province de Constantine) | 118 |

## DE FORT-NATIONAL AUX BENI-MANSOUR

|  | KIL. |
|---|---|
| La maison cantonnière (aux Beni-Mansour, chemin arabe). | 33 |
| Col de Tirourda (aux Beni-Mansour, chemin arabe). | 35 |
| Hamedoun (village kabyle, chemin arabe). | 45 |
| Maillot (village européen, chemin arabe). | 52 |
| Bordj des Beni-Mansour (station sur le chemin de fer d'Alger à Constantine). | 60 |

## DELLIS ET AZZEFOUN

|  | KIL. |
|---|---|
| D'Alger à Ménerville, en chemin de fer. | 54 |
| Blad-Guitoun (village, route carrossable). | 60 |
| Isserville (village, route carrossable). | 61 |
| Bordj-Ménaïel (bordj et village). | 65 |
| Haussenvilliers (village). | 75 |
| Reybeval (village). | 88 |
| Bois-Sacré (village). | 9 |
| Dellis (ville). | 106 |
| Azzefoun, entre Dellis et Bougie (chemins arabes). | |

## D'ALGER A LAGHOUAT

|  | KIL. |
|---|---|
| D'Alger à Douéra. | 23 |
| Boufarik. | 34 |
| Beni-Mered. | 41 |
| Blida. | 48 |
| La Chiffa, les gorges. | 61 |
| Le ruisseau des Singes. | 64 |
| La Roche Pourrie. | 66 |
| Le Camp des Chênes. | 69 |
| Médéa. | 90 |
| Damiette. | 94 |
| Hassen-ben-Ali. | 100 |
| Ben-Chikao. | 111 |
| Berouaguïa. | 121 |
| Aïn-Makhlouf. | 133 |
| Aïn-Moudjérar. | 148 |
| Oued-el-Hakoum. | 157 |
| Boghari et Boghar. | 166 |
| BouRézoul. | 186 |
| El-Khrachem. | 191 |
| Aïn-Ousera. | 222 |
| Bou-Sedraïa. | 239 |
| Guelt-el-Stel. | 61 |
| El-Messeran. | 288 |
| Rocher de Sel. | 300 |
| Djelfa. | 328 |
| Oued-Seddeur. | 353 |
| Aïn-el-Ibel. | 366 |
| Sidi-Maklouf. | 400 |
| Mettili. | 426 |
| Laghouat (Sahara algérien). | 442 |

## DE BOGHARI AU DJEBEL-AMOUR ET A LAGHOUAT

| | KIL. |
|---|---|
| De Boghari à Aïn-Seba (route d'Alger à Laghouat). | 9 |
| Bou-Rézoul (route d'Alger à Laghouat) | 21 |
| Chabounia (relai) | 62 |
| Redoute Marey-Monge (bordj en ruines). | 67 |
| Koubba de Sidi-el-Hadjel (koubba). | 77 |
| Chellala (la route est carrossable de Boghari jusqu'à ce point). | 106 |
| Taguin (sources, fourrages et alfa). | 144 |
| Djelita (puits) | 154 |
| Heita-Souami (puits) | 159 |
| Mekhraoula (puits) | 169 |
| El-Beïda (puits). | 189 |
| Sidi-Bou-Zid (village arabe). | 212 |
| Aflou (caravansérail, bureau arabe et garnison). | 242 |
| Aïn-Madhi (village saharien, voir Sahara algérien). | 307 |
| Tadjemout (village saharien, voir Sahara algérien). | 332 |
| Laghouat (ville saharienne, voir Sahara algérien). | 367 |

## D'ALGER A BOU-SAÂDA

| | KIL. |
|---|---|
| D'Alger à Sidi-Moussa (village européen). | 23 |
| L'Arbâ (village européen). | 30 |
| Sakamoudi (auberge) | 53 |
| Tablat (village européen) | 71 |
| El-Bethom (auberge) | 96 |
| Bir-Rabalou (village européen). | 104 |
| Les Trembles (village européen). | 110 |
| Aumale (ville). | 123 |
| Sidi-Aïssa (caravansérail). | 158 |
| Aïn-Hadjel (caravansérail). | 188 |
| Aïn-Kerman (caravansérail). | 217 |
| Bou-Saâda (Sahara algérien). | 258 |

## D'AUMALE A TIARET

| | KIL. |
|---|---|
| Sour-Djouab (ruines romaines). | 26 |
| Aïn et Oued-Temda (source). | 33 |
| Souaki (ruines romaines). | 45 |
| Berouaguïa (village européen). | 67 |
| Route d'Alger à Laghouat. | |
| Boghar (bordj et village). | 112 |
| Kerba des Oulad-Hellal (ruines romaines et fontaine) | 132 |
| Koubba de Sidi-Bouzid (koubba). | 140 |
| Djebel-Echéaou (montagne, fontaine romaine). | 156 |
| Taza (bordj en ruines). | 160 |
| Teniet-el-Haâd (ville). | 182 |
| Aïn-Missousi (source). | 205 |
| Aïn-Toukria (source et ruines romaines) | 210 |
| Aïn-Sfa (source). | 221 |
| Aïn-Tesennil (deux fontaines romaines). | 232 |
| Dar-el-Hadjadj (ruines romaines). | 242 |
| Tiaret (ville). | 277 |

# TABLE

|  | PAGES |
|---|---|
| L'Algérie | 1 |
| La population européenne | 8 |
| L'administration indigène | 8 |
| La justice française et musulmane | 10 |
| Les Arabes | 11 |
| La province d'Alger | 15 |
| Alger, *description et historique* | 17 |
| Les environs d'Alger | 37 |
| D'Alger à Oran (Boufarick, Beni-Mered, Blida, Affreville, Orléansville) | 55 |
| La Mitidja (Koléa, Tombeau de la Chrétienne, Cherchell, Tenès, Teniet-el-Haâd, Miliana, Hammam-R'irha) | 65 |
| D'Alger à Constantine (Ménerville, Palestro, Bouïra, Le Fondouk, l'Arba, Saint-Pierre et Saint-Paul) | 79 |
| La Kabylie | 82 |
| Les Kabyles (Dra-el-Mizan, Tizi-Ouzou, Fort-National, Dellis, Azzefoun) | 84 |
| D'Alger à Laghouat (Douéra, les gorges de la Chiffa, Médéa, Boghari, Boghar, Djelfa) | 91 |
| Le Djebel-Amour. Aflou | 100 |
| D'Alger à Bou-Saâda (Aumale, la forêt du Ksenna) | 102 |
| D'Aumale à Tiaret | 105 |
| Principaux itinéraires | 107 |

## LA PROVINCE
# DE CONSTANTINE

## II. — LA PROVINCE DE CONSTANTINE

Physionomie de la province de Constantine. — Les Aissaoua. — Les Khouans ou confrérie religieuse. — Les Berranis. — Les nègres. — La prière du musulman. — Constantine, son histoire, ses environs. —Description et historique des principales villes : Batna, Bône, Bougie, Djidjelli, Guelma, La Calle, Philippeville, Sétif, Tebessa, etc., etc. — Les gorges du Chabet-el-Akhra et d'El-Kantara. — Histoire de Yusuf. — Légendes arabes, etc., etc. — Principaux itinéraires.

# LA PROVINCE DE CONSTANTINE

Cette province est celle qui, jusqu'à ce jour, a été la plus favorisée sous le rapport de la colonisation; de nombreuses améliorations y ont été apportées, particulièrement dans le sud, et sa transformation est telle que ceux qui l'ont parcourue, à l'époque de notre occupation (1837), la reconnaîtraient difficilement aujourd'hui.

Plusieurs lignes ferrées sillonnent cette province; à l'heure actuelle, on peut se rendre d'Alger à Tunis en passant par

Constantine, Duvivier, Souk-Ahrras et Ghardimaou, et bientôt il sera possible aussi, avec la ligne de pénétration qui s'arrête en ce moment à El-Kantara, d'arriver jusqu'à Biskra, première oasis du Sahara.

C'est à la *Société de Batna et du Sud Algérien*, ainsi qu'à la *Compagnie de l'Oued R'rir*, que l'on doit les importants travaux qui ont été exécutés dans le sud de cette province.

Afin de fertiliser cette contrée et de la rendre habitable, non seulement pour les Européens, mais même pour les indigènes, ces sociétés ont creusé de nombreux puits artésiens et ont planté sur ce sol jusqu'alors aride et dénudé, plus de cinquante mille palmiers.

Le littoral de la province de Constantine est particulièrement intéressant au point de vue de l'agriculture et de l'élevage, là, on rencontre un grand nombre de villages peuplés de colons français, parmi lesquels les Alsaciens dominent, et qui ont fait de cette région un des plus beaux pays de notre colonie algérienne.

## DESCRIPTION GÉNÉRALE

La province de Constantine, située entre celle d'Oran et la Tunisie, a une superficie d'environ 19,253,500 hectares, dont 5,950,000 dans le Tell. Sa longueur du nord au sud (de Philippeville à Ouargla) est de 660 kilomètres, et sa largeur sur le littoral (de l'Oued-Kerouli au cap Roux) est d'environ 460 kilomètres.

*
* *

Ses principaux massifs montagneux sont :

Le *Djebel Amantous* (à 1,660 m. d'alt.), le *Djebel-el-Gouffi* (1,183 m.) et l'*Edough* (1,004 m.) près du littoral, aux environs de Djidjelli, Collo et Bône.

Le *Djebel-Takintouch* (1.674 m.), le *Takouch* (1,870 m.), le *Tababort* (1,963 m.), le *Pic de Tamesguida* (1,663 m.) et le *Djebel-Oum-Chenak* (1,477 m.) sur une ligne plus éloignée de la côte que le massif précédent, mais toujours parallèle au littoral.

Le *Djebel-Morissane* (1,497 m.), le *Maâdid* (1,848 m.), le *Magriz* (1,724 m.), le *Guergour* (1,800 m.), le *Djebel-Youcef* (1,431 m.), le *Djebel-Soubella* (1,513 m.) et le *Bou-Thaleb* (1,820 m.), autour de Sétif.

Le *Djebel-Ouach* (1,292 m.), le *Djebel-Debar* (1,049 m.), le *Ras-el-Alia* (1,290 m.), le *Djebel-Mahabouba* (1,261 m.) et le *Djebel M'Cid* (1,408 m.), entre Constantine et la Tunisie.

Le *Djebel-Aurès*, qui est formé de plusieurs chaînes et qui s'étend entre Batna, Krenchela et les Ziban, a, comme point culminant, le *Chellia* (2,328 m.).

Entre ces nombreuses montagnes,

s'étendent les plaines de l'*Oued-Sennadja*, de *Bône*, des *Kharèzas*, des *Beni-Urgine*, de la *Mafrag*, de l'*Oued-el-Kébir*, de la *Medjana* et de *Sétif* dans le Tell; du *Hodna* sur les Hauts-Plateaux, et d'*El-Outaya* dans le Sahara.

De nombreuses forêts couvrent une superficie d'environ un million d'hectares dans cette province ; les essences dominantes sont : le chêne-liège, le chêne vert, le chêne-zéen, le pin d'Alep, le pin maritime et le cèdre.

Les forêts les plus importantes sont celles de l'*Oued-Okris*, d'*Akfadou*, des *Babors*, de *Guergour*, de *Dreats*, des *Beni-Fourhal*, du *Bou-Thaleb*, du *Djebel-Bou-Arif*, des *Aurès*, etc.

Les chasseurs trouvent dans ces plaines et dans ces forêts du gibier en abondance ; aussi les lièvres, les lapins et les sangliers ou marcassins sont-ils la nourriture favorite des habitants de ces régions, qui s'en procurent facilement pendant presque toute l'année.

La province de Constantine est celle où on trouve le plus de lions et de panthères ; d'après les statistiques, il y a été abattu, depuis une quinzaine d'années, environ deux cents lions et huit cents panthères, alors qu'on n'a tué que trente lions et quatre cent trente panthères dans celles d'Alger et d'Oran.

Par contre, les hyènes et les chacals sont en plus grand nombre dans ces deux dernières provinces, où, pendant le même laps de temps, on en a tué environ dix-sept cents de la première catégorie et vingt-cinq mille de la seconde, pendant que, dans la province de Constantine, on n'abattait que deux cents hyènes et trois mille chacals.

Les principales rivières qui sillonnent cette province sont :

L'*Oued-Sahel* qui passe à Aumale, Bouïra et à Beni-Mansour.

L'*Oued-Agrioun* qui traverse les gorges du Chabet-el-Akhra;

L'*Oued-Djindjen* qui se jette dans la mer, près de Djidjelli.

L'*Oued-el-Kébir*, qui, sous le nom de *Rummel*, coule au pied du rocher de Constantine et qui, après avoir reçu le *Bou-Merzoug*, va se jeter dans la mer à 52 kilomètres de Djidjelli.

La *Saf-Saf* qui passe à El-Arrouch, Gastonville, Saint-Charles, Vallée, etc.

L'*Oued-Sanendja* qui se jette dans le golfe de Stora.

LA CHASSE AU LIÈVRE

La *Seybouse* qui, après un cours de 220 kilomètres, se jette dans la rade de Bône.

La *Magraf* qui tombe dans la mer au même endroit que la Seybouse

La *Medjerda* qui passe près de Souk-Ahrras.

L'*Oued-Djedi* qui, sous le nom d'*Oued-M'Zi*, passe à Laghouat, et l'*Oued-Biskra* qui passe dans les fameuses gorges d'El-Kantara.

\*
\* \*

Dans la province de Constantine, les lacs et les chotts sont en plus grand nombre que dans les deux autres provinces ; ceux du *grand Hodna*, à 50 kilomètres de Bou-Saâda, du *petit Hodna* et de *Melr'ir*, à 66 kilomètres nord-ouest et à 70 kilomètres sud de Biskra, sont les principaux, et couvrent à eux trois une superficie de près de 300 hectares. On peut encore citer les chotts *M'Zouri* et *El-Beïda*, ainsi que les lacs *Fetzara*, de la *Calle*, *Ank-Djemel-el-Kébir*, *El-Guellif*, *El-Tarf*, mais qui n'ont que peu d'importance, relativement aux premiers.

Cette province possède un grand nombre de curiosités, entre autres les *gorges du Chabet-El-Akhra*, entre Bougie et Sétif ; les

*cascades du Rummel*, à Constantine ; les *Bibans* ou *Portes de Fer ;* et les gorges d'*El-Kantara*, sur la route de Batna à Biskra.

Le climat est à peu près le même que dans les autres provinces ; la température moyenne, sur le littoral, est de 18° ; sur les hauts-plateaux, elle varie de 4 à 46°, la moyenne est de 15° ; dans la région mixte, elle varie de 8 à 38°, la moyenne est de 16° ; enfin, dans le Sahara, la moyenne est de 20 et 22°.

# LES KHOUANS

## OU CONFRÉRIES RELIGIEUSES

Les différents ordres religieux musulmans ont inspiré beaucoup d'écrivains, et M. Brosselard, le colonel de Nevers et le commandant Rinn, entre autres, ont donné sur les Khouans des détails très intéressants.

M. Piesse, dans son *Guide de l'Algérie*, résume ainsi les principaux passages de ces ouvrages :

« L'idée de nationalité et les notions de patrie font défaut dans la société musulmane ; le seul lien qui solidarise les tribus, c'est le lien religieux ; mais là se manifeste l'esprit de division ; ce qui explique les différentes associations, dont les adeptes sont connus sous le nom de khouans.

« Les *khouans* ou frères sont les membres d'ordres religieux musulmans dont les rites, les règles et les statuts, différents pour chaque ordre, sont essentiellement basés sur le mahométisme.

« Les ordres répandus dans le monde musulman sont nombreux. On compte, chez les Algériens, ceux d'Abd-el-Kader-ed-Djilani, de Chadeli, de Moulaï-Taïeb, de

Sidi Mohammed-ben-Aïssa, de Sidi Mohammed-ben-Abd-er-Rahman, de Sidi Ahmed-Tedjani, de Sidi Youcef-el-Ham-sali, des Derkaouao et de Si-Mohdammed-ben-Ali-es-Senoûsi.

« Le fondateur de chacun de ces ordres a reçu en songe, de Mohammed en personne, ses rites, ses règles et ses statuts. Ce fondateur est quelquefois un homme que ses vertus et sa piété ont fait choisir par Dieu pour être *r'out*, c'est-à-dire l'homme chargé de prendre pour lui les trois quarts des maux de toutes sortes, chutes, blessures, maladies et morts tombées du ciel sur la terre, au nombre de 380,000, pendant le mois de Safar. Le r'out affecté de 285,000 maux n'a tout au plus que quarante jours à vivre, quelquefois moins. Abd-el-Kader-ed-Djilani a été r'out.

« Chaque ordre relève d'un *khralifa*, supérieur général ou grand maître, descendant souvent du marabout fondateur et résidant dans le lieu où l'ordre a pris naissance. Des *cheikhs* ou *mokkadems*, directeurs provinciaux, en nombre indéterminé, administrent chacun une circonscription plus ou moins étendue. Le *nekil* est au cheikh ce que celui-ci est au khralifa. Le cheikh a sous ses ordres d'autres agents secondaires: messager, porte-bannière, chaouch. Le messager ou *rekkas* est l'intelligent intermédiaire entre le cheikh et le khralifa, que ses instructions soient écrites ou verbales.

« Entrer dans un ordre s'appelle recevoir le *dikr ;* c'est la révélation de la formule, de la courte prière qui distingue l'ordre d'un autre. On dit encore prendre le *oueurd* (rose) de tel ou tel. « Quelle rose portes-tu? demandera un musulman à un autre. — Celle de *Moulaï-Taïeb* ou de *Sidi Ahmed-Tidjani,* » répondra l'interpellé. S'il n'appartient à aucun ordre, il dira : « Je suis un pauvre serviteur de Dieu et le prie pieusement. » Le futur frère se prépare à prendre la rose par la prière, le

MUEZZIN APPELANT LES FIDÈLES A LA PRIÈRE
(Croquis d'après Yriarte).

jeûne et l'aumône. Introduit ensuite auprès du cheikh, il lui demande l'initiation, promettant soumission et fidélité à la règle et aux pratiques de l'ordre. L'oraison continue, qui consiste à dire un certain nombre de fois des formules ou des invocations propres à chaque ordre, entretient ou réveille chez les khouans les sentiments d'exaltation religieuse. Négliger l'oraison serait se faire chasser à tout jamais comme un infâme de la corporation.

« Les femmes sont reçues dans les corporations religieuses; elles ont alors pour chefs des femmes et prennent entre elles le nom de sœur, *khouata*.

« Quelques mots sur les fondateurs des associations religieuses :
« *Abd-el-Kader-ed Djilani* vivait au vi⁰ s. de l'hég. L'ordre qu'il a fondé à Bar'dad est le plus ancien et le plus populaire de ceux auxquels les Arabes de l'Algérie se sont affiliés; ses koubbas en Algérie sont innombrables ; ses khouans sont des agents très actifs de la propagande islamique ; ils reçoivent, le cas échéant, le mot d'ordre de Constantinople, car tous les princes musulmans s'honorent d'appartenir à l'ordre de Sidi Abd-el-Kader.

« *Tadj-ed-Din-ech-Chadeli*, mort au vii⁰ s. de l'hég., disciple de Ben-Machich et héritier spirituel d'Abou-Median de Tlemcen, a fondé un ordre auquel vinrent plus tard se rattacher ceux des Zianya, des Nacerya, des Kerzazya, de Cheikhya, des Habibya, des Youcefya et des Derdourya, et dont on rencontre quelques adeptes en Algérie.

« *Moulaï-Taïeb*. L'ordre des khouans de Moulaï-Taïeb a été fondé au xi⁰ s. de l'hég., par Moulaï-ed-Dris, de la famille impériale du Maroc, il y a environ trois cents ans. Les Taïbya ont aujourd'hui pour chef spirituel et grand maître Si Abd-el-Sellem, plus connu sous le nom de chérif d'Ouazzan; c'est un grand admirateur de la civilisation européenne et un ami de la France. Il a obtenu, en 1884, le titre de protégé français. C'est là un acte d'une haute importance politique et dont les résultats peuvent être considérables.

« *Sidi Mohammed-ben-Aïssa* vivait, il y a environ quatre cents ans, à Meknès, dans le Maroc. Le sultan Moulaï-Ismaïl, jaloux de l'influence du marabout, en prit de l'ombrage, et l'expulsa de Meknès. Le saint allait, avec sa femme, ses enfants et ses disciples, vers un endroit nommé Hameria, quand un jour on ne rencontra rien qui pût rassasier les voyageurs. Comme les khouans se plaignaient à leur maître : « Mangez du poison, » leur dit ce dernier. Ils se mirent à chercher sous les pierres des serpents et des scorpions qu'ils mangèrent. De là la croyance encore répandue aujourd'hui que les Aïssaoua peuvent manger impunément tout ce qui leur plaît et qu'ils jouissent du privilège de guérir toutes les piqûres de bêtes venimeuses. Le sultan essaya de lutter avec le marabout; mais il dut compter avec lui. Aïssa, protégé par Dieu, resta toujours le plus fort ; on connaît les pratiques étranges auxquelles se livrent les Aïssaoua ; on trouvera plus loin la description de leurs immondes jongleries auxquelles il est facile d'assister sur tous les points de l'Algérie.

« *Sidi Mohammed-ben-Abd-er-Rahman-bou-Kobrin* est mort au commencement de notre siècle. Après avoir étudié au Caire, il vint plus tard répandre en Algérie les doctrines des soufis, religieux musulmans dont l'institution remonte aux premiers temps de l'islamisme. Après avoir fondé l'ordre des Rahmaniens à Alger, il alla s'établir chez les Beni-Ismaïl, tribu centrale des Guetchtoula, dans le Djurdjura septentrional. Quand il mourut, son corps, dit la légende, se dédoubla, si bien qu'il repose à la fois au Hamma, près d'Alger et chez les Beni-Ismaïl, d'où le surnom de Bou-Kobrin (le père aux deux tombes), qu'on lui donna.

« *Sidi Ahmed-Tedjani* a fondé son ordre vers la fin du xviii⁰ s., à Aïn-Madhi, ville du Sahara algérien, qui appartenait à sa famille. Comme l'ordre portait ombrage au gouvernement turc, et plus tard à Abd-el-

Kader, Aïn-Madhi fut prise et saccagée pour se relever. Il s'est fondé à Temacin, dans l'Oued-R'ir, une zaouïa de l'ordre, devenue aussi puissante que celle d'Aïn-Madhi. L'ordre professe actuellement que,

Zaouïa de Sidi Mohammed-ben-Abd-er-Rahman.

Dieu ayant donné l'Algérie aux Français, il est permis de vivre avec eux et qu'il ne faut pas les combattre.

« *Sidi Youcef-el-Hamsali* est né, il y a environ deux cents ans, dans la petite ville kabyle de Zamoura, à 20 kil. N. de Bordj-bou-Areridj. Il a fondé son ordre dans le *Djebel Zouaoui*, partie O. du Chettâba, près de Constantinople.

« L'ordre des *Derkaoua* a été fondé, il y a une centaine d'années, dans le Maroc, par *Sidi Ali-ed-Djemal*; c'est une sorte d'ordre mendiant qui se confond avec la secte d'Ech-Chadeli. Des Derkaoua ont essayé à plusieurs reprises de s'opposer à notre pouvoir : Zer'doud, dans la province de Constantine, et Moustafa-ould-Mahi-ed-Din, frère d'Abd-el-Kader, dans l'Ouaransenis, tous deux tués en 1843.

« L'ordre de *Sidi Mohammed-ben-Ali-es-Senoûsî*, fondé en 1835, est le plus hostile et le plus dangereux. Son fondateur, de la tribu des Medjâher, né à Mostaganem, quelque temps avant l'occupation française, après avoir parcouru l'Algérie, visité le Caire et la Mecque, devint le successeur du célèbre Ahmed-ben-Edrîs, le plus haut représentant du chadélisme. Nouveau Luther musulman, il poussa le rigorisme à ses limites les plus extrêmes. La confrérie a pris une extension immense en Asie et en Afrique, mais elle n'existe en Algérie qu'à l'état de société secrète; on connaît cependant le nombre des affiliés qui est de 511. Le chef actuel de l'ordre, fils d'Es-Senoûsî, qui réside à Djerboud, dans le pays de Barca, n'est autre que Mohammed-el-Madhi qui a dit : « Les Turcs et les chrétiens sont tous d'une même catégorie, je les briserai d'un même coup ! »

*<br>* *

« Voici comment sont répartis, d'après M. le commandant L. Rinn, les chiffres des différents ordres de khouans en Algérie :

| | | | |
|---|---:|---|---:|
| Rahmanya, Abd-er-Rahman-bou-Kobrin | 96,916 | Aïssaoua, Mohammed-ben-Aïssa | 3,116 |
| Taïbya, Moulaï-Taïeb | 16,045 | Kerzazya, branche d'Ech-Chadeli | 2,986 |
| Kadrya, Affd-el-Kader-ed-Djilani | 14,842 | Cheikhya, branche d'Ech-Chadeli | 2,819 |
| Tidjanya, Ahmed-Tedjani | 11,182 | Madanya, branche d'Ech-Chadeli | 1,601 |
| Chadelya, Ech-Chadeli | 10,252 | Nacerya, branche d'Ech-Chadeli | 1,000 |
| Halansya, Youcef-el-Hamsali | 3,648 | Snuossiya, Mohammed-es-Senoûsî | 511 |
| Zianya, branche d'Ech-Chadeli | 3,400 | Youcefya, branche d'Ech-Chadeli | 413 |
| | | Derdourya, branche d'Ech-Chadeli | 204 |
| | | Habibya, branche d'Ech-Chadeli | 40 |

TOTAL : 163,971.

## LES AÏSSAOUA

Es Aïssaoua forment une secte religieuse très répandue en Afrique et surtout en Algérie. C'est, paraît-il, le marabout Sidi-Aïssa qui, au seizième siècle, fonda cette confrérie, et qui donna à ses fanatiques le privilège d'être insensibles à la souffrance et aux privations.

Les Aïssaoua parcourent l'Algérie en tous sens et vivent du produit des représentations qu'ils donnent particulièrement, pendant le ramadam (carême).

Accompagnés d'une musique composée de tambours et de krakeuls (énormes castagnettes en métal), ces hallucinés commencent d'abord par exécuter une danse désordonnée en poussant des hurlements épouvantables.

Sautant tantôt sur un pied, tantôt sur l'autre, sans quitter leur place, ils augmentent graduellement leur mouvement au fur et à mesure que la musique accélère la cadence et arrivent ainsi à tourner avec une rapidité vertigineuse. Étourdis par le bruit ainsi que par les émanations odorantes répandues dans la salle, les yeux éblouis par les mouvements des danseurs, les spectateurs sont bientôt pris du même délire et joignent leurs chants à ceux des exécutants. Les femmes poussent leurs you! you! cri perçant, sorte de trille suraigu, qu'elles soutiennent avec une force d'haleine incroyable et une grande justesse d'intonation; le bruit assourdissant des krakeuls et des tambours augmente encore, s'il est possible; les pauvres endiablés sentent la folie arriver; ils ne dansent plus, ils se démènent; ils ne chantent plus, ils vocifèrent, et bientôt, épuisés, trempés de sueur, ils s'abattent les uns après les autres et restent ainsi anéantis pendant que la musique ralentit sa mesure et

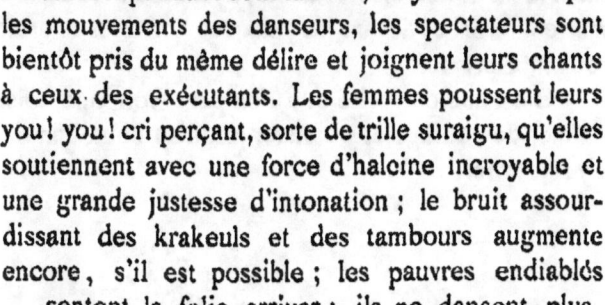

que les chanteurs baissent graduellement la voix de façon à ne plus faire entendre qu'un léger tremolo.

Après ce prologue qui met toute l'assemblée dans un état voisin de la folie, les fanatiques exécutent, à tour de rôle, les différents exercices de leur répertoire, toujours accompagnés de leur musique infernale.

L'un entame un chant triste et, tout en dansant, verse d'abondantes larmes, implorant ainsi la miséricorde de Sidi-Aïssa.

Puis il se livre ensuite à des contorsions désordonnées, jetant violemment la tête en avant et en arrière et paraissant avoir le cou complètement désarticulé.

Il continue de la sorte jusqu'à ce que, haletant et brisé, il s'affaisse et tombe, laissant la place à un autre de ces coreligionnaires.

Viennent ensuite les insensibles qui mangent des scorpions vivants, des vipères, avalent des feuilles d'aloès avec leurs épines, et broyent du verre avec leurs dents pour l'absorber ensuite.

Puis, c'est le tour des invulnérables, qui jonglent avec des barres de fer rouge; se les passant de temps à autre sur la langue; ramassent à terre un morceau de charbon ardent avec leur bouche et le broyent avec les dents; éteignent un brasier avec leurs pieds nus; marchent sur le tranchant d'un sabre fraîchement effilé, sans seulement s'entamer la peau et enfin à l'aide d'un poignard, font sortir leurs yeux de l'orbite et les rentrent avec leurs doigts.

Ce spectacle ne dure pas plus de deux heures, fort heureusement!

Les nerfs tendus, la respiration oppressée, on en attend impatiemment la fin et l'on en sort affolé, ayant toujours dans les oreilles ce tintamarre infernal et devant les yeux ces horribles exercices et leurs malheureux interprètes.

C'est une curiosité que l'on peut voir une fois, mais alors il faut s'armer de courage et y assister jusqu'au bout, afin de ne plus avoir envie d'y retourner.

## LA PRIÈRE

Les mahométans font, dans les vingt-quatre heures, cinq prières : la première, le matin, au lever de l'aurore ; la deuxième, immédiatement après l'heure de midi ; la troisième, dans l'après-midi, à l'heure moyenne entre midi et la tombée du jour ; la quatrième, au moment où le soleil se couche ; la cinquième, le soir à la nuit close.

L'attitude y joue un grand rôle.

On évite, pour la prière, d'avoir des habits somptueux et des bijoux. Les femmes ne prient point publiquement avec les hommes, mais chez elles ou bien à la mosquée quand ceux-ci n'y sont pas.

Ce sont les muezzins qui avertissent les fidèles en criant du haut des minarets des mosquées ; chaque musulman fait alors ses ablutions et se rend à la mosquée ou, s'il est dehors, se tourne vers la Mecque.

Cette purification corporelle par les ablutions précède toujours la prière ; elle en est le prologue obligatoire. Cette coutume a évidemment été empruntée par le prophète aux juifs de l'Arabie.

En voyage, il est permis de remplacer l'eau par du « sable fin et pur ». La main ouverte ayant touché la terre fait sur le corps la même opération que si elle contenait de l'eau.

Le croyant, avant de commencer sa

prière, étend un tapis ou un vêtement, se place dessus en se tenant debout, la figure tournée vers la Mecque ; il répète le *istig far* (demande de pardon); puis, haussant les deux mains, il porte le pouce sur la partie inférieure de l'oreille et récite l'oraison préliminaire appelée *tekbir* (allah ekbar). Passant au *fatilrab*, il récite trois versets ou *ayat* de cette oraison qui est le premier chapitre du Coran, en posant les deux mains au-dessous de la ceinture, la main droite toujours sur la main gauche et les yeux baissés vers la terre.

Pour réciter le *tekbir*, puis le *tesbihk*, il incline profondément le corps en posant les mains sur les genoux.

Il se redresse en reprenant la position du *fatilrab* qu'il garde un instant. Alors succède une prosternation pendant laquelle on répète le *tekbir* et trois fois le *tesbihk* ; la face est contre terre; les doigts des pieds, ceux de la main, à plat, serrés, le bout du nez touchant le sol.

Relevé, il reste un instant assis sur ses genoux, les mains posées sur les cuisses, les doigts séparés et il répète le *tekbir*.

Enfin, après une dernière prosternation, la cérémonie se termine par une salutation à droite et à gauche, que le croyant, restant agenouillé, adresse aux deux anges gardiens supposés toujours à ses côtés, l'un pour l'exciter au bien, l'autre pour le charger du mal qu'il pourrait commettre. — (Racinet.)

BISKRI,
ARABES ET MAURESQUES.

## LES BERRANIS

Les Biskris, les Kabyles, les M'zitis, les nègres, les M'zabites, les Lar'ouatis, ainsi que les Tunisiens et les Marocains, qui sont répandus dans le Tell, soit comme commerçants, soit comme ouvriers, sont compris sous la dénomination générale de Berranis ; en un mot, ce sont les individus qui, par leur origine ou leurs races, sont étrangers aux gens et au pays au milieu desquels ils vivent.

Les *Biskris* se trouvent surtout dans les grandes villes ; ils sont originaires de Biskra, et vont ainsi, loin de leur pays, exercer les professions de porteur d'eau, commissionnaire, etc., jusqu'à ce que, jugeant leurs économies suffisantes pour acheter un coin de terre et quelques palmiers, ils s'en retournent chez eux.

Les *Kabyles* quittent leurs montagnes à l'époque des récoltes, et s'engagent chez les cultivateurs pour faire la moisson ; on en rencontre aussi beaucoup parmi les manœuvres, les maçons, les terrassiers, les boulangers et les bijoutiers ambulants. — Les *M'zitis*, Kabyles des environs de Bordj-bou-Areridj, sont surtout connus comme marchands de blé ; on en trouve quelques-uns employés dans les bains maures, où ils exercent la profession de masseur.

Les *M'zabites* viennent du M'zab, dont Ghardaïa est la ville principale ; ce sont des gens essentiellement commerçants ; aussi les voit-on, dans toute l'Algérie et particulièrement dans le Tell, tenir des petites boutiques d'épicier, de fruitier, de marchand de charbon, etc., etc.

Par leur costume, ils sont faciles à reconnaître : ils portent, comme les Arabes, le haïk entourant le visage, mais chez eux la coiffure est rejetée en arrière, le front est découvert et souvent, par suite de l'habitude contractée dans leur pays, le menton et la bouche sont cachés.

La gandoura ou grande chemise blanche sans manches fait aussi partie de leur accoutrement, mais ils la remplacent souvent par un vêtement plus court, en laine de différentes nuances et composé d'une quantité de petites pièces formant des dessins, quelquefois très curieux.

Les *nègres*, qui viennent de nos possessions du Sud, où la plupart d'entre eux ont été amenés par les caravanes du Soudan, forment une population laborieuse.

Jusqu'en 1882, époque de l'annexion du M'zab à la France, les nègres subissaient encore les rigueurs de l'esclavage ; leur émancipation, dans cette région désormais soumise à nos armes, fut décrétée le 1ᵉʳ novembre de la même année, et ces malheureux qui, jusque-là, étaient considérés comme de véritables bêtes de somme, purent enfin jouir des prérogatives de l'homme libre et choisir leur métier et leur maître.

Les nègres sont marchands de chaux, blanchisseurs de maisons, fabricants de sparterie, manœuvres, portefaix, etc., beaucoup d'entre eux appartiennent à nos régiments de tirailleurs et de spahis, où ils se font remarquer par leur intelligence et leur bonne volonté.

Les négresses sont les bonnes d'enfant du pays ; tout Arabe aisé possède une négresse comme servante, quelquefois même comme femme. Beaucoup d'entre elles sont aussi marchandes de petits pains arabes et s'installent à cet effet aux environs des marchés, des fondouk (hôtellerie) et près des endroits fréquentés par les indigènes.

Les *Lar'ouatis*, qui viennent de Laghouat, sont mesureurs et porteurs d'huile ; leurs costumes graissés ainsi que l'odeur qui s'en dégage indiquent suffisamment à quelle profession ils appartiennent.

Les *Marocains* et les *Tunisiens* se trouvent en assez grand nombre en Algérie ; ils exercent les métiers de charbonnier et de manœuvre.

NÉGRESSE.

## LA CHASSE AUX LIONS

La chasse aux lions et aux panthères est une des plus rudes que l'on puisse faire, moins à cause des dangers à courir que par les difficultés que l'on éprouve pour aborder ces fauves. Même dans les localités qu'ils fréquentent, les montagnes du Djurdjura par exemple, les lions et les panthères, quoi qu'on en dise, deviennent de plus en plus rares.

L'époque des grandes chasses où se sont illustrés Jules Gérard, le général Margueritte et tant d'autres, est déjà bien éloignée, et il est certain qu'aujourd'hui, ces hardis chasseurs auraient beaucoup de peine à renouveler leurs prouesses.

Les quelques fauves qui restent maintenant pourraient facilement vivre inaperçus s'ils ne prenaient à tâche de révéler, de temps à autre, leur présence par leurs déprédations.

C'est surtout l'hiver que l'on entend parler d'eux; la neige n'a pas plutôt fait son apparition qu'ils se mettent en campagne, ne cherchant même pas à se dissimuler, et exécutent alors quelques razzias dans les troupeaux des environs.

Le lion rend la vie très dure aux gens dans le voisinage desquels il se cantonne, et, selon l'expression arabe, il leur enlève le sommeil des yeux. Il est vrai qu'il n'attaque pas toujours, mais par l'appréhension qu'il donne de sa visite et ses rugissements, il maintient les douars à deux ou trois lieues à la ronde dans un état d'anxiété fort pénible; les hommes veillent toute la nuit en poussant de minute en minute des cris perçants et en jetant en l'air des tisons enflammés, quand les chiens, par leurs aboiements furibonds, annoncent l'approche du lion.

On ne se figure pas le trouble et la confusion qu'amène l'apparition de cet animal au milieu d'un douar. Le général Margueritte, dans son ouvrage sur les chasses de l'Algérie, raconte ainsi une scène de ce genre à laquelle il assista, une nuit que, s'étant attardé à la chasse, il couchait chez les Matmatas :

« Je m'étais profondément endormi après avoir fait honneur au souper que les pauvres gens chez lesquels j'avais demandé l'hospitalité m'avaient offert.

« Tout sommeillait dans le douar, lorsque le lion, sans avoir été comme d'habitude annoncé par les chiens, bondit en rugissant au milieu des tentes.

« A cette subite agression, à cette voix puissante, répondit un immense cri d'angoisse de tout ce qui vivait dans le douar.

« Un irrésistible mouvement d'effroi s'empara des gens et des bêtes : chevaux, bœufs, moutons, chiens, se ruèrent dans les tentes pour y chercher un refuge et foulèrent aux pieds, hommes, femmes et enfants.

« Pendant un bon moment, ce fut un pêle-mêle tourbillonnant duquel sortaient des cris, des pleurs, des lamentations, renforcés de bêlements et d'aboiements à rendre sourd pour la vie.

« Le lion n'avait mis que quelques secondes pour commettre son larcin et s'élancer avec sa brebis en dehors du douar, mais l'émoi qu'il avait causé dura jusqu'au jour.

« Ce qu'il y a de plus bizarre, c'est que ce furent les femmes qui les premières, se dégageant de la mêlée, se mirent à poursuivre le lion pour lui reprendre sa proie.

« Il en est souvent ainsi chez les Arabes, notamment chez les Matmatas, qui croient que le lion ne fait aucun mal à la femme. Trois ou quatre des plus ingambes s'armèrent à la hâte de tisons encore embrasés et coururent sur les traces du ravisseur en lui criant :

« O trahisseur des musulmans, tu te couvres de honte en prenant le bien des femmes et des orphelins. Laisse-nous notre brebis, pour l'amour de Dieu... va dérober chez les puissants; les sultans ne font la guerre qu'aux sultans ! »

« Le lion ne se laissa pas séduire par ce discours, comme les Arabes prétendent que cela lui arrive quelquefois; il avait sans doute trop faim pour le quart d'heure, il emporta bel et bien la brebis, et s'en fut la croquer à son aise dans le bois ; les femmes revinrent exaspérées de leur insuccès. »

Les quelques passages qui suivent, relatifs à une chasse aux lions, sont extraits du même ouvrage, et nous laissons ainsi la parole au général Margueritte :

« El-Mokhtar (le guide), après nous avoir fait exécuter un circuit pour donner moins d'éveil, nous conduisit sur le sommet de Kef-el-R'orab.

« Ce rocher surplombait à pic, d'une hauteur de plus de 15 mètres, le fourré dans lequel était le lion ; mais le bois en était si dru que,

malgré l'élévation et notre vue plongeante, nous ne pouvions rien découvrir.

« A mesure que nous arrivions sur le rocher, nous nous placions les uns à côté des autres, sur un rang, les fusils armés et prêts à mettre en joue.

« Les deux tiers de notre troupe avaient déjà pris place de cette manière et sans faire de bruit, lorsqu'un des derniers Arabes, en marchant sur la partie déclive du rocher, glissa en arrière en laissant échapper son fusil, qui rendit sur la pierre un son de ferraille.

« A ce moment, le lion, qui sans doute nous voyait agir depuis quelques instants et n'attendait qu'un prétexte pour se révéler, répondit à ce bruit, qu'il prit pour le commencement des hostilités, par un rugissement formidable qui nous donna la chair de poule ! En même temps, il s'élança vers nous du milieu du fourré, en couchant sous son élan de jeunes chênes de la grosseur du bras, comme s'ils n'eussent été que des roseaux.

« Bien nous prit, et nous ne fûmes pas longtemps à le reconnaître, d'être placés assez haut pour que, de ses premiers bonds, il ne pût nous atteindre.

Il nous aurait certes fait un mauvais parti, malgré quelques balles qu'il reçut d'une décharge presque générale, mais qui n'eurent d'autre effet que de le rendre furieux !

« La hauteur de notre rocher était trop grande pour qu'il parvînt à la franchir ; il le tenta néanmoins à plusieurs reprises par des sauts prodigieux, en poussant les rugissements qui agaçaient nos nerfs et vibraient fortement en nous.

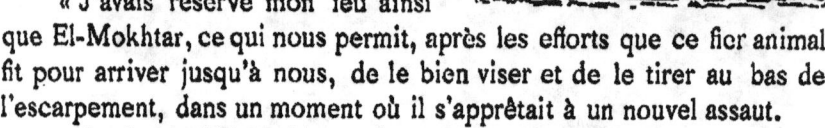

« J'avais réservé mon feu ainsi que El-Mokhtar, ce qui nous permit, après les efforts que ce fier animal fit pour arriver jusqu'à nous, de le bien viser et de le tirer au bas de l'escarpement, dans un moment où il s'apprêtait à un nouvel assaut.

« La balle d'El-Mokhtar lui entra par le poitrail, longea les côtes sous l'épaule droite et sortit par le flanc, ne lui faisant ainsi qu'un séton. La mienne, qui avait été tirée au front, n'eut pas cette destination, par suite d'un de ses brusques mouvements de tête ; elle pénétra dans la gueule, cassa une grosse dent du bas et sortit par la joue en entamant la mâchoire inférieure.

« Ces deux nouvelles blessures portèrent au comble son exaspération ; de sa queue qui sifflait dans l'air, il se battait les flancs avec rage, ses pattes de devant arrachaient des racines d'arbres et des pierres qu'elles faisaient voler en arrière comme lancées par une fronde.

« Ce moment d'action n'avait pas encore duré deux minutes, lorsque, voyant qu'il ne pouvait nous joindre, le lion sembla prendre

un parti et se mit à fuir vers notre droite, afin de nous tourner.

« Sur le conseil d'El-Mokhtar, nous fîmes choix à la hâte des chênes les plus rapprochés pour y monter, et à peine étions-nous juchés sur ces arbres, dont la plupart, peu élevés, ployaient sous notre poids, que nous le vîmes apparaître nous cherchant des yeux.

« Il était effrayant d'aspect : sa gueule, à chaque contraction, lançait une écume sanglante ; ses yeux injectés semblaient jeter des lueurs rouges ; sa longue crinière noire, hérissée et rabattue sur son front, la faisait paraître énorme... Sa queue, fouettant autour de lui, abattait les branches des arbres.

« C'était un des plus grands lions que l'on ait jamais vus, et, dans l'action, il nous parut démesurément long et haut.

« Il aurait pu nous cueillir sur nos arbres comme des pommes mûres, s'il l'eût voulu.

« Rien qu'en se dressant sur ses pattes de derrière, il pouvait atteindre le plus haut perché d'entre nous, mais le lion ne grimpe pas comme la panthère.

« Il se contenta de courir d'un arbre à l'autre dans la direction des coups de fusil et des cris qui les accompagnaient.

« Nous avions fini par nous griser au bruit de la poudre et aux rugissements de notre brave adversaire; c'était à qui l'interpellerait le plus fort et Dieu sait comment, surtout quand il allait vers un arbre qui recélait un des nôtres; les cris redoublaient afin d'attirer ailleurs son attention.

« Le combat dura ainsi pendant un quart d'heure, tirant sur le lion quand nous l'apercevions à découvert, entre les arbres; lui, courant dans toutes les directions vers les appels et les coups de fusil, qui de moment en moment lui causaient de nouvelles blessures.....

« Enfin, s'étant une fois plus rapproché de moi en me prêtant le flanc gauche, je lui tirai ma troisième balle qui l'atteignit au cœur. Il s'affaissa sous ce coup, qui fut salué des plus brillantes acclamations !

« Le croyant mort, nous descendîmes de nos arbres pour aller le contempler de près sans attendre, comme nous disait El-Mokhtar, que son sang se fût refroidi.

« A peine avions-nous fait quelques pas vers lui, que, dans un suprême effort de sa violente agonie, il se releva sur ses pattes et fit deux ou trois pas comme pour s'élancer sur nous.

« Nouvelle émotion, comme bien on pense, mais c'était là son dernier effort ; il retomba presqu'aussitôt, en exhalant sa vie dans un dernier et sourd gémissement.

« Il avait reçu dix-sept balles ! »

CONSTANTINE. — L'ARCADE NATURELLE.

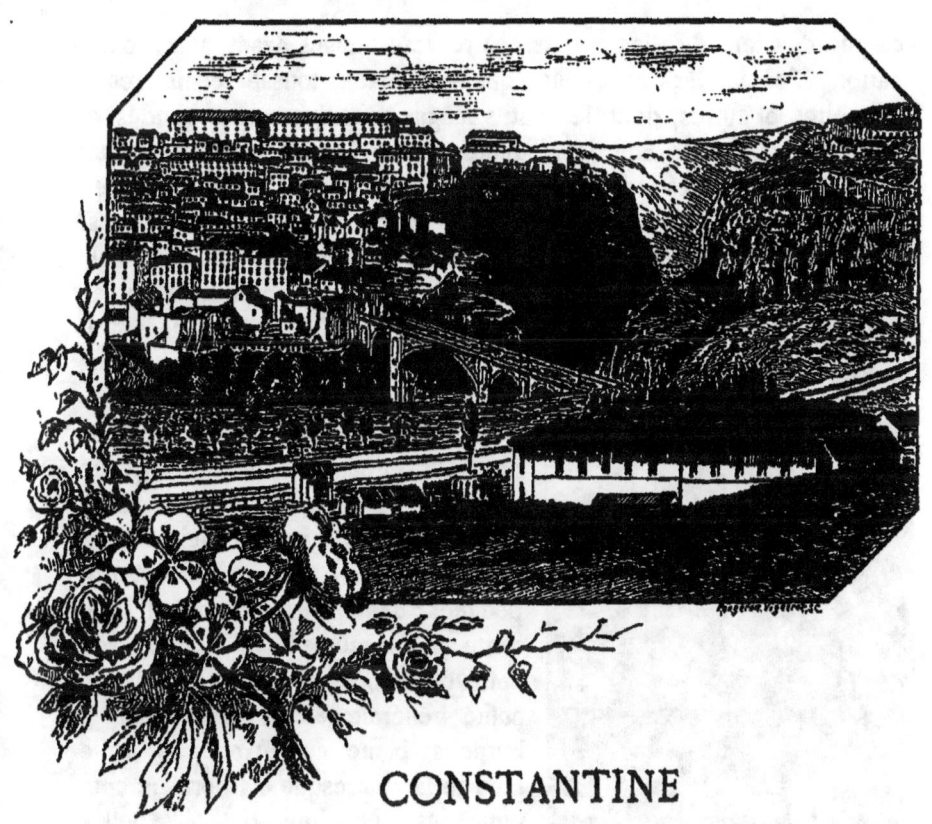

# CONSTANTINE

Constantine est une forteresse naturelle, bâtie sur un rocher à 644 mètres d'altitude et défendue sur les deux tiers de son pourtour par un ravin au fond duquel coule le Rummel. Ce plateau a la forme d'un trapèze, et son inclinaison, de la Kasbah à Sidi-Rached, est d'environ 110 mètres.

L'aspect de Constantine est des plus pittoresques, et des hauteurs de Mansoura et de Sidi-Mecid qui dominent la ville, on peut facilement se faire une idée de sa configuration.

Le quartier arabe, qui, tout récemment, a été très abîmé par le percement de la rue Nationale, est circonscrit, au nord, par ladite rue, à l'est, au sud et à l'ouest par le ravin ; il compte environ 20,000 habitants et est le point central où aboutit le commerce à l'intérieur. Ce quartier, malgré les transformations de son voisinage, a conservé son aspect primitif, ses rues étroites et tortueuses, mal entretenues, où grouille une population bigarrée, donnant encore une idée exacte de ce que devaient être les grands centres musulmans avant notre occupation. C'est là, dans ces ruelles, que sont établis tous les commerçants M'zabites et autres, dont les petits magasins exigus sont bondés de marchandises. Une rue de ce quartier est réservée aux cordonniers chez lesquels tous les indigènes de la province viennent s'approvisionner.

Le quartier européen, composé des anciens bâtiments de la kasbah, de l'église, de l'ancien palais d'Ahmet-Bey, des hôtels du gouvernement, tels que la préfecture, la mairie, la banque, le trésor et la poste, ainsi que des constructions particulières, est situé au nord-ouest de la ville, et en occupe un peu plus du tiers. On retrouve là le mouvement et l'animation qui existent dans toutes les grandes cités européennes ; dans son ensemble, il présente aussi la même physionomie, avec cette différence cependant que la tonalité générale est rehaussée par le burnous blanc de l'Arabe, le voile bleu de la mauresque et le brillant costume des juives, qui sont plus belles à Constantine que partout ailleurs.

La population de cette ville est actuellement de 45,000 habitants environ, dont 10,500 Français, 5,500 israélites, 21,000 musulmans et 8,000 de nationalités diverses.

*
* *

Les fortifications de Constantine consistent principalement dans les rochers infranchissables qui bordent le Rummel ; avec les murs de la kasbah, les seuls remparts qui existent s'élèvent du sud à l'ouest.

Des six portes par lesquelles on pénétrait dans la ville au XVI<sup>e</sup> siècle, il n'en reste plus que deux aujourd'hui : celle de Bab-el-Djabia à l'ouest et celle de Bab-el-Kantara où se trouve le pont jeté sur le Rummel.

Ce pont en fer, d'une seule arche, a été construit en 1859, pour remplacer celui qui, en 1836 et en 1837, avait servi aux troupes françaises pour franchir le ravin, et dont une partie s'écroula en 1857 ; il relie maintenant la rue Nationale à la gare.

La kasbah, qui date de la fondation de la ville et dans laquelle se réfugiaient toujours les habitants aux époques d'investissement, a été considérablement améliorée depuis l'occupation française. Elle renferme aujourd'hui trois casernes pour l'infanterie, le génie et l'artillerie, un hôpital, une manutention et un arsenal. Les citernes immenses, creusées à cet endroit par les Romains, ont été réparées aussi et servent actuellement de réservoir et de château d'eau.

\* \*

Le quartier européen est séparé du quartier arabe par la rue de France, et ce dernier est lui-même partagé en deux par la rue Nationale.

La nouvelle préfecture, qui est le plus beau monument moderne de la ville, est située sur le boulevard de l'Ouest, qui, avec ceux de l'Est, du Midi et du Sud, forme les principales voies de communication.

Les quartiers européen et arabe renferment de nombreuses places, entre autres la place Vallée, la place de Nemours, la place du Palais, la place du Caravansérail, la place d'El-Kantara, etc.

\* \*

Les maisons arabes ressemblent absolument à celles que l'on rencontre à Alger et dans tous les grands centres : c'est toujours la même disposition avec la cour intérieure entourée d'arcades, n'ayant d'autre ouverture sur la rue que la porte d'entrée; c'est toujours la même architecture, fort simple et bien uniforme d'ailleurs; il n'y a, en somme, qu'une différence à signaler, c'est celle qui existe dans la suppression des terrasses, qui ici sont remplacées, à cause des pluies et des neiges, par des toits en tuiles.

Avant 1837, Constantine possédait plus de quatre-vingt-quinze mosquées; depuis, plusieurs ont été détruites, mais les principales sont restées debout. On peut voir encore Djama-el-Kebir, qui est postérieure au vi⁰ siècle de l'hégide; Djama-Sidi-el-Akhdar, qui fut achevée en 1743; puis Djama-Rahbat-es-Sauf, Djama-Sidi-el-Kettani, etc.

C'est dans la mosquée de Souk-er-Rézel, bâtie en 1143, que l'église ou cathédrale de Notre-Dame-des-Sept-Douleurs a été installée.

Sous les Romains, le territoire de la province de Constantine formait à l'est et jusqu'au fleuve Ampsajas (Rummel) une portion de la Numidie, qui avait pour capitale *Cirta* (Constantine). Il comprenait aussi la Mauritanie sitéfienne, chef-lieu Sitéfie (Sétif).

Conquis par Genséric sur les Romains, ce territoire passa au pouvoir des Vandales en 476, puis il fut repris par Bélisaire en 553. Les Arabes n'en prirent possession qu'en 670.

LE RALLIEMENT

Sous les califes, ce pays, souvent morcelé par des guerres intestines, faisait partie du Magreb-el-Aousat, lorsqu'en 1509 il fut soumis par les deux Barberousse et ensuite par l'odjak turc ; il devint alors partie intégrante du gouvernement d'Alger.

C'est de cette époque que date l'élévation de la famille des *Ben-Lefgoum* (Oulad-Sidi-Cheik), dans laquelle pendant trois cents ans consécutifs, jusqu'en 1837, s'est maintenu intact, de père en fils, le titre de Cheik-el-Islam. C'est aussi à partir de ce moment que les gouverneurs prirent le titre de Bey.

« Hadj-Ahmet, le dernier bey, 1242 de l'hég. (1826 de J.-C.), dit M. Cherbonneau, gouverna onze ans et fut tout à fait indépendant de 1830 à 1837. Avant la signature de la capitulation d'Alger, Hadj-Ahmet, qui s'était battu vaillamment contre les Français, voulant rentrer dans la ville de Constantine, en trouva les portes fermées. Mais Hadj-Ahmet, en peu de jours, réunit sous son drapeau une armée de Kabyles, s'attribua le titre de pacha, qui lui fut confirmé par la Porte. Un forgeron de la tribu des Beni-Ferguen, appelé Ben-Aïssa, devint son ministre, pour ne pas dire son exécuteur des hautes œuvres.

« Lorsqu'il se fut débarrassé des janissaires, il les remplaça par des Kabyles et par des cavaliers du désert, qui se comportaient comme en pays conquis. Tous ces excès n'étaient pas faits pour lui assurer un appui contre les menaces de la France ; mais l'horreur du nom chrétien est si grande chez les musulmans qu'il vit même les victimes de sa tyrannie défendre avec acharnement son drapeau. »

La prise de Constantine, qui eut lieu en 1837, présenta des difficultés énormes, que nous ne pûmes vaincre qu'au prix de grands sacrifices.

Le maréchal Clauzel partit de Bône avec son armée le 8 novembre 1836 et arriva sous les murs de Constantine le 21. La première et la deuxième brigade, sous le commandement du général de Rigny, se portèrent sur le Koudiat-Aty, à l'ouest ; le reste de l'armée s'établit à Mansoura, à l'est.

Voici comment M. Léon Galibert raconte ce premier siège de Constantine : « Il s'offrait donc deux points d'attaque : l'un par Koudiat-Aty, dominant une porte à laquelle on arrive de plain-pied ; l'autre par Mansourah, prenant la place par le bas et dominé par les assiégés. Évidemment, le premier était préférable ; aussi, dès que les troupes furent réunies à Mansourah, le maréchal envoya la brigade de Rigny pour s'en emparer ; mais le terrain était si mauvais et le passage de l'Oued-Rummel si difficile, qu'il fut impossible d'y transporter les pièces de 8 ; le général se trouva donc réduit à ses obusiers de montagne, arme trop faible pour battre des remparts. Son avant-garde fut d'abord repoussée par une masse d'Arabes qui gardaient le plateau ; mais vivement abordés à la baïonnette par les chasseurs d'Afrique, ils cédèrent le terrain et rentrèrent en ville.

« Dans la journée du 22, le maréchal fit canonner la porte d'El-Cantara à une distance de 400 mètres. N'ayant plus de vivres et que très peu de munitions, il songeait plutôt à un coup de main qu'à une attaque régulière, et, après avoir endommagé la porte à coups de canon, il espérait se la faire ouvrir entièrement dans la nuit par les troupes du génie. Le soir, la galerie crénelée et les pieds-droits étant à peu près détruits, le capitaine Hackett, suivi de quelques hommes d'élite, se glisse à la faveur des ténèbres, jusqu'au milieu des ouvrages attaqués, où il essuie une décharge meurtrière. La porte était à demi abattue ; mais, plus en arrière, il s'en trouvait une seconde complètement intacte, et qu'il s'agissait d'enfoncer au moyen du pétard. Cette opération, qui exigeait quelques préparatifs, fut remise au lendemain.

« Le 23, les batteries de Mansourah commencèrent leur feu contre la porte d'El-Cantara ; mais, vers le milieu de la journée, on dut le suspendre pour répondre à une attaque que les Arabes campés hors de la ville dirigèrent, simultanément sur Koudiat-Aty et Mansourah : des charges brillantes de cavalerie et le tir à ricochet de nos obusiers dispercèrent, sans trop de peine, ces hordes tumultueuses. Le soir, les munitions de l'artillerie étant presque épuisées, le génie s'apprêta à faire sauter les deux portes. Les sapeurs, à qui cette opération était confiée, s'avancent intrépidement sur le pont ; mais un rayon de lune les signale à l'ennemi, et ils sont reçus par un feu de mousqueterie à bout portant qui en renverse quelques-uns. Le général Trézel, chargé de les soutenir avec des détachements des 59e et 63e de ligne, s'avance alors ; lui aussi est accueilli par une vigoureuse fusillade. Entassés dans cet étroit passage, nos soldats reçoivent, sans en perdre une seule, toutes les balles de l'ennemi; le général lui-même tombe grièvement blessé, et le désordre se répand parmi eux : on ne retrouve plus les mineurs chargés des fougasses ; ceux qui portaient les divers instruments de sape manquent aussi, tant le feu des remparts est meurtrier. Au milieu de ce pêle-mêle d'hommes appartenant à deux armes différentes règne une hésitation d'autant plus douloureuse que la blessure du général Trézel l'a contraint à se retirer. Le colonel Hecquet du 63e lui succède, et, reconnaissant l'impossibilité de donner suite à l'attaque, fait rebrousser chemin.

« Afin de partager l'attention de l'ennemi, le maréchal avait ordonné une contre-attaque sur Koudiat-Aty ; là, il s'agissait également d'enfoncer une des portes qui débouchent vers le plateau, et le lieutenant-colonel Duvivier fut chargé de conduire cette opération.

« De même qu'à Mansourah, les mineurs qui portent les fougasses tombent sous les balles de l'ennemi, et couvrent les sacs de poudre avec leurs cadavres. Le bataillon d'Afrique, qui devait les protéger, s'avance à leur secours avec une si grande hâte qu'il augmente l'encombrement. On cherche à enfoncer la porte à coups d'obusier, puis avec la hache, jusqu'à ce que, enfin, voyant qu'il perd inutilement beaucoup de monde, M. Duvivier ordonne la retraite. Le capitaine Grand, de l'arme du génie, et le commandant Richepanse, fils de l'illustre général républicain de ce nom, qui faisait la campagne en qualité de volontaire, y perdirent la vie.

« Les deux attaques ayant échoué, les vivres manquant tout à fait et les munitions de l'artillerie étant réduites à 15 kilogrammes de poudre, le maréchal se résigna à ordonner la retraite. « Quatre heures « de plus devant la ville ennemie, ont dit quelques officiers dévoués au « comte Clauzel, et il y entrait en maître, car les habitants organisaient « la députation qui allait lui en apporter les clefs! Quatre heures de « plus, et, pour la centième fois de sa vie, il était proclamé un grand « capitaine ! » Quoi qu'il en soit, le mouvement rétrograde commença avec une déplorable précipitation ; le matériel qu'on ne put emporter fut détruit, on précipita dans les ravins les tentes, les bagages, les caissons d'artillerie, et, chose affreuse à dire, on abandonna même les prolonges chargées de blessés ! La brigade de Rigny reçut d'abord l'ordre de revenir sur le plateau de Mansourah ; le général y arriva le premier avec les chasseurs d'Afrique. Malheureusement, on avait oublié plusieurs petits postes sur le Koudiat-Aty ; quelques traînards y étaient aussi restés ; le commandant Changarnier, du 2º léger, revint sur ses pas pour les dégager et les arracher à une mort certaine : c'est ainsi que ce brave officier inaugurait une journée qui devait être si glorieuse pour lui.

« Enfin, à huit heures, le signal du départ général était donné : les spahis éclairent la marche ; le 17ᵉ léger vient après, et le convoi, flanqué des 59ᵉ et 62ᵉ, reprend en ordre le chemin que l'on avait déjà suivi, pendant que le 63ᵉ, en colonne serrée, contient l'ennemi qui sort en foule par la porte d'El-Cantara. Enfin, l'armée s'avance lentement au milieu du feu roulant des soldats d'Ahmet, qu'elle maintient par ses tirailleurs, et qui fuient dès qu'un bataillon leur fait face.

« Dans un de ces moments où elle se trouvait pressée par un ennemi implacable, supérieur en nombre, exalté par sa victoire, la bravoure et le sang-froid du chef de bataillon Changarnier la tirèrent d'affaire. Arrivé à Mansourah à l'instant où le 63ᵉ se mettait en marche, le 2ᵉ léger, réduit à un peu moins de trois cents hommes, se trouvait former l'extrême arrière-garde et porter à lui seul la responsabilité des prolonges encombrées de blessés. Devant une si faible poignée d'hommes, les Arabes se décident à charger à fond, et la ligne de tirailleurs est enfoncée, en partie sabrée. Mais le commandant Changarnier a deviné leur intention ; il rallie sa troupe au pas de course, fait former le carré, et attend de pied ferme. « Ils sont six mille, dit-il, et vous êtes trois « cents, la partie est donc égale. Regardez-les en face, et visez juste ! »

« Les soldats ont entendu la voix de leur chef ; ils laissent arriver ces bandes sanguinaires jusqu'à portée de pistolet et les accueillent par un feu de deux rangs des plus meurtriers. Renonçant à l'espoir d'enfoncer cette troupe héroïque, elles reprirent leur système d'escarmouches, toujours tenues à distance par le bataillon Changarnier, le 63ᵉ de ligne et quelques escadrons de chasseurs. »

Il était impossible que la France restât sous le coup d'un pareil échec, et, l'année suivante, le général Damrémont reçut l'ordre de marcher de nouveau sur Constantine.

Le corps expéditionnaire, composé de dix mille hommes, était divisé en quatre brigades, commandées par le duc de Nemours, le général Trézel, le général Rulhières et le colonel Combes. Le général Vallée commandait l'artillerie, et le général Rohault de Fleury, le génie.

L'armée arriva devant Constantine, le 6 octobre, et le 12, tout étant disposé pour l'attaque, le général Damrémont envoya faire les sommations d'usage.

L'émissaire chargé de cette mission revint avec une réponse qui

repoussait en termes outrageants des propositions dictées par l'humanité. « Il y a à Constantine, y était-il dit, beaucoup de munitions de guerre et de bouche. Si les Français en manquent, nous leur en enverrons. Nous ne savons ce que c'est qu'une brèche ni une capitulation; nous défendrons à outrance notre ville et nos maisons. Vous ne serez maîtres de Constantine qu'après avoir égorgé jusqu'au dernier de ses défenseurs. »

Le général Damrémont se rendit alors pour examiner la brèche, qu'un obusier, pointé la veille par le commandant Malichard, avait déterminée dans les murs de la ville. C'est alors qu'ayant mis pied à terre, un peu en arrière des ouvrages, le général en chef s'arrêta sur un terrain trop découvert et fut renversé sans vie par un boulet parti de la place. Le général Perrégaux, qui s'était porté à son secours, fut tué à ses côtés par une balle qui le frappa au-dessous du front.

Le général Vallée prit alors le commandement des troupes, et le lendemain 13 il ordonnait l'attaque. « Deux heures avant le jour, les première et deuxième colonnes d'attaque furent placées dans la place d'armes et le ravin y attenant ; la troisième se trouvait derrière le Bardo, grand bâtiment en ruines sur les bords de la rivière.

A sept heures, toutes les dispositions étaient prises, et le colonel Lamoricière, à la tête de ses zouaves, attendait avec impatience le signal de l'assaut ; le duc de Nemours le lui donna. Stimulés par la voix de leur chef, ces braves se précipitent aussitôt sur la brèche, à travers une grêle de balles, et, renversant tous les obstacles, ils couronnent les remparts de leurs baïonnettes, au-dessus desquelles flotte le drapeau tricolore, soutenu par le capitaine Garderens. De vives acclamations saluent ce premier succès. Dans le trajet plusieurs zouaves tombent mortellement atteints ; mais le nombre de ceux qui arrivent au sommet des murailles est plus que suffisant pour comprimer les efforts des assiégés. Cherchant partout un passage pour pénétrer dans la ville, ils ne rencontrent partout que des obstacles ou des entrées sans issue, et partout un feu meurtrier de mousqueterie. Alors un combat acharné, terrible, s'engage de maison en maison. En faisant brèche, le canon avait créé un terrain factice composé de terres remuées et de décombres, qui, se superposant au sol primitif, avait fermé les passages, obstrué les portes, défiguré entièrement les localités : on escarmouchait sur les toits ; on tiraillait aux croisées ; on chargeait à la baïonnette dans les boutiques et les allées. Après avoir sondé plusieurs couloirs qui paraissaient des entrées de rues, mais qui n'aboutissaient nulle part, on en rencontra un qui, s'élargissant à distance, semblait promettre un débouché ; les zouaves s'y précipitent. Il serait impossible de dire avec détail les attaques partielles, les luttes, les assauts qu'il fallut livrer et soutenir avant de pénétrer dans la ville ; les lignes tortueuses des rues, la construction des maisons, le caractère opiniâtre des Arabes, n'en donnent qu'une idée imparfaite.

Cependant, à mesure que la première colonne gagnait du terrain, le général en chef, qui se tenait à la batterie de brèche avec le duc de Nemours, lançait de nouvelles troupes prises dans les deux autres colonnes. Ces troupes n'arrivaient que par détachements de deux compagnies : disposition sage et prudente qui prévint l'encombrement et qui rendit moins considérable le chiffre des morts et des blessés. Cependant, un grand nombre de ces braves, et parmi eux beaucoup d'officiers, furent mortellement frappés. La chute d'un mur en écrasa quelques-uns, entre autres le commandant Serigny, du 2ᵉ léger. Ils eurent à souffrir d'une explosion terrible, que l'on crut d'abord être l'effet d'une mine creusée par les assiégés, mais qui provenait de l'incendie d'un magasin à poudre. Le colonel Lamoricière se trouva parmi ceux qu'elle mit hors de combat. Cet habile et intrépide officier était horriblement brûlé ; on craignait même pour sa vie, ou du moins pour sa vue, mais heureusement il conserva l'une et l'autre. Le colonel Combes, qui l'avait suivi de près sur la brèche, fut moins heureux ; il reçut deux blessures mortelles, au moment où un mouvement qu'il dirigeait livrait l'intérieur de la ville à nos troupes. Il eut pourtant encore la force de s'assurer du succès, et vint en rendre compte au duc de Nemours, avec un calme stoïque : « Heureux, dit-il en terminant, ceux qui ne sont pas blessés mortellement ; ils jouiront du triomphe ! » Après ces

dernières paroles, il chancelle et s'affaisse ; on s'aperçut alors qu'une balle lui avait traversé la poitrine ; le surlendemain, il n'était plus ! Ceux qui l'ont vu dans ce moment suprême ne parlent encore qu'avec un religieux enthousiasme de son admirable sang-froid.

Privées de leurs chefs, les troupes montraient quelque hésitation. Le colonel Corbin, du 17ᵉ, commandant la troisième colonne, arriva à temps pour relever leur courage et diriger leurs efforts. Il les répandit à droite et à gauche, en ordonnant à chaque détachement d'opérer un mouvement concentrique vers le cœur de la place. Bientôt, les zouaves rencontrèrent les premiers une des grandes voies de communication, la vraie route stratégique à travers ce dédale de rues et d'impasses. Dès ce moment, la défense devint timide et incertaine. Quelques grands édifices, des magasins publics, opposèrent pourtant encore une opiniâtre résistance. Dès que les colonnes d'attaque eurent pénétré assez avant pour être maîtresses de la ville, le général Rulhières en prit le commandement supérieur. On se battait encore, il est vrai, mais les autorités faisaient leur soumission, et imploraient la clémence du vainqueur. Le général fit cesser le feu et se dirigea sur la Kasbah, où il entra sans difficulté.

Pendant l'assaut, une partie de la population avait tenté de fuir par les côtés de la ville non exposés à nos coups; mais un grand nombre de ces malheureux se brisèrent sur les rochers escarpés qui ceignent Constantine, et d'où ils ne pouvaient descendre qu'au moyen de longues cordes que leur poids faisait rompre. — Nos soldats furent saisis d'horreur et de compassion lorsque, plongeant leurs regards dans le fond de l'abîme, ils virent cette multitude d'hommes, de femmes et d'enfants écrasés, mutilés, entassés les uns sur les autres, et se débattant encore dans les angoisses d'une douloureuse agonie. Ben-Aïssa, le lieutenant du bey, fut du petit nombre de ceux qui parvinrent à s'échapper; le Kaïd-el-Dar (intendant du palais), blessé la veille, était mort pendant l'assaut. Un des cadis avait suivi le bey; l'autre, quoique blessé, s'était enfui dès qu'il avait été en état de supporter la fatigue. Il ne restait dans Constantine, à l'exception du cheik El-Belad, aucune des autorités principales. Ce vieillard vénérable, affaibli par l'âge, n'avait pas assez d'énergie pour faire face à toutes les nécessités de la situation. Heureusement, son fils se chargea d'organiser une espèce de pouvoir, une municipalité composée d'hommes dévoués, à l'aide desquels on parvint à connaître et à classer les ressources que la ville offrait, ainsi qu'à faire rentrer la contribution de guerre imposée aux habitants pour subvenir aux besoins de l'armée.

* *

Quelques jours après notre installation à Constantine, on vit arriver, non sans quelque surprise, le 12ᵉ régiment de ligne, ayant le duc de Joinville à sa tête. Le jeune prince, monté sur l'*Hercule*, avait fait relâche à Bône, le 4 octobre. Instruit de l'ouverture de la campagne, il voulut courir les mêmes périls que son frère; mais il dut différer son départ jusqu'à la quarantaine prescrite. Cette arrivée soudaine jeta une espèce de panique dans l'armée : le régiment traînait à sa suite un grand nombre de fiévreux, et, comme durant la traversée de France en Afrique, plusieurs de ses hommes avaient été atteints du choléra, on prétendit qu'il apportait avec lui ce fatal fléau. En effet, soit qu'il fût réellement atteint, soit que la peur eût contribué au développement de la maladie, la mortalité devint très grande dans les hôpitaux; les décès s'y succédaient avec une effrayante rapidité, non seulement chez les soldats, mais encore chez les officiers; un général, le marquis de Caraman, succomba même de cette affection.

Pour arrêter le progrès de l'épidémie, le général Vallée résolut d'évacuer Constantine; l'approche de la mauvaise saison lui en faisait d'ailleurs un devoir rigoureux. Plusieurs colonnes partirent donc de cette place à différents intervalles et il ne resta bientôt plus que deux mille cinq cents hommes sous les ordres du général Bernelle, casernés dans la Kasba et chargés de défendre la ville en cas d'attaque.

MAURESQUE

# LES ENVIRONS DE CONSTANTINE

Constantine est entourée de promenades ravissantes, parmi lesquelles il faut tout d'abord citer : les deux collines de Mansourah et de Koudiat-Aty ; sur la première, on a établi un fort et des casernes. Ces deux endroits sont maintenant des faubourgs de Constantine, peuplés d'aubergistes, de forgerons, de charrons, etc., etc.

Au sud-est de Koudiat-Aty se trouvent les cimetières français et arabe.

A droite de la route de Sétif, au point de rencontre des rues Saint-Antoine et Rohault-de-Fleury, on voit la pyramide élevée en l'honneur du général Damrémont, sur la face nord de laquelle on lit :

*Ici fut tué par un boulet en visitant la batterie de brèche le 12 octobre 1837, veille de la prise de Constantine, le lieutenant général Denys, comte de Damrémont, gouverneur général, commandant en chef l'armée française expéditionnaire.*

Du côté de l'*abattoir* où l'on arrive en sortant par la porte Vallée et après avoir descendu un chemin rapide bordé de fondouks (hôtelleries arabes), de maréchaux-ferrants, de teinturiers, de marchands de fritures, etc., on peut voir le *Bardo*, ancien quartier de cavalerie turque.

C'est au delà de ce point qu'est situé l'*aqueduc romain*, qui fut construit sous Justinien et dont il ne reste plus que cinq arcades dont la plus élevée a encore environ 20 mètres de hauteur.

Une *source thermale*, où les indigènes vont prendre des bains, se trouve de l'autre côté du *Pont du Diable* ; ce pont, d'une seule arche, construit en bas de la pointe de *Sidi-Rachet* qui forme l'extrémité sud du rocher de Constantine, traverse la rivière à l'endroit où elle commence à s'engouffrer dans le ravin.

La gare de Constantine se trouve dans la plaine qui sépare Mansourah du ravin ; lors de sa construction, on a trouvé de nombreuses pierres de taille ainsi que des quantités de corniches, chapiteaux, colonnes, etc., etc., qui prouvent que des monuments devaient exister là à une certaine époque.

Les *cascades du Rummel*, encadrées par des rochers hauts de 200 à 300 mètres, sont superbes ; on y arrive en prenant le sentier qui se trouve entre la ville et la route de Philippeville et qui est entouré d'une quantité de masures et de gourbis où loge une population en loques.

Lorsque le Rummel est à sec, ce qui arrive quelquefois, on peut alors s'avancer jusqu'à la première arche naturelle qui existe entre la kasba et Sidi-Meçid, et, en prenant le pont en bois qui est construit entre cette arche et la cascade, gravir un petit sentier taillé dans le roc, à quelques centaines de mètres duquel on aperçoit l'*établissement thermal de Sidi-Meçid*. C'est à cet endroit, fort bien aménagé d'ailleurs, que les habitants vont se baigner le matin ; c'est un charmant but de promenade où l'on trouve non seulement l'utile, mais aussi l'agréable, puisque, après le bain, on peut aussi s'y réconforter par un excellent déjeuner.

C'est sur la hauteur de *Meçid* d'où l'on a une vue superbe, que se réunissent de préférence les fameux corbeaux, émouchets et vautours, qui sont en si grand nombre aux environs de Constantine ; leur présence est une nécessité et un bien pour cette région, puisqu'à l'instar des chacals qui généralement  se chargent de ce travail en Algérie, ils font disparaître toutes les charognes que les indigènes précipitent dans la rivière.

## LE HAMMA

Le Hamma, village d'une certaine importance, qui compte environ 4,800 habitants, est situé dans une région d'une fertilité merveilleuse. De nombreuses sources arrosent toute la campagne, et les jardins, entretenus avec soin, possèdent des arbres de toute nature ; les plantes exotiques s'y trouvent mélangées à celles d'Europe et le palmier du Sud s'y trouve côte à côte avec le peuplier.

Dans les environs du Hamma, d'importantes prairies sont réservées pour l'élevage du bétail, et les terrains non irrigables sont ensemencés et produisent l'orge, le blé et le sorgho, ou bien alors sont plantés de vigne.

De Constantine on vient à ce village soit par le chemin de fer (7 kilomètres), soit par la route (13 kilomètres) qui est ravissante à parcourir.

## KRENEG ET OUDJEL

Kreneg (la gorge) est située à 24 kilomètres de Constantine ; on peut s'y rendre en voiture en passant par le village du *Pont-d'Aumale*, le hameau de *Salah-Bey* et l'*Oued Beyrat*, affluent du Rummel.

M. Charbonneau nous raconte ainsi l'histoire de Salah-Bey : « Vers la fin du dernier siècle, il n'y avait autour de la ville romaine qu'un champ de fèves et de maïs. Salah-Bey eut la fantaisie d'en faire une demeure princière. Alors il était loin de prévoir que sa destinée le condamnerait un jour à fonder, près de là, une chapelle expiatoire.

Tandis que Salah-Bey gouvernait la province, un marabout influent et vénéré, Si-Mohammed, dirigeait contre son autorité une opposition acharnée; Salah-Bey surveilla ses démarches, le fit prendre et le condamna à mort; le chaouch fit son devoir et la tête de Sidi-Mohammed roula sur le sol ensanglanté. — En ce moment, le corps du marabout se transforma en corbeau, et l'oiseau, après avoir poussé des croassements lamentables, s'élança à tire d'aile vers cette maison de plaisance, il y jeta une malédiction, puis il disparut. — Averti de ce miracle, le bey, pour calmer les mânes de sa victime, fit élever sur l'emplacement où le corbeau s'était abattu l'élégant mausolée à coupole blanche que l'on désigne sous le nom de Sidi-Mohammed-el-R'orab, Monseigneur Mohammed-le-Corbeau.

C'est cette zaouïa que l'on aperçoit sur le mamelon situé au nord-ouest en face de Constantine, au milieu d'une petite oasis.

*Kreneg* est le but d'une des plus intéressantes excursions des environs; les ruines de l'ancienne *Tiddi*, petite ville qui était entourée d'escarpements infranchissables, se voient encore, et l'on se sert même encore aujourd'hui de la voie romaine qui la traversait.

A côté de Kreneg se trouve le *ravin de l'oued Smendou*, site remarquable. De l'*oued Begrat*, c'est-à-dire à 12 kilomètres avant d'arriver à *Kreneg*, on trouve le chemin (non carrossable) qui conduit à *Oudjel*, petite colonie où sont encore des ruines romaines.

A cet endroit, le colonel Le Neveu a découvert une inscription, dédicace à Caracalla, 15ᵉ année de son règne, 212 de J.-C. par les Uzelitains.

Plusieurs épitaphes couvrent aussi la surface d'un rocher situé à environ 500 mètres de là.

## LES CHETTABÂ

### ET LES NOUVEAUX VILLAGES

Pour se rendre au Djebel-Chettabâ qui fait partie des monts de Constantine et qui fut habité par une importante colonie romaine, on peut prendre la diligence qui conduit de Constantine à Sétif en passant par Aïn-Smara où l'on descend.

R'ar-ez-Zemma (la grotte des inscriptions) n'est distante d'Aïn-Smara que de 5 kilomètres; on y arrive en traversant une série de ruines. A cet endroit, près de l'entrée de la grotte, le panorama est très étendu, et l'on jouit d'un magnifique coup d'œil.

Aïn-Kerma (la fontaine du figuier) se trouve à 5 kilomètres plus loin ; on s'y rend en doublant la pointe sud du Chettabâ.

En suivant la route romaine, au sud-est du Chettabâ et en prenant comme point de départ R'ar-ez-Zemma, on rencontre, à 6 kilomètres de là, *Arsacal*, qui, au quatrième siècle, fut le siège d'un évêché.

*El-Goulia*, qui fut probablement une forteresse, devait être aussi, d'après les ruines retrouvées, entourée d'un grand nombre de constructions ; on y arrive en suivant toujours la route qui conduit à l'Arsacal et qui s'arrête au pied du mamelon sur lequel s'élèvent ces ruines.

MM. Creuly et Cherbonneau ont découvert dans ce dernier endroit une inscription indiquant le nom précis de la ville : *le château d'Arsacal*.

En quittant Constantine par la route de Mila, on arrive aux nouveaux villages bâtis au nord et à l'ouest du Chettabâ après avoir pris le chemin carrossable qui se trouve à gauche, au 17° kilomètre.

*Rouffach, Belfort, Altkirch, Ribeauville, Eguisheim* et *Obernai* sont habités par des colons alsaciens-lorrains ; ils ont été construits sur l'emplacement d'anciens villages arabes, et, grâce à la fertilité des terrains environnants, se sont développés rapidement.

## AÏN-EL-BEY

Aïn-el-Bey, dont l'ancien caravansérail a été transformé en pénitencier pour les indigènes, s'élève, d'après les recherches qui ont été faites, sur l'ancien emplacement de *Sadar*, première étape de la voie romaine de Cirta (Constantine) à Lambèze.

On y arrive en suivant cette route montueuse qui, avant la construction du chemin de fer, conduisait de Constantine à Batna. Après avoir dépassé le *Polygone*, on aperçoit sur la gauche le *séminaire*, puis on arrive à *Fodj Allah-ou-Akbar*, d'où l'on domine toute la capitale.

Alors que Aïn-el-Bey s'appelait Sadar, cet endroit, ainsi que Kreneg et le Chettebâ, avait la réputation d'avoir les habitants les plus âgés de la région ; en effet, Tiddi (Kreneg) en comptait plusieurs, au nombre desquels *Ælius*, mort à cent cinq ans. Sadar, de son côté, a eu *Sextus Arius*, mort à cent quinze ans, *C. Secondinus*, à cent vingt ans et *Quintus Cominus* à cent vingt-six ans. Une femme, *Lucia Marula*, a encore dépassé cet âge et est morte à cent trente-deux ans !

## SIDI-MABROUK ET L'HIPPODROME

Le chemin de fer de Constantine à Sétif conduit à Sidi-Mabrouk et à l'Hippodrome. Le premier de ces deux endroits est situé sur les pentes de Mansourah, et la cavalerie, la remonte et le haras de Constantine y sont installés.

De nombreuses habitations entourées de jardins y sont aussi groupées près des principaux bâtiments.

L'Hippodrome est à un kilomètre plus loin. Cet emplacement, réservé pour les courses, est bien choisi et très fréquenté à l'époque de ces fêtes. Ainsi que dans toutes les villes de la colonie qui s'occupent de sport, les indigènes luttent avec les Européens et présentent ainsi un très curieux spectacle.

PHILIPPEVILLE (Vue prise du port intérieur)

# DE CONSTANTINE A PHILIPPEVILLE

De Constantine, le chemin de fer conduit directement à Philippeville en quatre heures; le pays qu'il traverse est très accidenté et présente même à divers endroits de très jolis points de vue.

## PHILIPPEVILLE

Philippeville, par sa situation, est le port le plus fréquenté de la province de Constantine; créé au prix d'immenses travaux et de dépenses énormes, il possède d'un côté un avant-port de 25 hectares, et de l'autre un petit port intérieur de 19 hectares, bien abrité et bordé de quais où les navires peuvent mouiller directement.

Une muraille crénelée, percée de trois portes, entoure la ville dont les rues droites et larges, bordées de maisons modernes bien construites, lui donnent l'aspect d'un véritable centre européen.

« La situation de l'Algérie, dit M. Barbier, était, à la fin de l'année 1838, calme partout, et les agressions des indigènes se bornaient à des attaques individuelles ou par bandes de malfaiteurs, qu'on réprimait aisément. Le gouverneur général profita de cette tranquillité pour organiser l'administration de la province de Constantine. Après les reconnaissances effectuées en janvier et avril précédents, le chemin de Stora était ouvert à l'armée ; les camps de Smendon et d'El-Arrouch étaient occupés et fortifiés. La tête de la route de Constantine ne se trouvait plus qu'à neuf lieues de la mer et s'en rapprochait chaque jour. — Le 6 octobre, quatre mille hommes étaient réunis au camp d'El-Arrouch. Ils en partirent le lendemain et allèrent camper sur les ruines de *Russicada*. Aucune résistance n'avait été opposée; seulement, dans la nuit, quelques coups de fusil tirés sur les avant-postes protestèrent contre une prise de possession à laquelle les Kabyles devaient bientôt se résigner.

Mais, le 8, un convoi de mulets arabes, escorté par des milices turques à notre service, ayant été, dans un étroit défilé, attaqué avec quelque avantage, les indigènes, encouragés par ce factice succès, dirigèrent, la nuit suivante, une nouvelle attaque contre le camp d'El-Arrouch, qu'ils savaient n'être plus gardé, depuis le départ de l'armée pour Stora, que par des Turcs. Ceux-ci opposèrent une si énergique résistance, que les assaillants, ayant éprouvé des pertes considérables, firent connaître au commandant du camp leur intention de rester désormais tranquilles. L'armée travailla sans relâche à fortifier la position qu'elle venait d'occuper. Le sol, jonché de ruines romaines, lui fournit les premiers matériaux, et des pierres taillées depuis vingt siècles revêtirent des murailles toutes neuves. La ville reçut le nom de *Philippeville*. »

# DE CONSTANTINE A ALGER

## SÉTIF

Le chemin de fer de Constantine à Alger passe à Sétif, seul endroit important de la ligne ; on y arrive en cinq heures, après avoir parcouru 156 kilomètres.

Sétif est un chef-lieu de commune d'environ 11,500 habitants, au nombre desquels on compte 2,300 Français.

La ville se divise en deux parties : la ville proprement dite, entourée d'un mur d'enceinte percé de trois portes, et le quartier militaire.

Sétif est la Sittifa des anciens, métropole de la Mauritanie sittifienne qui, d'après les historiens, pouvait avoir 4 kilomètres de circuit, lorsque les Arabes l'ont détruite de fond en comble.

La première occupation de Sétif, ou plutôt du lieu où s'élève cette ville, par les troupes françaises, remonte au 31 octobre 1839.

« Dans le mois de septembre 1839, dit M. Barbier, on jugea le moment arrivé de reconnaître la partie de la province de Constantine qui s'étend de la capitale du Biban jusqu'à l'oued Kaddara, en passant par le fort de Hamza. Le duc d'Orléans vint une seconde fois en Algérie pour s'associer à cette expédition. Après avoir visité une partie du territoire soumis à notre domination, le prince se rendit à Milah, où le gouverneur général avait réuni un corps expéditionnaire composé de troupes de toutes armes. Cette armée, sous les ordres du gouverneur général, fut partagée en deux divisions ; le duc d'Orléans prit le commandement de la première. On se mit en marche le 18 octobre. La colonne arriva à Djemilah le 19, et le 21 au soir à Sétif, où le maréchal fit prendre position sous les murs de l'ancienne forteresse romaine. Le prince royal reçut partout sur son passage les hommages des chefs indigènes soumis ou nommés par la France. Le 25 octobre, les deux divisions quittèrent le camp de Sétif et vinrent s'établir sur l'oued Bomela, position qui domine les routes de Bougie et de Zamourah. De là, le corps expéditionnaire se porta rapidement sur Sidi-Embarech. Après avoir traversé le territoire des Ben-Bou-Khetou et des Beni-Abbas, les deux divisions de l'armée se séparèrent. L'une, sous les ordres du général de Galbois, devait rentrer dans la Medjena, pour continuer à occuper la province de Constantine, rallier les Turcs de Zamourah et terminer les travaux nécessaires à l'occupation définitive de Sétif ; l'autre, forte de trois mille hommes, sous les ordres du gouverneur général et du prince royal, se dirigea immédiatement vers la Porte de Fer. Le 28, à midi, commença le passage de ces redoutables roches que les Turcs n'avaient jamais franchies sans payer des tributs considérables, et où jamais n'étaient parvenues les légions romaines. Quatre heures suffirent à peine à cette opération difficile. Après avoir laissé sur les flancs de ces immenses murailles verticales, dressées par la nature à une hauteur de plus de cent pieds, cette simple inscription : *Armée française*, 1839, la colonne se dirigea vers le territoire des Beni-Mansour. »

Par les anciennes routes, un service de diligence conduit de Constantine à Sétif en douze heures, en passant par les *Abd-en-Nour* (126 kilomètres). On traverse alors les villages de *Aïn-Smara, Oued-Atmenia, Châteaudun-du-Rumel* et *Saint-Annaud*.

Par *Mila*, la diligence ne conduit que jusqu'à cet endroit, situé à 52 kilomètres de Constantine ; les 96 kilomètres qui séparent encore Mila de Sétif ne peuvent se parcourir qu'à cheval ou à mulet. Pendant la première partie de cette route, on ne rencontre que le village de *Aïn-Tinn* (32 kilomètres de Constantine), construit sur les ruines de Prædiæ-Celiæ Maximæ.

Sur la seconde partie se trouve *Zeraïa* (à 64 kilomètres de Constantine) et *Djemilah* (à 116 kilomètres).

*Djemilah* fut occupée une première fois, par les troupes françaises, le 11 décembre 1838. La moitié du 3ᵉ bataillon d'infanterie légère d'Afrique y fut laissée d'abord avec une section d'artillerie de montagne et un détachement du génie pendant que l'armée continuait sa marche sur Sétif. Le demi-bataillon fut attaqué dans son poste à plusieurs reprises par les Kabyles, mais sans succès.

A son retour de Sétif, le général commandant le corps expéditionnaire craignant un nouveau retour offensif de l'ennemi, compléta le 3ᵉ bataillon d'Afrique, et l'effectif de la garnison s'éleva alors à six cent soixante-dix hommes.

Vers la fin de décembre, quatre mille Kabyles descendirent des montagnes, entourèrent la place, et la garnison ainsi bloquée, s'étant retranchée de son mieux, repoussa avec une merveilleuse énergie toutes les attaques. Ce ne fut que le 23 qu'elle fut secourue par le 26ᵉ de ligne et put rentrer à Constantine.

Djemilah fut de nouveau occupée le 15 mai 1839, mais cette fois sans coup férir.

## EL-MILIA

La route stratégique de Constantine à El-Milia n'est accessible qu'aux chevaux et aux mulets ; elle traverse d'abord l'oued Smendou au-dessus de Kreneg, puis passe à El-Bénia, de là gravit le Djebel-Sgas à 1,341 mètres d'altitude, contourne ensuite les pentes du Mçid-el-Aïcha et arrive à El-Milia, après avoir laissé à gauche le Djebel-Mahanda.

*El-Milia* est un poste militaire créé en 1858 sur une montagne escarpée et entourée de forêts.

Le village est un chef-lieu de commune mixte qui compte environ 44,000 habitants, dont 200 Français.

Femme de la Petite Kabylie.

LES GORGES DU CHABET-EL-AKHRA

# LA PETITE KABYLIE

BOUGIE. — LES BENI-MANSOUR. — DJIJELLI. — COLLO.

Un service de diligence est établi de Sétif à Bougie, et l'on parcourt les 113 kilomètres qui séparent ces deux villes en douze heures. La route traverse des ravins dénudés, presque stériles, jusqu'à la plaine de Fermatou ; de là, elle suit un petit défilé entre les contreforts du Djebel-Matrona ; puis, après avoir passé El-Ouricia, descend dans une vallée qui sépare le Magris (1722 mètres d'altitude) de Takitount.

*Takitount* est un petit village dominé par un fort à 1051 mètres au-dessus du niveau de la mer et d'où l'on jouit d'une vue superbe.

A cet endroit, on trouve des guides et des mulets pour l'ascension du *Babor*, distant de 15 kilomètres et à 2,000 mètres d'altitude.

Cette montagne, couverte de cèdres et de pins, d'où l'on domine la mer ainsi que toutes les vallées environnantes, est une des plus jolies excursions de cette région, après, toutefois, les gorges du Chabet-el-Akhra (le défilé de l'agonie ou de la mort).

Les *gorges du Chabet-el-Akhra*, situées entre deux gigantesques montagnes de 1700 à 1800 mètres d'altitude, presque partout à pic, quelquefois même surplombant l'abîme, surpassent de beaucoup les gorges de la Chiffa et de Palestro.

Sur un parcours de 10 kilomètres, la route est tantôt creusée sur la paroi verticale du rocher, tantôt portée sur des arceaux.

Au fond, l'oued Agrioun roule, en mugissant, de chute en chute ; il coule toujours et jamais au-dessous de 500 litres par seconde.

Quelquefois la route est suspendue à plus de 100 mètres au-dessus de l'Agrioun, toujours dominée par ces deux gigantesques murailles de rocher qui n'y laissent tomber le soleil qu'à midi. A cette heure on y rencontre très souvent des groupes de singes.

Les cavernes dont les montagnes sont percées, servent d'abri à une quantité innombrable de pigeons.

A mi-chemin de la gorge, un pont hardi, élevé d'environ 100 mètres, réunit les deux rives de l'oued Agrioun.

Environ 4 kilomètres plus loin, une belle cascade s'échappe d'un trou de rocher.

A l'entrée du Chabet-el-Akhra une pierre porte l'inscription suivante :

*Les premiers soldats qui passèrent sur ces rives furent des tirailleurs commandés par M. le commandant Desmaison, 7 avril 1864.*

Avant de sortir des gorges, on lit sur le rocher : *Ponts et chaussées. Sétif. Chabet-el-Akhra. Travaux exécutés 1853-1870.* (Extrait du *Guide de l'Algérie* de M. Piesse.)

De là, la route traverse de superbes forêts, puis côtoie la mer et fait le tour du golfe sur le bord duquel s'élève Bougie.

BOUGIE EN 1840

# BOUGIE

*Bougie*, adossée au revers d'une haute montagne, avec ses maisons perdues dans les massifs d'orangers, de grenadiers et de caroubiers, a un aspect des plus pittoresques; elle occupe l'emplacement de l'ancienne colonie romaine de Saldæ, qui fut, avant Carthage, la capitale de l'empire éphémère des Vandales; puis, soumise aux Arabes en 708, elle accepta les dynasties successives qui occupèrent l'Afrique.

Ce fut l'époque de la plus grande prospérité de Bougie; elle comptait jusqu'à 20,000 maisons. En 1509, les Espagnols s'en emparèrent, et Charles-Quint la fortifia en 1541. Après le départ des Espagnols, livrée aux compagnies turques des deys d'Alger, exposée aux coups des Kabyles, elle déclina rapidement, et quand le général Trézel s'en empara en 1833, elle ne présentait plus qu'un amas de ruines.

Aujourd'hui, Bougie possède un port de 7 à 8 hectares, suffisant pour les besoins du commerce; la ville se compose d'une rue principale, qui est la rue Trézel, et dans laquelle viennent aboutir, à droite et à gauche, d'autres rues plus ou moins importantes.

De tous côtés on retrouve des traces des nombreuses peuplades qui, depuis vingt siècles, ont occupé Bougie.

Les fortifications actuelles ne sont que la septième partie de l'enceinte sarrasine dans laquelle elles sont englobées. Les ruines de cette dernière se développent encore sur une étendue de 5,000 mètres. Sur un grand nombre de points, l'enceinte romaine, qui mesurait 3,000 mètres, est encore debout.

En outre des cinq portes qui donnent accès dans la ville, s'élève sur le quai, isolée, l'ancienne porte sarrasine construite en briques et qui donne une idée parfaite de l'architecture arabe au XIVe siècle.

On aperçoit encore les ruines du *Bordj-el-Ahmar* et du fort *Abd-*

*el-Kader*, l'un près du Gouraïa, l'autre au sud-est, sur une terrasse de rochers.

La *Kasbah*, dont une partie fut rasée en 1853, a été restaurée depuis et convertie en bâtiments militaires ; il en est de même du *fort Barral*, sur la terrasse duquel on a construit une caserne.

.*.

De nombreuses promenades environnent Bougie ; entre autres : le chemin bordé d'oliviers centenaires qui conduit au *cap Bouak*, à 2 kilomètres ; la koubba de Lella-Gouraïa, au sommet de la montagne de ce nom, à 3 kilomètres ; la vallée des singes, à 5 kilomètres ; les ruines de l'aqueduc romain de Toudja, à 21 kilomètres ; et les ruines de Tubusectus, à 28 kilomètres.

## LES BENI-MANSOUR

De Bougie aux Beni-Mansour, un chemin de fer est en construction ; il conduit actuellement jusqu'à Sidi-Aïch, en longeant la route de terre et en traversant plusieurs viaducs, sous lesquels passent les ruisseaux qui vont se jeter dans l'oued Sahel.

De Bougie à Sidi-Aïch, on ne rencontre que le village d'El-Kseur, où la plus grande partie des habitants sont Français, et le village kabyle d'Ilmaten, où les trains ne font qu'une halte.

*Sidi-Aïch* est un chef-lieu de commune mixte d'environ 50,000 habitants, dont 225 Français. De ce point, on se rend à Akbou avec la voiture qui vient de Bougie.

*Akbou* (Metz) principalement habitée par des Français est

BOUGIE

appelée à prendre une grande extension ; ce n'est maintenant qu'un simple chef-lieu de commune de 1.400 habitants, dont près de 600 Européens.

On se rend d'Akbou aux Beni-Mansour en cinq heures, avec une diligence qui fait tous les jours ce trajet.

## DJIDJELLI

La route qui conduit de Constantine à Djidjelli n'est plus praticable pour les voitures à partir de Mila ; elle traverse alors les nombreuses montagnes boisées qui s'étendent dans cette région appelée vulgairement la *Petite-Kabylie*.

On ne rencontre, sur ce parcours de Mila à Djidjelli, à part plusieurs villages indigènes, que *Strasbourg*, chef-lieu de commune de 2,000 habitants dont 180 Français.

*Djidjelli*, sous l'Empire romain, était une ville épiscopale ; elle devint plus tard le berceau de la puissance de Barberousse et acquit, dès lors, une très grande importance par son trafic et surtout par sa piraterie.

En 1664, le duc de Beaufort, envoyé par Louis XIV, s'empara de cette ville pour y fonder un établissement français, et posa la première pierre du fort que les Arabes désignent encore sous le nom de *Fort des Français*. La petite garnison qui y avait été laissée, environ 400 hommes, ne s'entendant pas avec les marins, les Arabes profitèrent de ces dissensions pour les attaquer; ils enlevèrent facilement le fort, massacrèrent tous les Européens et restèrent maîtres de la ville avec trente pièces de canon.

Cette ville, après avoir été presque entièrement détruite par un tremblement de terre en 1856, est aujourd'hui très florissante; de nombreux colons sont venus s'y installer depuis quelques années, et ont contribué à donner à ce pays, resté longtemps stationnaire, un développement qui augmente chaque jour.

*\*\**

L'ancienne ville arabe occupe une petite presqu'île rocailleuse, réunie à la terre, où s'étend la ville française, par un isthme fort bas.

Cette dernière, bâtie au pied des collines, est remarquable par ses constructions, ainsi que par ses belles rues bordées de magnifiques platanes.

La ville arabe est défendue par des parapets construits sur les rochers et garnis de canons; la ville française est entourée d'un mur.

Le port de Djidjelli n'est accessible que pendant la belle saison; il possède un phare placé à l'extrémité d'une ligne de rochers qui le protègent en partie contre les vents du nord.

Cette ville communique, par des routes muletières, avec Bougie (105 kil.), Collo (110 kil.), etc., etc.

## COLLO

*Collo* est situé au pied du Djebel-Goufi; son port, d'une très petite étendue et peu profond, ne lui permet pas de recevoir un grand nombre de bâtiments; les paquebots qui font escale à Collo mouillent à 1 kilomètre environ du port.

La ville est de peu d'importance; c'est un chef-lieu de commune de 2,700 habitants, dont 450 Français.

On peut faire la moitié de la route de Constantine à Collo en chemin de fer, en s'arrêtant au Col des Oliviers, à l'endroit où est établi le buffet sur la ligne de Philippeville; il ne reste plus à parcourir que 56 kilomètres, mais par un chemin inaccessible aux voitures.

DANSEUSES OULAD-NAÏL

# L'AURÈS

### KRENCHELA. — TEBESSA.

« *L'Aurès*, dit le colonel Niox, est un vaste pâté montagneux délimité : à l'ouest, par la route de Batna à Biskra; au nord, par une ligne tirée de Batna à Krenchela; à l'est, par la vallée de l'Oued-El-Arab, entre Krenchela et Khrenga; au sud, par la ligne de Biskra à Khranga. L'Aurès doit sa formation à deux plissements considérables. L'un, celui du nord de l'Afrique, a produit les escarpes de Kef-Mohmed à l'ouest, et du Chélia à l'est, cimes les plus hautes de l'Algérie, qui dépassent 2,300 mètres. En général, suivant la loi ordinaire des érosions de l'Algérie, c'est au nord et à l'ouest qu'ont été sculptées les escarpes, parce que les grands courants diluviens couraient du nord-est au sud-ouest, avec tendance constante à descendre au sud dans le bassin saharien.

« Les populations de l'Aurès sont de race berbère avec mélange arabe; on les appelle des *Chaouïa*, pasteurs, bergers nomades, bien qu'ils soient devenus sédentaires. Les femmes jouissent d'une grande liberté et travaillent au dehors comme les hommes. On y a signalé la coutume de célébrer certaines fêtes dont les dates présentent la plus grande analogie avec les fêtes romaines, israélites et chrétiennes, telles que Noël, le jour de l'an, les Rogations, les fêtes de l'Automne.

« La physionomie de l'Aurès est très variable. Dans le nord, des plateaux fertiles à plus de 1000 mètres d'altitude, couverts de neige pendant une partie de l'hiver, rappellent par leurs productions certaines contrées du centre de la France. De belles forêts de cèdres couronnent encore quelques sommets; elles disparaissent malheureusement chaque jour, mourant naturellement, frappées d'une malédiction céleste, disent les Arabes. Les pentes du *Chelia* étaient aussi couvertes de cèdres superbes. Quelques-uns seulement ont conservé une touffe de branches vertes à leurs cimes. La plupart sont desséchés. Les arbres géants sont encore debout sans écorce, sans feuillage; d'autres, violemment renversés par l'ouragan, gisent comme de gigantesques cadavres aux membres tordus. Ce n'est pas sans mélancolie que l'on traverse ces forêts mourantes. »

## KRENCHELA

Une diligence fait le service de Constantine à Aïn-Beïda en douze heures, et de là à Krenchela en onze heures.

*Aïn-Beïda* est un petit village construit autour des deux bordjs qui furent élevés sur ce point en 1848 et en 1850. On rencontre là des ruines magnifiques, ainsi que celles d'un ancien poste romain. De nombreux juifs occupent cette localité et font le commerce avec la tribu des Maracta qui, après avoir fourni des guerriers aux Turcs, fournit maintenant des cultivateurs au sol.

*Krenchela*, chef-lieu d'un cercle militaire et d'une commune mixte de 17,000 habitants, dont 350 Français, est situé au pied de l'Aurès.

# TEBESSA

Pendant le trajet d'Aïn-Beïda à Tebessa, qui se fait en douze heures, on rencontre le village de *la Meskiana* dont les environs bien irrigués produisent de grandes quantités de fourrages; puis on traverse de nombreuses ruines romaines, les grands pâturages de Chabro et d'immenses plaines couvertes d'alfa.

*Tebessa*, située à 17 kilomètres de la frontière tunisienne, commande les vallées qui descendent dans le Sahara ; c'est, par sa situation, un point militaire d'une certaine importance.

Cette petite ville compte environ 2,000 habitants ; elle est le chef-lieu d'un cercle militaire, d'une commune de 3.500 habitants, dont 220 Français, et d'une commune indigène de 15,500 habitants environ.

Tebessa est d'une haute antiquité et renferme encore plusieurs monuments anciens.

« Au temps des Turcs, dit M. Letrone, une petite garnison de quarante janissaires appuyait l'autorité du caïd de Tebessa pour assurer

LE TEMPLE DE MINERVE A TEBESSA

la rentrée des contributions et protéger les caravanes qui se rendaient de Constantine à Tunis. — Le caïd choisi par les habitants de la ville, avait sous ses ordres, au dehors, un douar nommé El-Aazib.

Depuis la prise d'Alger, Tebessa se gouvernant à peu près seule, était pour les tribus environnantes un terrain neutre où elles creusaient leurs silos et déposaient leurs grains pour se soustraire au hasard des querelles fréquentes qui leur mettaient les armes à la main les unes contre les autres. La plus puissante de ces tribus, celle des Nemencha, établie au sud de Tebessa, supportait peu facilement l'action de l'autorité centrale. Lorsqu'on pouvait envoyer des troupes sur son territoire, ce qui n'arrivait qu'à des intervalles irréguliers et souvent éloignés, on nommait un caïd qui profitait de la présence des troupes pour percevoir les impôts. Mais après leur départ, l'autorité du caïd devenait à peu près illusoire, et souvent même, ce fonctionnaire ne pouvait demeurer sans danger au milieu de ses administrés.

Tebessa, où une première reconnaissance militaire a été faite du 1$^{er}$ au 3 juin 1842, par le général Négrier, et une seconde en 1846 par le général Randon, a été définitivement occupée en 1851 par le général de Saint-Arnaud, depuis maréchal, lors de son expédition à travers l'Aurès oriental. Une garnison a été laissée, dès cette époque, dans ce nouveau cercle destiné à contenir les Nemencha, comme le cercle d'Aïn-Beïda est destiné à contenir les Haracta.

La ville arabe de Tebessa fut construite sur les ruines de Thereste, et renfermée tout entière dans l'enceinte de la citadelle élevée par Salomon. La muraille, encore debout de cette citadelle, haute de 12 à 15 mètres, épaisse de 2 mètres, longue de 300 mètres au nord et au sud, et de 250 mètres à l'ouest et à l'est, est percée de trois portes; douze tours à deux étages flanquent cette muraille.

La ville, sauf la kasbah française, construite à l'angle sud-ouest, et qui fait face à la kasbah turque, construite à l'angle nord-ouest, sauf encore quelques constructions européennes, est un amas de ruines, dans lesquelles les Arabes se sont ménagé quelques logements et au milieu desquels surgissent l'arc de triomphe, le temple de Minerve et la mosquée.

L'*arc de triomphe*, dont la masse principale forme un cube de près de 11 mètres, est du genre de ceux appelés quadrifons. Chaque face représente un arc de triomphe ordinaire à une seule arche. Trois de ses côtés sont en ruines. Construit pendant les années 211, 212 et 213 après J.-C. et dédié à Septime Sévère, à Julia Domna, sa

**TEBESSA**
Ruines de l'Arc de Triomphe.

femme, et à Caracalla, son fils, cet arc de triomphe est un véritable chef-d'œuvre d'architecture, et doit être rangé parmi les monuments les plus remarquables, et surtout les plus rares de l'antiquité romaine.

Le *temple de Minerve*, situé entre l'ancienne kasbah turque et l'arc de triomphe, après avoir servi de fabrique de savon, de bureau affecté au service militaire, de cantine, de prison, a été transformé en église catholique. C'est un fort beau monument dans le style corinthien, placé à 4 mètres au-dessus du sol, soutenu par trois voûtes, et auquel on arrivait par un escalier de vingt marches. Le temple est large de 8 mètres et long de 14 mètres, y compris le proonos ou portique entouré de six colonnes, mais non surmonté, comme c'était l'usage, d'un fronton, sans doute remplacé par des statues.

La mosquée n'a rien qui puisse captiver l'attention des touristes, c'est un monument très simple et sans aucun caractère.

Dans l'intérieur de l'enceinte bizantine, on trouve encore les ruines connues sous le nom de la *maison romaine*, dont les importantes dimensions donnent à supposer que c'était là la demeure de quelque grande famille du pays.

Dans la ville bizantine dont Tebessa occupe l'angle sud-ouest, on a retrouvé, au milieu de magnifiques jardins, des bassins, des puits, etc., etc.

Le *cirque* présente une arène circulaire de 45 à 50 mètres de diamètre, environnée d'un massif en maçonnerie qui se terminait intérieurement par quinze ou seize rangées de gradins pouvant contenir six à sept mille spectateurs.

Le sol, aux environs de Tebessa, est jonché de ruines romaines. Les montagnes qui avoisinent la ville offrent les sites les plus pittoresques. Ce ne sont que rochers, accidents de terrain, cascades, beaux points de vue, etc., etc.

# DE CONSTANTINE A BONE

Avec le chemin de fer, on se rend aujourd'hui de Constantine à Bône (219 kil.) en dix heures ; Hammam-Meskhroutin, Guelma et Duvivier, sont les endroits les plus intéressants traversés par cette ligne.

*Hammam-Meskhroutin* (les bains des maudits ou les bains enchantés) possède des sources thermales dont un nuage de vapeur trahit de loin l'emplacement :

« Les eaux d'Hammam-Meskhroutin, dit le docteur Hamel, sourdent sur la droite de l'oued Bou-Hamdem, qui, réuni à 10 kilomètres plus bas, à l'oued Cherf, donne naissance à la Seybouse. Le plateau d'où s'échappent ces eaux forme la partie inférieure d'un versant à pente douce, exposé au Nord et n'offrant pas moins d'intérêt par sa végétation que par les phénomènes géologiques anciens ou modernes dont il est le théâtre. Vues de haut, elles occupent le centre d'un large bassin, entouré d'une ceinture de montagnes modérément élevées. Sur le second plan, le Djebel-Debbar, le Taya, le Ras-el-Akba, la Mahouna, contreforts atlantiques dont l'altitude varie entre 1,000 et 1,300 mètres, dessinent leurs crêtes abruptes aux quatre coins de l'horizon, et encadrent le pays le plus pittoresque qu'il soit possible d'imaginer. Le nombre des sources est en quelque sorte illimité ; des changements se sont opérés dans leur lieu de dégagement, à une époque reculée, et continuent de nos jours sur une moins large échelle.

« Les eaux de la cascade, ajoute M. le D$^r$ Hamel, après avoir parlé des différentes sources, comptent parmi les plus chaudes que l'on connaisse ; leur température s'élève à 95°. Celles des geysers, en Islande, sont à 109°, et celles du lac Tricheras de 90°,61. Les Arabes utilisent cette température pour dépouiller de leurs parties solubles certaines plantes textiles qu'ils emploient à la confection de cordes et de nattes, pour laver leur linge, pour faire cuire des œufs, des légumes, de la volaille, etc. Les sources de la Ruine font monter le thermomètre à 90°. La source ferrugineuse atteint 78°,25.

« Les eaux de Meskhroutin sont indiquées dans les cas suivants, pour lesquels de nombreuses guérisons ont été obtenues : hémiplégies et paraplégies, cachexies palustres, affections cutanées, accidents syphilitiques, névralgies, sciatiques, plaies d'armes à feu, fistules, douleurs, engorgements glandulaires chroniques, ulcères atoniques, douleurs rhumatismales, arthritiques et musculaires. »

Au milieu de ce superbe et intéressant pays, un petit hôpital militaire a été construit près de la gare, ainsi que de nombreuses piscines pour les Européens, indigènes et Israélites. Enfin, sur la hauteur, un hôtel, entouré de plusieurs chalets, a été installé, afin d'offrir tout le confortable nécessaire aux malades et aux touristes.

*
* *

*Guelma*, l'ancienne Kalama, nommée pour la première fois par saint Augustin, est construite à côté de l'endroit occupé par cette première ville, devenue depuis sa citadelle.

Une muraille percée de cinq portes entoure cette place qui fut, à l'époque où nous occupâmes cette province, c'est-à-dire vers 1837, l'un des plus beaux établissements militaires de l'Algérie.

De nombreuses ruines romaines ont été trouvées sur cet emplacement, et par les soins du génie militaire ont été réunies dans un jardin, sur la place de l'Église, où elles forment un véritable musée.

Guelma compte environ 4,000 habitants; des rues plantées d'arbres la traversent dans toutes les directions et aboutissent aux places de l'Église, Saint-Augustin, Saint-Cyprien, Coligny, de la Fontaine et du Fondouk. La rue d'Announa, entre autres, longue d'un kilomètre, est très remarquable par son originalité et son animation le lundi, jour du grand marché arabe.

*
* *

*Duvivier* n'est qu'un petit village de 550 habitants, situé sur la rive droite de la Seybouse, à 1 kilomètre de la station.

A cet endroit existe l'embranchement de la ligne de Souk-Arras qui conduit à Tunis.

BONE

# BONE

Bône fut fondée au viie siècle sur les ruines d'Hippone, dont saint Augustin fut l'évêque.

Ancienne Hippo-Regius des Latins, la Beled-el-Anab ou ville des dattes des Arabes, Bône est le centre de la pêche du corail sur les côtes de l'Algérie. Sous Louis XIV, la Compagnie Française d'Afrique y établit un comptoir qui fonctionna jusqu'en 1789.

Aujourd'hui, Bône compte environ 20,000 habitants et forme deux quartiers, l'ancienne et la nouvelle ville, séparés par le cours National.

L'*ancienne Bône* s'étend du cours National jusqu'au pied de la falaise sur laquelle s'élève l'hôpital militaire ; c'est un quartier mal entretenu, n'ayant aucun caractère particulier, et dont les maisons, basses et mal construites, bordent sans aucun alignement, les rues, qui sont étroites et sales. C'est là le quartier arabe.

La *nouvelle Bône* est un contraste

frappant avec l'ancienne. Ici, c'est la ville européenne, avec ses belles maisons à plusieurs étages, ses splendides magasins et ses grandes rues larges où règne toujours une animation qui rappelle celle des grandes citées.

Six portes, percées dans une muraille crénelée, donnent accès dans la ville.

L'ancienne *Kasbah*, construite au xiv° siècle, a été convertie en prison centrale pour les condamnés aux fers.

Le *port* est certainement le mieux favorisé de tous ceux de la côte algérienne; son accès est facile, et sa situation au fond et sur la côte occidentale d'une rade bien abritée contre les vents d'ouest, offre une grande sécurité aux navires qui viennent y mouiller.

Par suite de la canalisation des eaux stagnantes de la Seybouse et de deux autres petites rivières, toute cette région assainie a pris une très grande importance, et cela d'autant plus facilement que les environs de la ville sont d'une remarquable fertilité.

Les Français occupèrent en cette ville 1832.

« Préoccupé avant tout, dans l'expédition d'Afrique, de la perte de nos anciennes concessions de la Calle, le gouvernement avait prescrit à M. de Bourmont, dès les premiers jours de juillet 1830, de diriger le plus tôt possible sur Bône un corps de troupes, pour y faire reconnaître les droits de la France. L'ordre fut mis à exécution ; mais, malgré tous les efforts, l'escadre qui devait transporter ce détachement ne se trouva prête à appareiller que le 25 juillet. Contrariée par les vents,

LA PRISE DE BONE (d'après H. Vernet).

elle n'arriva que le 2 août devant le port de Bône, où elle avait été devancée par M. Rimbert, ancien agent de nos concessions.

« Les exhortations de cet agent, appuyées par les conseils de quelques maures de distinction qui l'accompagnaient, la haute opinion que la chute d'Alger avait donnée des forces de la France, et surtout la crainte d'être pillés par les Arabes, déterminèrent les habitants à faire les plus vives instances pour que l'occupation s'effectuât sans retard. En effet, quelques jours auparavant, un des lieutenants du bey de Constantine s'était présenté pour prendre le commandement de la ville; sur le refus d'admettre sa prétention, il avait demandé qu'on lui livrât au moins la poudre qui se trouvait dans les magasins, demande qui fut également repoussée. Instruit de ces diverses particularités, l'amiral Rosamel ordonna le débarquement, et le général Damrémont entra dans Bône à la tête de sa brigade. » (L. Galibert.)

Après son entrée dans Bône, le général en chef fit réparer la kasbah, puis construire deux redoutes en avant de la porte où aboutit le chemin de fer de Constantine. Il se prépara alors à la défense, sachant bien que les Arabes, encouragés par le bey de Constantine, viendraient l'attaquer avant peu. Aussi, le 6 août, les ennemis s'étant montrés dans différentes directions, il résolut de prendre l'offensive et envoya quelques pelotons appuyés de deux obusiers dans la direction du couvent de Saint-Augustin, où les Arabes avaient déjà pris position.

Pendant plusieurs jours, les escarmouches et les combats se succédèrent jusqu'à ce que les pertes de l'ennemi, devenant très sensibles, celui-ci devînt moins entreprenant.

Le général Damrémont allait profiter de cette trêve pour s'occuper de l'organisation intérieure de Bône, lorsque, malheureusement, le corps expéditionnaire fut rappelé à Alger. Obligé d'abandonner cette ville et ses fidèles habitants, qui depuis l'arrivée des troupes n'avaient cessé de donner les plus grandes preuves de dévouement, le général, avant de les quitter, leur remit des munitions, leur donna quelques conseils sur la défense, et reçut d'eux la promesse qu'ils ne livreraient la ville aux Arabes qu'à la dernière extrémité

Le 13 septembre, un faible détachement de zouaves commandés par plusieurs officiers, occupa de nouveau la ville, et la majorité des habitants les reçut à bras ouverts. Cependant, cette nouvelle occupation n'étant pas du goût de certaines familles influentes, ces dernières se liguèrent pour expulser cette troupe.

Les hommes étant casernés dans la kasbah, les officiers prenaient leurs repas en ville; or, pendant une de leurs absences, les conjurés gagnèrent les zouaves à prix d'argent et s'emparèrent de la citadelle.

Lorsque les officiers revinrent, ils furent reçus à coup de canon et n'eurent que le temps de rejoindre les bricks *le Cygne* et *le Voltigeur* qui se trouvaient en rade. Tous les efforts que l'on fit alors pour reconquérir la kasbah restèrent infructueux, et Bône fut encore une fois abandonnée. Sur les demandes instantes et réitérées de secours, adressées au général en chef, par les habitants de Bône et même par les conjurés, qui après s'être emparés de la kasbah craignaient maintenant les menaces du bey de Constantine, l'occupation de cette ville par une garnison française fut décidée.

« En attendant la saison favorable et la réunion des troupes et du matériel nécessaire, dit M. Galibert, le duc de Rovigo confia au capitaine d'artillerie d'Armandy et au capitaine de chasseurs algériens Youssouf, la mission d'aider les assiégés de leurs conseils, d'entretenir leurs bonnes dispositions et de les encourager dans la résistance. Malgré les efforts de ces officiers, Bône fut obligée, le 5 mars, d'ouvrir ses portes au bey de Constantine, et subit dans toutes leurs horreurs les calamités de la guerre : livrée au pillage et à la dévastation, ses habitants furent massacrés, ou déportés dans l'intérieur. Ibrahim (le chef des conjurés qui avaient acheté la kasbah aux zouaves) se maintint jusqu'au 26 au soir, et, désespérant de se voir secouru, il sortit furtivement de la citadelle. Instruits de cette circonstance, les capitaines d'Armandy et Youssouf formèrent le courageux projet de s'y introduire de nuit avec une trentaine de marins; ils réussirent, et arborèrent le pavillon français à la grande surprise des assiégeants comme des assiégés. Pendant les premiers jours, les zouaves obéirent aux deux jeunes capitaines, pensant qu'ils seraient bientôt soutenus par une force imposante ; mais voyant leur espérance trompée, ils se mutinèrent et résolurent de les tuer. Youssouf déconcerta ce complot.

Instruit de ce qui se tramait, il fait rassembler les principaux meneurs et leur annonce qu'à leur tête il va faire une sortie contre les troupes de Ben-Aïssa.

« Mais c'est à la mort que tu cours, malheureux, » lui dit son frère d'armes, le capitaine d'Armandy.

« C'est possible ; mais qu'importe, si je te sauve, si je sauve la kasbah ! »

A ces mots, il ordonne d'abaisser le pont-levis et sort avec ses Turcs, la tête haute, le visage calme et serein. Lorsqu'il a franchi les glacis, il se retourne vers eux, et, les regardant d'un œil sévère : « Je sais, dit-il, que vous avez résolu de me tuer ; je connais aussi vos projets sur la kasbah ; eh bien ! voici le moment propice de mettre votre projet à exécution ; frappez, je vous attends ! »

Ce sang-froid impose aux conjurés ; tous restent stupéfaits. L'intrépide Youssouf profite de leur trouble et reprend : « Eh quoi ! Jacoub, toi le grand meneur, tu restes impassible, tu ne donnes pas à tes camarades le signal de l'attaque ! Puisqu'il en est ainsi, c'est moi qui vais commencer, » et, d'un coup de pistolet, il lui fracassa la tête.

L'un des conjurés porte la main à la poignée de son sabre ; mais Youssouf, le devançant, lui plonge son yatagan dans le cœur.

« Maintenant, à l'ennemi ! » s'écrie-t-il.

Tous ces hommes, qui naguère se disposaient à l'assassiner, le suivent sans murmurer, et font à ses côtés des prodiges de valeur, pour lui prouver que, s'ils ont été un instant égarés, ils veulent désormais se montrer dignes d'un si vaillant capitaine.

Deux heures après, Youssouf rentrait chargé des dépouilles de l'ennemi, et recevait les étreintes fraternelles du capitaine d'Armandy.

Le duc de Rovigo ne put envoyer à Bône que quelques faibles détachements ; mais le gouvernement fit partir de Toulon trois mille hommes commandés par le général Mouck-d'Uzer. La ville n'offrait alors qu'un monceau de décombres ; Ben-Aïssa, en se retirant, avait achevé de la détruire, la citadelle seule était à l'abri d'un coup de main. Dans cette partie de la régence, depuis si longtemps en relation avec la compagnie des concessions d'Afrique, l'arrivée des Français produisit une impression favorable sur le plus grand nombre des tribus du voisinage.

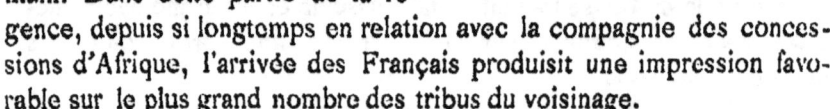

Une seule, celle de Beni-Jacoub à laquelle s'étaient réunies les troupes du bey de Constantine, se montra hostile. Le 26 juin, le général d'Uzer marcha contre elle et la refoula dans l'intérieur.

## HISTOIRE DE YOUSSOUF

M. Christian, dans son intéressant ouvrage sur les marins, corsaires et aventuriers, dépeint ainsi la vie de Youssouf jusqu'au jour où nous le trouvons capitaine de chasseurs algériens, envoyé extraordinaire à Bône :

« La formation des corps indigènes paraissait au général Clauzel un chef-d'œuvre de génie ; il croyait préparer, par cette création, un commencement de fusion entre les deux races arabe et française ; mais, au lieu de rallier à nos intérêts quelques tribus puissantes, il se mit à recruter des vagabonds et des maraudeurs dont l'affluence dépassa bientôt l'effectif de deux bataillons. On s'adressa, pour obtenir des renseignements sur le mode d'organisation de ce corps, à un certain Joseph, Youssef ou Jusuph, car on l'écrit de bien des manières, et Joseph, Youssef ou Jusuph, n'en sait pas lui-même l'orthographe.

« L'histoire de cet homme était assez curieuse pour que nous en donnions une esquisse, en lui prêtant le nom de Yusuf, sous lequel il est vulgairement connu en France et en Afrique.

« Selon les récits plus ou moins apocryphes de M. Genty de Bussy, ancien intendant civil à Alger, Jusuph est né à l'île d'Elbe, où, bien jeune encore, il se rappelle avoir figuré, en 1814, sur les genoux de Napoléon ; mais il n'a, dit-il et dit-on, conservé aucun souvenir de sa famille, et toutes les recherches faites à cet égard seraient restées infructueuses.

« En 1814, donc, il pouvait avoir sept ans, et fut embarqué pour Florence, où les personnes qui prenaient soin de lui voulaient le mettre au collège ; mais le navire qui le portait tomba au pouvoir d'un corsaire qui le conduisit à Tunis. Jusuph échut au bey. Placé dans le sérail de ce prince barbaresque, et improvisé musulman, il noua plus tard une intrigue avec l'une des filles du bey, et celle-ci devint enceinte. Suivant le roman historique dû à la plume officielle de M. Genty de Bussy, qui se déclare parfaitement édifié sur cette aventure, Jusuph, découvert dans un de ses rendez-vous par un des eunuques du sérail, prit sur-le-champ  l'audacieux parti de le suivre dans les jardins et de l'attirer dans un massif, où il le massacra. Le corps de l'esclave est jeté dans une citerne profonde, Jusuph n'en conserva que la tête, et, le lendemain, pendant que sa maîtresse l'entretenait des vives terreurs auxquelles elle était en proie, il la conduisit dans une chambre voisine, et, dans une des armoires, lui montre la tête de l'eunuque dont il avait arraché les yeux et la langue redoutée. Mais le secret des amoureux n'étant pas assez garanti, Jusuph prépara son évasion. C'était en 1830 ; le brick français l'*Adonis* se trouvait en rade ; un canot devait y conduire Jusuph. Mais cinq Turcs sont apostés pour s'opposer à sa fuite. Des sentiers détournés qu'il a pris, Jusuph les a vus ; il a remarqué qu'ils ont laissé leurs fusils en faisceaux à quelque distance ; il s'élance de ce côté : jeter les armes à la mer, se débarrasser de deux de ces hommes, mettre les autres en fuite, gagner le canot, c'est pour lui l'affaire d'un moment.

« L'*Adonis* avait ordre de rallier la flotte française. Peu de jours après, Jusuph débarquait avec nos troupes à Sidi-Ferruch. Pendant la

campagne, il resta attaché au service de M. de Bourmont, et fut placé ensuite sous les ordres du commissaire de police d'Alger. » Tel est le narré de M. Genty de Bussy, dans lequel nous ne trouvons qu'un fait dont cet intendant puisse être bien informé, c'est-à-dire l'emploi subalterne de Jusuph dans la police. Le général Berthezène, qui vit de près Jusuph avant M. de Bussy, ne vise pas au roman, et, dans un écrit fort sérieux, pose nettement les faits sans capituler avec les besoins de la phrase et les délicates exigences du langage. « L'histoire de Jusuph, du moins telle qu'il la raconte, dit M. Berthezène, tient beaucoup du roman. Élevé dans le sérail et destiné aux plaisirs des souverains de Tunis (le terme est cru, mais il ne m'appartient pas), Jusuph ou Joseph eut le bonheur de plaire à la fille de son maître. Un esclave l'ayant surpris dans un rendez-vous amoureux, il le fit venir dans sa chambre et, pour acheter son silence, lui jeta une poignée d'or. Pendant que l'esclave se baissait pour ramasser les quadruples, épars sur le tapis, Jusuph le tua d'un coup de poignard, et, après l'avoir coupé en morceaux et salé, il offrit à sa belle maîtresse une main, un œil et la langue de ce témoin dangereux. — Ce présent allégorique fut très agréable à la princesse, et redoubla son amour pour un homme qui savait si bien la mettre à l'abri de toute indiscrétion. Une autre fois, un jeune mameluck, camarade de Jusuph, l'offensa ; celui-ci dut dissimuler pour assurer sa vengeance ; bientôt l'occasion se présenta, et, dans une partie de chasse, il sut se défaire de son ennemi assez habilement pour n'être pas soupçonné de meurtre. Cependant, la fortune se lassa de lui être favorable. Accusé d'avoir volé des diamants pour une somme de quarante mille francs, et n'ayant pu se disculper, il fut obligé de chercher son salut dans la fuite. Il y réussit, et passa à Alger où il fut employé à la police. Soit qu'il voulût rentrer en grâce, soit que l'intrigue fût un besoin pour lui, on assure qu'il rendait des comptes au souverain de Tunis. Le général en chef en fut instruit, le fit arrêter, mettre aux fers à bord d'un vaisseau, et ensuite en prison à Alger pour être jugé par un conseil de guerre comme espion. C'est pendant cette captivité qu'il fut, par hasard, consulté sur l'organisation à donner à un corps d'Arabes à cheval. Ce fut un trait de lumière pour Jusuph, et l'espérance illumina son cachot. Il imagina immédiatement la création d'un escadron de mameluks, uniquement consacré à l'escorte du général en chef, et dont il serait le capitaine. Ce projet sourit à la vanité théâtrale de M. Clauzel. Les fers de Jusuph furent brisés ; mais plus tard, le ministre de la guerre refusa les fonds nécessaires à l'entretien de cette troupe, dont il n'approuvait point la formation et l'emploi exceptionnel. Les mameluks furent licenciés, et passèrent, avec Jusuph, aux chasseurs algériens, qui devinrent le noyau de nos quatre régiments de *chasseurs d'Afrique*. Jusuph manœuvra si bien, que le général Clauzel parvint à lui procurer un brevet régulier de capitaine. Telle fut l'origine de la fortune de cet aventurier. » On peut choisir entre la version de M. Genty de Bussy et celle du général Berthezène.

Quoi qu'il en soit, Youssouf sut, par son courage et son intelligence, faire rapidement son chemin ; après le hardi coup de main qui le rendit maître de Bône, il fut nommé chef d'escadron en 1833, puis officier de la Légion d'honneur en 1835.

Après avoir battu Abd-el-Kader pendant l'expédition de Tlemcen, en 1835, Youssouf reçut, en récompense de sa brillante conduite, le titre, qui resta honorifique, de bey de Constantine.

Nommé ensuite commandant de spahis à Oran, puis colonel commandant toute la cavalerie indigène, en 1841, il fut élevé au grade de maréchal de camp hors cadre en 1845. C'est alors qu'il vint à Paris, où il se maria avec la nièce du général Guilleminot après s'être converti à la religion catholique.

Nommé général de brigade en 1851 et inscrit sur les cadres de l'armée régulière, il fit, l'année suivante, l'expédition de Laghouat et fut nommé grand-officier de la Légion d'honneur.

Investi du commandement de la division d'Alger en 1855, il reçut le grade de général de division, prit une part brillante à l'expédition de Kabylie, repoussa, en 1860, les bandes marocaines qui avaient envahi le territoire algérien, battit, en 1864, les tribus qui s'étaient soulevées, et reçut leur soumission à Laghouat.

A la suite d'un dissentiment avec le gouverneur général de l'Algérie, au sujet, dit-on, du régime à appliquer à notre colonie, le général Youssouf fut appelé à un commandement dans l'intérieur de la France et mourut en 1866.

LA FANTASIA

# DE BONE A PHILIPPEVILLE

On se rend directement de Bône à Philippeville, soit par la route, soit par le chemin de fer ; la distance d'un côté ou de l'autre est absolument la même.

Avec la diligence, on met onze heures pour faire les 113 kilomètres qui séparent ces deux ports ; par le chemin de fer, on ne met que huit heures quinze minutes,

mais à la condition de ne pas perdre de temps à attendre les différentes correspondances, soit à Aïn-Makra, où l'on prend la voiture qui conduit à Saint-Charles, soit à ce dernier endroit, où l'on trouve le train qui mène à Philippeville.

Ces deux voyages sont également intéressants, le pays que l'on traverse est très pittoresque.

La route traverse le village de *Jemmapes*, situé près de l'oued Fendeck, et vient aboutir à *El-Harrouch*, à six lieues au sud de Philippeville ; ce village, qui compte 400 habitants, est situé à l'entrée de la riche vallée du Saf-Saf, qui a 18 à 20,000 hectares de superficie ; on y a créé les centres de population de *Saint-Charles, Robertville, Gastonville* et *Condé ;* ce dernier village, qui est plus connu encore sous le nom arabe de *Smendou*, forme la deuxième étape de Philippeville à Constantine.

## LA CALLE

Deux chemins conduisent de Bône à la Calle : la route, par la diligence, en onze heures, et le sentier arabe.

Par la route, le seul endroit d'un peu d'importance que l'on rencontre est le village de *Morris*, chef-lieu de commune de 2,400 habitants, parmi lesquels on compte 530 Français.

Par le sentier, on passe au *Tarf*, où anciennement les spahis avaient une smala.

La *Calle* est la première ville française que l'on rencontre en arrivant de Tunisie. — Elle est bâtie sur un rocher isolé, rattaché au continent par un petit isthme de sable bas et étroit que la mer franchit par les gros temps. — C'est dans cette ville que l'ancienne compagnie d'Afrique, pour la pêche du corail, avait établi son siège au commencement du XVII$^e$ siècle ; elle est aujourd'hui érigée en commissariat civil et centre d'un cercle militaire. — Sa population est évaluée à 300 habitants. Ses environs se font remarquer par un luxe d'eau et de verdure assez rare en Afrique.

Trois lacs, éloignés moyennement de la ville de deux kilomètres et demi, et très rapprochés les uns des autres, tracent autour d'elle comme un large canal ; au-dessus de ces trois bassins se déploie un large éventail de forêts, où domine le chêne-liège, dont on peut évaluer la contenance à 40,000 hectares.

Les ruines du *Bastillon de France*, premier établissement des Français en Algérie, se trouvent à quelques lieues à l'ouest de la Calle.

## GHARDIMAOU (TUNISIE)

Un chemin de fer relie la province de Constantine à la Tunisie, de telle sorte qu'aujourd'hui toutes les principales villes du littoral correspondent par une voie ferrée.

Après avoir passé *Duvivier*, où est l'embranchement de la ligne de Constantine, on arrive à Souk-Ahrras.

La ville de *Souk-Ahrras* compte environ 4,500 habitants ; elle est bâtie sur un plateau mamelonné, à 700 mètres d'altitude. C'est là que s'élevait l'ancienne ville de *Thagaste*, patrie de saint Augustin.

Depuis la création d'un chemin de fer, toute cette région a pris une importance énorme, et le commerce, qui jusque-là était resté stationnaire, s'est développé dans de grandes proportions. Les vins de ce pays sont très renommés, aussi la plantation et l'entretien des vignes sont-ils les principales occupations des colons.

*Ghardimaou* (R'ardimaou) est le premier village que l'on rencontre en arrivant en Tunisie par le chemin de fer.

De Constantine à Ghardimaou, le trajet se fait en sept heures quarante-cinq minutes (165 kil.), et de Ghardimaou à Tunis, en sept heures quinze minutes (189 kil.).

## DE CONSTANTINE A BISKRA

Une ligne ferrée est en ce moment en construction, et conduira bientôt à Biskra ; jusqu'à ce jour, elle n'est livrée au public que jusqu'à El-Kantara, c'est-à-dire sur un parcours de 168 kilomètres.

A part *Batna*, on ne rencontre sur cette ligne aucun point qui mérite d'être cité ; cependant, les voyageurs qui désireraient visiter le *Medr'asen*, monument funéraire des rois de Numidie (d'après Léon Renier), devront s'arrêter à *Aïn-Yacout*, à 65 kilomètres de Constantine, où ils trouveront des mulets, seul moyen de transport pour se rendre à 9 kilomètres de cet endroit, où se trouve le monument.

Le *Medr'asèn*, qui rappelle le *Tombeau de la Chrétienne* de la province d'Alger, par la grandeur de ses proportions, le caractère de son architecture et le mystère de son origine, mérite à un haut degré l'attention des archéologues.

Malgré les fouilles et les recherches qui ont été faites à différentes reprises, on n'a pu jusqu'ici définir d'une façon certaine la destination de cet édifice, et le docteur Leclère, dans une étude sur le Medr'asen, dit pour conclusion : « La famille de Massinissa régna pendant deux siècles sur le pays, dont le Medr'asen occupe à peu près le centre ; ce fut elle incontestablement qui le fit édifier. Toute autre hypothèse est interdite pour l'histoire. Mais quelle fut l'époque de cette édification ? Nous en voyons deux entre lesquelles on pourrait hésiter : les dernières années de Massinissa et le règne de Micipsa. Nous admettrions de préférence cette dernière »

## BATNA

La ville de Batna est d'origine récente ; elle fut construite sur l'emplacement occupé en 1844 par un camp destiné à protéger la route du Tell au Sahara et à dominer l'Aurès.

Jusqu'en 1848, les constructions groupées autour du camp augmentèrent peu à peu et formèrent une ville connue d'abord sous le nom de *Nouvelle-Lambèse* ; ce n'est qu'en 1849 que celui de *Batna* (bivouac) lui fut définitivement donné.

Aujourd'hui, le camp est transformé en une espèce de forteresse dans laquelle sont réunis les casernes, l'hôpital, les magasins et les différents services militaires.

La ville, quoique détruite pendant l'insurrection de 1871, a été en partie reconstruite depuis ; les rues sont larges, bordées de platanes, et les maisons, qui n'ont généralement qu'un rez-de-chaussée, sont bien alignées. Les environs de Batna sont excessivement intéressants pour les touristes et particulièrement pour les savants ; on peut citer entre autres : *Lambèse*, à 11 kilomètres de Batna, et *Timgad*, à 37 kilomètres, où de nombreux monuments romains ont été conservés.

VILLAGE ET GORGES D'EL-KANTARA

## EL-KANTARA

*El-Kantara* est la première oasis que l'on rencontre en se dirigeant dans le sud de la province de Constantine ; c'est un endroit des plus pittoresques où s'élève un pont d'une seule arche, de construction romaine, et qui, par sa possession, rendrait maître du passage reliant le Tell au Sahara.

Cette oasis renferme 20,000 palmiers qui sont disséminés autour de trois villages composés d'une population d'environ 2,000 âmes.

Les gorges d'El-Kantara, citées comme une des curiosités de la province, sont très intéressantes à parcourir ; les points de vue les plus pit-

toresques y abondent. Les ruines que l'on rencontre çà et là prouvent, d'une façon indiscutable, que El-Kantara, le *Calceus Herculis* des Romains, devait être, à cette époque, une position militaire importante.

La route qui conduit d'El-Kantara à Biskra (56 kilomètres) est des plus curieuses ; elle côtoie plusieurs villages arabes accrochés sur le flanc des montagnes et qui ne sont accessibles qu'au moyen de cordes ou d'échelles.

*Biskra*, première ville importante du Sahara de Constantine, est décrite dans la quatrième partie de cet ouvrage.

BISKRA. — UNE RUE DANS L'OASIS.

## DE SÉTIF A BOU-SAÀDA

De Sétif, on peut se rendre dans le sud de la province d'Alger, à Bou-Saàda, en passant par *Bordj-Bou-Areridj* et *M'sila*; il y a là environ 195 kilomètres à parcourir sur une route muletière, mais on peut en faire une partie en chemin de fer, c'est-à-dire de Sétif à Bordj-Bou-Areridj (69 kilomètres).

### M'SILA

La fondation de M'sila date de l'an 925 de J.-C.; ce fut une des villes les plus importantes du Zab, mais, comme ses voisines, elle subit l'influence des différentes occupations et déchut rapidement.

Aujourd'hui, M'sila ne présente rien de particulier, et, pour la dépeindre exactement, nous empruntons à M. E. Vayssettes le passage suivant :

« Les rues, comme dans tous les villages kabyles ou sahariens, sont tortueuses, raboteuses, se terminant généralement en cul-de-sac, mais plus malpropres encore ici que partout ailleurs.

« La ville de Pise s'enorgueillit à bon droit de sa tour inclinée. Eh bien! M'sila en renferme non pas une, mais au moins dix de ce genre. Ce sont ces minarets formés de cubes de touba, étayés les uns sur les autres, au moyen de rondins sur lesquels ils reposent, se rétrécissant à mesure qu'ils s'élèvent et conservant leur aplomb, bien qu'il y ait au moins un mètre d'inclinaison du sommet à la base. Il est vrai que le mérite peut bien en être rapporté au temps plutôt qu'à un plan arrêté d'avance par l'architecte, mais le fait existe.

« C'est dans l'une des dix-sept mosquées de M'sila, celle de Bou-Djemelein, le patron de l'endroit, qu'on voit la tombe du malheureux Naâman, bey de Constantine, qui fut étranglé en ce lieu par ordre de son compétiteur Tchakeur-Bey. Une double rangée de briques sur champ compose seule le mausolée, où d'ailleurs on ne lit aucune épitaphe, rien qui rappelle la mémoire de l'illustre défunt. »

*
* *

On trouvera, dans la quatrième partie de cet ouvrage, la description de *Bou-Saâda*.

# ITINÉRAIRES

## LES ENVIRONS DE CONSTANTINE

| | KIL. | | KIL. |
|---|---|---|---|
| De Constantine au Hamma | 7 | Le Chettâba Arsacal | 29 |
| Pont d'Aumale | 3 | — El-Goulia | 29 |
| Salah-Bey | 6 | De Constantine à Rouffach | 27 |
| L'Oued-Begrat | 12 | Belfort | 34 |
| Direction de Kheneg | 24 | Altkirch | 42 |
| Direction de Oudjel | 27 | Ribeauvillé | 49 |
| Le Pont d'Aumale | 3 | Eguisheim | 55 |
| Salah-Bey | 6 | Obernai | 63 |
| L'Oued-Begrat | 12 | Le Polygone | 2 |
| Direction de Kreneg | 24 | Fedj-Allah-ou-Akkar | 8 |
| Direction de Oudjel | 27 | Aïn-el-Bey | 15 |
| Aïn-Smara | 18 | Sidi-Mabrouk | 3 |
| Le Chettâba R'ar-ez-Zemma | 23 | L'Hippodrome | 4 |
| — Aïn-Kerma | 28 | | |

## DE CONSTANTINE A ALGER

(Voir, dans la *Province d'Alger*, l'itinéraire d'Alger à Constantine.)

## DJIDJELLI

| | KIL. | | KIL. |
|---|---|---|---|
| De Constantine à Mila | 42 | Fedj-Chahena | 81 |
| L'Oued-Endja | 53 | L'Oued-Nil | 92 |
| Col d'El-Beïssen | 58 | Strasbourg | 96 |
| L'Oued-el-Ouldja | 67 | Duquesne | 100 |
| Bordj-el-Arba | 73 | *Djidjelli* | 109 |

## COLLO

| | KIL. | | KIL. |
|---|---|---|---|
| De Constantine au Col des Oliviers | 41 | Souk-el-Tleta | 65 |
| Oued-el-Kranga | 53 | Tamalous | 78 |
| | | *Collo* | 97 |

## BOUGIE

| | KIL. | | KIL. |
|---|---|---|---|
| Sétif à Fermatou | 6 | Bordj du Kaid-Hassen | 64 |
| El-Ouricia | 12 | Souk-el-Etnin | 79 |
| Col d'Aïn-Gouaoua | 18 | Cap Aokas | 91 |
| Amoucha | 26 | Oued-Marsa | 99 |
| Takitount | 38 | Oued-Souman | 109 |
| Tizi-N'Bechar | 43 | Oued-S'rir | 111 |
| Kerrata | 54 | *Bougie* | 113 |

## BONE

| | KIL. | | KIL. |
|---|---|---|---|
| De Constantine à Le Kroub | 16 | Petit | 139 |
| Bou-Nouara | 30 | Nadow | 151 |
| Aïn-Abid | 42 | *Duvivier* | 164 |
| Aïn-Begada | 57 | Oued-Fraro | 171 |
| Oued-Zemati | 68 | Saint-Joseph | 178 |
| Bordj-Sabat | 84 | Barral | 189 |
| Aïn-Taïba | 95 | Mondovi | 195 |
| *Hammam-Meskroulin* | 111 | Randon | 200 |
| Medjez-Ahmar | 117 | Duzerville | 208 |
| *Guelma* | 131 | *Bône* | 129 |
| Millesima | 134 | | |

## DE BONE A PHILIPPEVILLE

| | | KIL. | | KIL. |
|---|---|---|---|---|
| De Bône à Aïn-Mokra | chemin de fer | 33 | Jemmapes | 72 |
| | | | Saint-Charles | 94 |
| | route | 32 | *Philippeville* | 113 |

## DE CONSTANTINE A BISKRA

| | KIL. | | KIL. |
|---|---|---|---|
| Aïn-M'lila | 30 | El-Biar | 108 |
| Aïn-Feurchi | 40 | Caravansérail des Ksour | 124 |
| Auberge de Boutinelli | 44 | Aïn-Touta | 130 |
| Lacs Tinsilt | 47 | Les Tamarins | 139 |
| Aïn-Yacout | 65 | El-Kantara | 163 |
| La Fontaine Chaude | 73 | La Fontaine des Gazelles | 181 |
| Madher | 81 | El-Outaïa | 191 |
| Ferdis | 87 | La ferme Dufour | 201 |
| Batna | 98 | Biskra | 218 |

# TABLE

|   | PAGES |
|---|---|
| La Province de Constantine | 113 |
| Les Khouans ou confréries religieuses | 119 |
| Les Aissaoua | 125 |
| La prière des musulmans | 127 |
| Les Berranis | 129 |
| La chasse aux lions | 131 |
| Constantine, description et historique | 137 |
| Les environs de Constantine | 153 |
| De Constantine à Philippeville (Philippeville) | 161 |
| De Constantine à Alger (Sétif, El-Milia) | 163 |
| La petite Kabylie (Les gorges du Chabet-el-Akhra, Bougie, les Beni-Mansour, Djidjelli, Collo) | 167 |
| L'Aurès (Krenchela, Tébessa) | 173 |
| De Constantine à Bône | 179 |
| Bône | 181 |
| Histoire de Yousouf | 188 |
| De Bône à Philippeville | 193 |
| La Calle, Ghardimaou (Tunisie) | 195 |
| De Constantine à Biskra | 197 |
| Batna (les gorges d'El-Kantara, Biskra) | 198 |
| De Sétif à Bou-Saâda | 201 |
| Principaux itinéraires | 203 |

LA
# PROVINCE D'ORAN

## III. — LA PROVINCE D'ORAN

Physionomie générale de la province d'Oran. — Les juifs. — Les maures. — Les mariages indigènes. — Makhzen et goum. — L'armée d'Afrique. — Le Ramadan. — La diffa. — Les mirages. — Les sauterelles. — Oran, son histoire, ses environs. — Description et historique des principales villes : **Arzew, Mascara, Mostaganem, Nemours, Relizane, Sidi-bel-Abbès, Tiaret, Tlemcen,** etc. — Les cascades d'El-Ourit. — Le combat de Mazagran. — Legendes arabes, etc., etc. — Principaux itinéraires.

# LA PROVINCE D'ORAN

La province d'Oran, moins connue jusqu'ici que celles d'Alger et de Constantine, a subi, depuis une dizaine d'années, de nombreuses transformations; le dernier soulèvement du Sud Oranais (Bou-Amana, 1881), a contribué pour une bonne part à ce changement, car si le gouvernement s'est décidé à construire une ligne ferrée dans ces régions jusqu'alors peu fréquentées, c'est surtout au point de vue stratégique.

Aujourd'hui, les Européens peuvent sans crainte s'éloigner du littoral et se répandre sur les Hauts-Plateaux. Le chemin de fer qui conduit à Aïn-Sefra, point terminus où l'on irait en vingt-quatre heures, si les trains circulaient la nuit, traverse la province dans toute sa profondeur, assure la tranquillité aux tribus amies dispersées dans un pays qui, lors des insurrections, fut le théâtre de scènes de massacre et de dévastation dont les traces matérielles n'ont pas encore disparu, et offre le précieux avantage de pouvoir atteindre, sans aucune fatigue, la région du Sahara, située à vingt-deux jours de marche de la mer.

L'alfa.

Au point de vue de la population, la province d'Oran diffère entièrement des autres ; l'élément européen y est surtout représenté par les Espagnols qui s'occupent principalement de l'exploitation de l'alfa ; les Juifs et les Maures y sont aussi en grande quantité, et cela se comprend facilement, en raison des nombreuses incursions dont ce pays fut en butte, à toutes les époques de son histoire, de la part de ses voisins du Maroc et de l'Espagne.

Les Hauts-Plateaux et l'extrême Sud de cette province sont appelés à devenir avant peu un nouveau centre de colonisation, laissant même de côté l'exploitation de l'alfa, plante avec laquelle on fabrique aujourd'hui des ouvrages de sparterie, des tissus, des cordages, et surtout de la pâte à papier. Cette région présente de vastes étendues où l'on peut faire l'élevage méthodique et en grand des moutons, comme il se fait dans certaines contrées de l'Amérique ; d'ailleurs, cette industrie est déjà pratiquée par les tribus nomades, mais dans des proportions insignifiantes.

## DESCRIPTION GÉNÉRALE

La province d'Oran, située entre celle d'Alger et le Maroc, a une superficie d'environ 11,552,800 hectares, dont 4,750,000 dans le Tell.

Sa longueur, du nord au sud (d'Arzew à Figuig, qui est à peu près sa limite extrême dans le sud), est de 560 kilomètres. Sa longueur, sur le littoral (de l'Oued-Kiss, à l'Oued-Aberri), est de 360 kilomètres environ.

*\*\**

Les principaux massifs montagneux de cette province, sont :

Le massif des *Traras,* dont le point culminant est le *Filhaoussen* (1,158 mètres d'altitude), le massif volcanique d'*Aïn-Temouchent* dont le plus haut sommet est le *Seba-Chiourk* ( 666 m. d'alt.); le massif d'*Oran*, qui comprend de nombreux mamelons dont le plus élevé, l'*Observatoire*, ne dépasse pas 588 mètres; le massif des *Beni-Snouss*, avec le Ras-Ashfour (1.589 m. d'alt.); le massif de *Tlemcen* avec le *Nador* (1,560 m. d'alt.); le massif de *Tessali*, dont le point le plus élevé est le *Djebel-Tessala* (1,063 m.); le massif du *Dahra*, dont le point culminant, le *Djebel-Tachta*, n'a que 786 mètres d'altitude.

Dans la région des *Hauts-Plateaux*, on trouve :

Le *Djebel-Mekaïdou* (1,470 mètres d'altitude); le *Djebel-Ouazenne* (1,440 m. d'alt.); le *Djebel - Termaten* (1,340 m. d'alt.), et le *Djebel-Chemakr* (1,419 m. d'alt.).

Au sud des chotts Rarbi et Chergui, se trouvent :

Le *Djebel-Antar*

(1,678 mètres d'altitude); le *Djebel-el-Biod* (1,521 m. d'alt.), le *Garet-el-Krachaoua* (1,269 m. d'alt.), le *Djebel-Sid Okba* (1,642 m. d'alt.), et le *Djebel-Gourou* (1,650 m. d'alt.).

Enfin, le *massif saharien* dont les points les plus élevés sont :

Le *Djebel-Touïla* (1,937 m. d'alt.); le *Djebel-Merkeb* (1,494 m. d'alt.) et le *Djebel-Bou-Moukla* (1,179 m. d'alt.)

\* \*

Entre ces nombreux massifs, s'étendent les plaines de *Zeydour*, des *Andalouses*, d'*Oran*, de la *M'léta*, du *Tlélat*, du *Sig*, du l'*Habra*, *Occidentale du Chéliff*, de la *Mékerra*, d'*Egriss*.

La plus grande partie des plaines du Tell sont cultivées, sillonnées de nombreuses routes et bien arrosées par de nombreux canaux.

Les Hauts-Plateaux sont couverts d'alfa, plante exploitée par plusieurs compagnies qui, ainsi que nous l'avons déjà dit, emploient là un grand nombre d'ouvriers espagnols.

\* \*

Les principales forêts de cette province, où l'on trouve le chêne-liège, le chêne vert, le pain d'Alep et le thuya, sont situées dans la région des Hauts-Plateaux; elles couvrent une étendue d'environ 160.000 hectares et s'étendent aux environs de Tiaret, de Frenda, de Sainte-Barbe du Trélat, de Mascara, de Sidi-bel-Abbès, de Sidi-Ali-ben-Youb, (Chanzy), de Daya, de Saïda, de Tlemcen et de Sebdou.

\* \*

Les cours d'eau les plus importants dans le Tell sont : l'*Oued-Kiss*, dont l'embouchure sépare le Maroc de l'Algérie; la *Tafna*, dont le cours est de 146 kilomètres; le *Rio-Salado*, qui arrose la région d'Aïn-Temouchent; la *Macta*, formée du *Sig* et de l'*Habra*; le *Chéliff*, qui reçoit l'*Oued-Riou*, l'*Oued-Djidiouia*, et la *Mina*.

Dans le Sahara se trouvent l'*Oued-el-Namous*, l'*Oued-el-Kebir*, l'*Oued-Seggeur* et l'*Oued-Zergoun*.

\* \*

Les lacs et chotts formés par les eaux pluviales et celles des oueds en sont pas si nombreux dans cette province que dans celle de Constan-

**ARABE DE LA FRONTIÈRE DU MAROC**

(d'après Couverchel)

tine; on ne compte que trois lacs, le lac salé de *Sidi-Bouzian*, le lac d'*Oran* et le lac *d'Arzew*; et deux chotts, le chott *El-R'arb*, et le chott *El-Chergui*.

* * *

Comme curiosités naturelles, on peut citer particulièrement, les belles cascades d'*El-Ourit*, celles de *Hourara*, de *Tiguiguest*, de *Tagremaret* de l'*Oued Fekan*, de l'*Isser occidental* et de *Mazouna*.

Les sources de *Aïn-Sefra*, *Aïn-Merdja*, *Aïn-Fekon*, *Aïn-Tifrit*, *Aïn-el-Hadjar*, *Nazereg* du *Sig*, *Aïn-Tellout*, *Aïn-Sultan*, *Aïn-Isser*, *Aïn-Sidi-Brahim*, de la *Tafna*, du *Keirder* et les deux belles fontaines de *Chanzy*, dites Aïn-Skhonna et Aïn-Mekareg.

* * *

Le climat de cette province, après avoir été des plus meurtriers, a été considérablement amélioré par suite des travaux d'assainissement qu'on y a exécutés et des nombreux arbres qu'on y a plantés; la température est un peu plus élevée que celle des autres provinces, la moyenne est de 14° sur le littoral, de 16° dans le Tell, de 19° sur les Hauts-Plateaux, et varie de 5 à 45, et même au-dessus, dans le Sahara.

## LES JUIFS

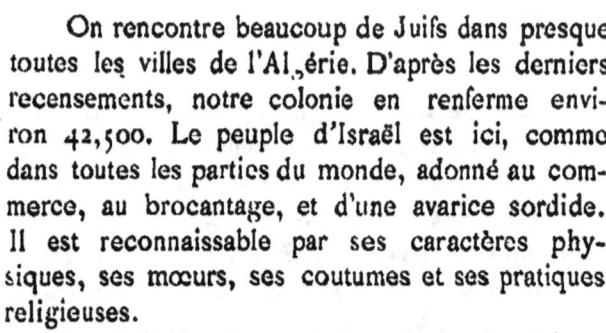

On rencontre beaucoup de Juifs dans presque toutes les villes de l'Algérie. D'après les derniers recensements, notre colonie en renferme environ 42,500. Le peuple d'Israël est ici, comme dans toutes les parties du monde, adonné au commerce, au brocantage, et d'une avarice sordide. Il est reconnaissable par ses caractères physiques, ses mœurs, ses coutumes et ses pratiques religieuses.

Les Juifs paraissent s'être réfugiés en Afrique après la ruine de la Judée par l'empereur Vespasien; mais ceux d'Alger font sur leur venue dans ce pays un conte des plus ridicules, et dont cependant toutes les parties sont pour eux des articles de foi. « Quand les musulmans possédaient l'Espagne, disent-ils, ils nous avaient permis d'habiter parmi eux, de nous livrer au commerce, et d'exercer librement notre sainte religion. Lorsque les chrétiens les eurent chassés, et eurent reconquis ce beau pays, ils nous laissèrent tranquilles pendant quelque temps; mais envieux des richesses que nous avions amassées par notre travail, ils ne tardèrent pas à nous tyranniser. En 1390, le grand rabbin de Séville, Simon-Ben-Smia, fut chargé de fers et jeté en prison, avec soixante des principaux chefs des familles juives. Cet acte arbitraire fut le signal de cruautés encore plus grandes que celles que nous avions éprouvées jusque-là. La mort du rabbin et de ses compagnons d'infortune fut ordonnée, et ils allaient être exécutés, lorsque le ciel les délivra par un de ces miracles dont nos annales offrent tant d'exemples.

« Tous ceux qui étaient avec Simon, voyant approcher leur dernière heure, accablés de douleur, s'abandonnaient au désespoir; mais ce grand homme restait calme, et semblait se résigner avec courage à son malheureux sort. Tout à coup, ses yeux se remplirent de feu, sa figure s'anima, et un rayon de lumière brilla autour de sa tête; dans ce moment, il prit un morceau de charbon, dessina un navire sur la muraille, et se tournant ensuite vers ceux qui pleuraient, il leur dit d'une voix forte : « Que « tous ceux qui croient en la puissance de Dieu et qui veulent sortir « d'ici à l'instant même mettent avec moi le doigt sur ce vaisseau. » Tous le firent, et aussitôt le navire dessiné devint un navire véritable, qui se mit de lui-même en mouvement, traversa les rues de Séville, au grand étonnement de tous les habitants, sans en écraser un seul, et se rendit droit à la mer avec tous ceux qui le montaient. Le vaisseau miraculeux fut conduit par le vent dans la rade d'Alger, ville qui n'était alors habitée que par des mahométans. Sur la demande que leur firent les Juifs de s'établir parmi eux, les Algériens, après avoir écouté le récit de la manière miraculeuse dont les Juifs avaient échappé à la cruauté des chrétiens, consultèrent un marabout fameux qui vivait à Miliana. Sur sa réponse qu'il fallait accueillir les enfants d'Israël, ils eurent la permission de débarquer, et les habitants, ayant à leur tête les chefs de la religion et de la loi, sortirent en foule pour les recevoir. »

On accorda aux juifs tous les privilèges dont ils avaient joui en Espagne sous l'empire des Maures; ils obtinrent même le droit de faire des liqueurs et du vin. Toutes les conditions du traité furent écrites sur un parchemin que les rabbins d'Alger conservent encore dans leurs archives.

Mais quand les Turcs se furent emparés de cette ville, leur despotisme, qui s'étendit bientôt sur tous les habitants, de quelque religion qu'ils fussent, s'appesantit particulièrement sur les Juifs; le peuple d'Israël devint encore esclave, et ses fers ne furent brisés que par l'armée française qui détruisit la puissance algérienne.

TYPE JUIF

Les mœurs et les usages des Juifs de ces contrées sont presque les mêmes qu'au moyen âge. Le costume féminin est un mélange hétéroclite des modes anciennes du nord de l'Europe et de celles de l'Orient. Le *Yémêni* qui serre le front et barre hermétiquement le passage aux cheveux, est la coiffure de rigueur pour les femmes mariées.

Les Juives ne se tatouent pas le visage, la *Bible* leur interdit ce genre d'ornement ; elles sont en général remarquables par la blancheur de leur teint. Comme elles ne quittent point la maison (c'est le mari négociant qui court au dehors), elles ne cherchent pas à briller, et se contentent du confortable pour leur accoutrement. L'élégance de leur costume s'en ressent ; la plupart du temps, il est fait de tissus assez grossiers, et il n'a pas la coupe gracieuse de celui des Mauresques, bien qu'il leur soit emprunté en grande partie. Le corsage n'est pas taillé pour soutenir la gorge comme chez ces dernières, et les Juives l'ayant communément volumineuse, à défaut de goût, de soins, quoiqu'il y en ait nombre de fort jolies, leur fait de bonne heure le plus grand tort. Leurs longues jupes ne laissent voir que le bas de la jambe nue et le pied chaussé de pantoufle sans quartier, ne recouvrant que les doigts. Elles portent des caleçons, et lorsqu'elles sortent, enveloppées depuis le haut du bonnet jusqu'aux talons, elles ne se cachent que la moitié du visage, se conformant ainsi à un usage antérieur à l'islamisme, car il proviendrait des anciens peuples idolâtres de l'Asie et de l'Afrique.

Actuellement, les Juives du Sud, seules, continuent à sortir avec le visage voilé ; celles du littoral et des grandes villes ont complètement abandonné cette coutume, et beaucoup d'entre elles, même, s'habillent à l'européenne.

# LES MAURES

Sous la dénomination de *Maures*, on peut distinguer trois peuples différents :

1° Les habitants de l'ancienne Mauritanie, qui sont les Maures pro-

prement dits, ancêtres présumés des Amarzighs qui habitent actuellement le Maroc.

2° Les Arabo-Maures qui occupèrent l'Espagne, du VIIIᵉ au XVIᵉ siècle.

3° Les Berbères actuels, qui paraissent issus d'un mélange de Maures avec les Arabes.

Nous ne nous occuperons donc ici que de ceux qui nous intéressent, c'est-à-dire des Maures actuels ou Berbères.

Fille de la terre africaine, en ce sens du moins que les plus vieilles traditions, les monuments les plus anciens nous la montrent dans les mêmes lieux et qu'on ne lui connaît pas d'origine étrangère, la race berbère, autrefois compacte et souveraine, aujourd'hui éparse et déshéritée, primitivement couvrait toute cette zone du continent qui se développe en un arc immense depuis la mer des Indes et la mer Rouge jusqu'aux colonnes d'Hercule et à l'Atlantique.

Selon les contrées que les Berbères occupèrent dans cette vaste étendue, ils reçurent des Égyptiens et des Phéniciens, et après eux, des Grecs et des Romains, les diverses appellations de Eybiens, de Numides et de Maures.

« Ils formèrent, dit M. Henri Duvergier, la population primordiale des vastes territoires que le Nil arrose ou traverse, de même qu'ils occupèrent les fertiles vallées que l'Atlas domine. Mais, à l'exception de l'Egypte, dont les obscures origines ne projettent aucune clarté sur les temps antiques, elle ne se constitua nulle part en corps politique et régulier. »

Comme les populations éternellement nomades de la haute Asie, la race berbère restera partout enchaînée à la vie pastorale. Aussi voit-on, d'époque en époque, ses éléments plutôt juxtaposés que cimentés par des rapports intimes, se désagréger, se déplacer, parfois se perdre et disparaître sous la pression des invasions étrangères. Ce sont d'abord les Carthaginois; après les Carthaginois, les Romains; après ceux-ci, les Grecs de Byzance; puis, les Vandales, ensuite les Arabes, et plus tard, les Turcs ottomans dont la domination barbare s'est affaissée devant le drapeau de la France.

De ces dominations successives, antérieures à 1830, une seule, la domination arabe, a laissé dans ce pays, à côté des Aborigènes, un second élément de population dans des proportions considérables.

C'est vers le milieu du xi° siècle, quatre cents ans après la première apparition des musulmans dans l'Afrique romaine et leur première prise de possession, qu'un nouveau flot de tribus arabes déborda sur le Maghreb, extermina ou refoula une grande partie des Berbères de la côte, s'empara des plaines et des plus riches vallées et y forma la souche de trois millions d'Arabes qu'on y voit actuellement.

De cette époque date la distribution des Berbères, telle que nous la voyons aujourd'hui, entre les Syrtes et l'Atlantique. C'est dans ce vaste espace que sont disséminés les débris de ce qui fut autrefois la nation berbère. Elle y forme trois groupes principaux, si l'on peut appliquer ce terme à une telle dissémination, distingués par les noms différents : les Berbères du Maroc ou *Chellouch ;* ceux de l'Atlas algérien ou *Kabyles ;* et ceux du désert ou *Touaregs* (Larousse).

MAURE ALGÉRIEN.

Dans le reste de l'Afrique septentrionale, et même au Maroc, on appelle particulièrement Maures les habitants des villes, surtout sur le littoral; détritus indéterminé de toutes les races qui s'y sont succédé, chez lesquelles brillent encore d'un certain éclat les souvenirs et les vestiges de la splendeur acquise en Espagne. Dans les générations qui se sont transmis ce nom, il y a plus souvent tradition de résidence, d'habitudes et d'intérêts que tradition de sang. Les Maures de notre temps se livrent au commerce, exercent de petites industries, habitent leurs maisons de ville fermées comme des prisons, possèdent et font cultiver des biens de campagne. Beaucoup parmi eux sont remarquables par la beauté de la figure, l'ampleur élégante de la démarche, du costume et des manières. Ils ont généralement la peau plus blanche, le visage plus plein, le nez moins aigu, le profil moins anguleux, les cheveux plus fins, tous les traits de la physionomie moins accentués que les Arabes, parmi lesquels pourtant un grand nombre d'entre eux se sont recrutés anciennement : effets naturels du séjour des villes. Leurs femmes appelées *Mauresques* sont blanches et souvent fort belles : par leur alliance avec les Turcs, elles ont donné naissance à la famille des Koulouglis, dans les trois anciennes régence d'Alger, de Tunis, et de Tripoli. Au Maroc, l'origine berbère domine parmi les Maures des villes, quoiqu'elle soit atténuée par une éducation et des mœurs qui ont adouci la rusticité sauvage de la population des campagnes. A Alger les origines berbères, espagnoles et arabes se partagent la classe des Maures qui décline de jour en jour au contact des Français dont la présence a fait renchérir la vie matérielle, tout en diminuant les revenus antérieurs qui se puisaient dans la propriété des maisons et des terres, dans l'industrie et le commerce. A Tunis, un nouvel élément se combine aux précédents : ce sont les descendants des Arabes qui, de Sicile, repassèrent en Afrique, chassés par les princes chrétiens.

Dans ces deux villes, beaucoup de Maures ont du sang européen ou asiatique dans les veines, par suite de la conversion à l'islamisme de captifs ou d'aventuriers espagnols, grecs, italiens, circassiens. On trouve çà et là des groupes qui portent encore le nom d'*Andalous*, en souvenir du séjour de leurs pères en Andalousie, et qui montrent avec un orgueil navré les clefs de leurs maisons de Grenade et de Cordoue. A Tripoli, l'élément arabe domine presque exclusivement : là se trouve, en effet, la station la plus rapprochée de l'Égypte et de l'Arabie, ses foyers primitifs. A mesure que de l'est on avance vers l'ouest, son influence diminue comme sa proportion matérielle, et le type berbère, maure ou kabyle reprend le dessus, qu'il conserve surtout au Maroc.

Si les Maures sont les hommes les plus doux de la Barbarie, ils sont aussi les plus paresseux : ils passent la plus grande partie de leur temps, les jambes croisées sur un banc ou sur une natte de joncs, à fumer leur pipe et à prendre du café. Ils sont très religieux et s'acquittent fort exactement de toutes les pratiques que leur impose le Koran. Quand l'heure de la prière sonne, ils se prosternent partout où ils se trouvent et prient avec la plus grande ferveur, en faisant tous les baisements de terre et les salutations voulues, sans s'inquiéter en aucune façon de ceux qui les environnent.

LES MAURES (d'après H. Vernet).

LES MAURESQUES

Le nom de Mauresques est donné aujourd'hui aux femmes indigènes qui habitent les principales villes de l'Algérie ; bien peu d'entre elles sont de véritables Mauresques issues des vieilles familles venues d'Espagne ; elles sont, pour la plupart, d'origines très variées et ne doivent le nom qu'on leur donne qu'au costume qu'elles portent.

C'est d'ailleurs à ce costume que ces soi-disant Mauresques doivent aussi tous leurs succès, car il ne faut pas se dissimuler qu'à part quelques exceptions, elles ne méritent pas la réputation de beauté qu'on se plaît généralement à leur faire. Le pantalon et la veste brodés jouent un grand rôle dans leur existence, aussi comprend-on difficilement qu'il y en ait parmi elles qui consentent à échanger de temps en temps leur costume oriental contre un costume européen.

Rien dans leur personne n'autorise une semblable fantaisie, les imperfections de leurs formes si bien cachées par l'ampleur du saroucil (pantalon bouffant), par la ceinture et par le corsage, ressortent alors d'une façon d'autant plus sensible, qu'elles possèdent souvent un énorme embon-

point fort estimé, paraît-il, parmi les Maures, qui considèrent ce charme comme supérieur aux agréments de la figure et à la régularité des traits; mais qui, à nos yeux, ne peut que les rendre fort disgracieuses.

Afin de plaire à leurs époux et maîtres, ces femmes ne savent qu'inventer pour engraisser ; quand la vie du harem, oisive, sédentaire, ne suffit pas, on mange force farineux et, dit-on, toutes sortes de choses étranges, comme les Scarabées, dont usent les Égyptiennes qui sont dans le même cas. En général, ces Mauresques du *farniente* engraissent jusqu'à acquérir des formes assez exubérantes pour être gênées dans leur marche; cela prête à leur allure habituelle une physionomie particulière, celle des cannes de basse-cour. Par une affectation de ton, les femmes qui n'ont pu parvenir à se procurer les inconvénients physiques qui occasionnent cette démarche, ne manquent pas de prendre la tournure forcée des autres ; cela leur sert à se distinguer des femmes des basses classes dont la démarche est aisée et agile.

La véritable Mauresque, celle qui a conservé le type de ses ancêtres, est très jolie lorsqu'elle est jeune ; svelte et délicate de formes, elle possède une tête ravissante dont les poètes orientaux ont chanté les charmes multiples sur tous les tons.

Mais tous ces avantages disparaissent vite devant le traitement énergique dont nous avons parlé plus haut et, bientôt, il ne reste plus de cette séduisante personne, que des formes lourdes et épaisses, sans

MAURESQUES

lesquelles elle ne croit pas avoir tous les charmes de la distinction.

La Mauresque que l'on rencontre le plus souvent dans les quartiers excentriques des grandes villes est des plus ordinaires; la jeunesse même ne lui accorde aucune faveur; d'allure vulgaire, de formes grossières, les traits accentués, elle ne ressemble en rien à la Mauresque de race, et si elle peut avoir quelques charmes aux yeux de ceux qui possèdent des illusions à son égard, ce n'est certainement que par son costume, par la facilité de ses mœurs et l'abandon de ses manières.

Les Mauresques ont une existence des plus insignifiantes, elles passent leur temps à prendre des bains, à faire leur toilette et à se reposer; leur intelligence, déjà peu développée, se ressent encore de ce genre de vie, aussi n'y a-t-il rien d'étonnant à ce que, dans de telles conditions, elles ne se révoltent pas contre le joug que les mœurs et les habitudes leur imposent.

C'est chez les Mauresques que se recrute les danseuses et les chanteuses sans lesquelles il n'y aurait pas de fêtes arabes; elles sont aussi indispensables que les fantasias; celles qui possèdent l'un ou l'autre de ces talents obtiennent toujours un énorme succès et sont alors entourées d'un grand nombre d'admirateurs.

Les noms les plus répandus parmi les Mauresques sont ceux de: Aïcha, Fatma, Halima, Khredoudja, Khreira, Meriem, Mimi, Mouni, Rosa, Sofia, Yamina, Zina, Zohra, etc., etc.

La Mauresque vieillit vite en raison de sa précocité; enfant, elle ne jouit d'aucun des avantages accordés aux garçons, on ne lui apprend absolument rien; la femme, chez les musulmans, est une chose, un objet, un meuble que l'on possède et qui ne doit ni penser ni agir. Si elle est de famille pauvre, elle est souvent battue et succombe sous la fatigue; si elle appartient à des parents aisés, elle est reléguée dans un coin, abandonnée aux soins d'une négresse; aussi n'aspire-t-elle qu'à la liberté. Pauvre, elle n'a qu'un seul désir, celui d'échapper au logis paternel pour se livrer à la prostitution, si toutefois ses parents ne l'ont pas déjà vendue. Riche, elle mangera, grandira, se mariera, n'ayant d'autre but que la coquetterie la plus effrénée et quelques intrigues.

Le costume habituel de la Mauresque ne se compose que d'une

chemise en gaze à manches courtes et dépassant à peine la ceinture, et d'un pantalon (serroual) en calicot blanc ou en indienne, large, bouffant, descendant au-dessous du genou ; les jambes sont nues, les pieds chaussés de babouches. Ce costume d'intérieur est souvent complété par une veste (djabadoli), espèce de brassière qui tient lieu de corset, ou par une espèce de corsage en étoffe de soie brodée d'or (zlila).

Lorsque la Mauresque porte la veste, elle noue au-dessus de ses hanches une étoffe en soie rayée, appelée *fouta* et tombant jusqu'à terre ; elle enroule alors par-dessus une ceinture en soie ou en or, dont les bouts pendent par devant.

La coiffure est formée soit d'un foulard de couleur vive, soit de la calotte brodée dont le gland long et épais s'étale sur une épaule.

Pour sortir, la Mauresque ne garde que le pantalon, la veste ou le corsage ; elle noue derrière la tête un mouchoir qui lui cache la figure à l'exception des yeux, et s'enveloppe le corps d'un haïk, pièce de laine d'une étoffe très claire et très fine, qui de loin lui donne l'apparence d'un paquet de linge.

Les Mauresques, comme les Kabyles, et en général toutes les femmes du littoral barbaresque, se décorent diverses parties du corps avec des tatouages fixes ou passagers. — Outre le *kohol* dont elles se noircissent le tour de l'œil pour l'agrandir, ainsi que l'ont pratiqué les Orientaux de tous les temps, elles emploient encore cette poudre d'antimoine pour dessiner sur leur front et leur menton de légers dessins symétriques, ou pour piquer des mouches éparses sur leur figure. Ces tracés à l'aiguille d'un noir bleuâtre durent cinq à six jours. Il y en a d'autres plus tenaces et résistant à tous les détersifs ordinaires, ou à la poussière colorante de la feuille du henné. Cette teinture, rouge-orangé est employée là, comme dans l'Indoustan ou en Perse, pour teindre les ongles et les paumes de la main ; les courtisanes en embellissent jusqu'à la plante de leurs pieds, les ongles de leurs orteils et les malléoles de leurs chevilles. Ce genre singulier de parure est principalement porté aux jours de fête, et surtout dans les célébrations de noces. Il est aussi commun aux chrétiens qu'aux musulmans.

Ainsi que les femmes arabes, et les Oulad-Naïl en particulier, les Mauresques se couvrent de nombreux bijoux. Leurs colliers, bracelets et diadèmes sont parfois très originaux et, quoique de fabrication grossière, sont faits avec une certaine recherche; les pierres qui en font le principal ornement sont quelquefois disposées avec beaucoup de goût. Les colliers de pièces d'or sont ceux qui obtiennent le plus de succès ; ils représentent généralement la fortune de leur propriétaire et servent de réclame aux yeux des admirateurs.

DANSEUSE MAURESQUE

# LES MARIAGES

Le mariage chez les Maures comme chez les Arabes n'est point une cérémonie religieuse, c'est une espèce de marché qui se fait d'une manière extrêmement bizarre.

Les hommes et les femmes ne peuvent point communiquer librement entre eux; les demoiselles qui ont atteint l'âge de puberté ne sortent jamais ou très rarement, non plus que les jeunes femmes; il n'y a que celles déjà d'un certain âge qui soient libres de sortir, le visage couvert de manière qu'on ne puisse voir que les yeux, et enveloppées de tant de draperies, qu'elles ressemblent à des paquets de linge ambulants. Les Maures ne laissent pas pénétrer leurs amis chez eux; ils les reçoivent à l'entrée de la maison, sous un vestibule où ils sont assis sur des tapis, les jambes croisées, et fumant leur pipe en prenant du café. Cette manière de vivre s'oppose à ce que les jeunes gens puissent voir les demoiselles et leur faire la cour. Les mariages se font donc par arrangement entre les parents, ou par commérage, sans que les enfants se soient jamais vus.

Il arrive quelquefois qu'un jeune homme ayant beaucoup entendu parler de la beauté et des vertus d'une demoiselle, se monte l'imagination et se prend de belle passion pour elle. Alors il emploie tous les moyens pour acquérir des renseignements sur l'objet de son amour : s'il ne peut décider sa mère à aller s'assurer par elle-même de toutes les qualités qu'il a entendu prôner, il s'adresse à une vieille femme connue pour se charger de négocier les mariages, et il y en a beaucoup en Barbarie; il lui promet des cadeaux et de l'argent si elle veut aller dans la maison de la jeune fille s'assurer de tout ce qu'il a ouï dire, et venir lui en rendre compte.

La messagère s'introduit dans la maison en prétextant une autre raison que celle qui l'amène, et, tout en causant avec les parents, elle ne manque pas de leur faire comprendre adroitement sa mission, surtout si le jeune homme est riche. Quand ceux-ci trouvent le parti avantageux, ils font à cette femme des cadeaux et de belles promesses, pour l'engager à vanter les qualités et la beauté de leur fille, et la négociatrice se trouve ainsi payée par les deux parties. De retour auprès de celui qui l'a envoyée, la vieille fait un rapport, souvent moins dicté par les charmes de celle qu'elle est allée voir, que par la manière dont elle a été traitée par ses parents : c'est là ce qui fait que beaucoup de maris trompés répudient leurs femmes peu de temps après les avoir épousées. Quand un jeune homme est satisfait des informations qu'il a fait prendre sur une demoiselle, il engage son père, ou son plus proche parent s'il n'a plus de père, à la demander en mariage.

De quelque manière que les préliminaires aient eu lieu, les pères qui sont tombés d'accord pour unir leurs enfants se rendent chez le cadi (juge), et, devant ce magistrat, ils déclarent leurs intentions et stipulent la somme que le futur est convenu de donner à son épouse. Après cette déclaration, qui est inscrite sur un registre, le cadi fait apporter de l'eau sucrée qu'il boit avec les contractants; ensuite ils se prosternent tous les trois, et adressent à Dieu une prière *(feata)* pour lui demander de bénir l'union qu'ils viennent de conclure. Avant de se séparer, les parents fixent, devant le cadi, le jour où la jeune fille sera conduite chez son époux. En attendant ce moment, elle travaille à faire une chemise et une culotte pour son mari, qui doit s'en parer le jour des noces.

Ce jour arrivé, la jeune épouse prend un bain, après lequel on la pare de ses plus beaux habits; le dedans de ses mains et le dehors de ses pieds sont teints en rouge avec du henné; on lui dessine une fleur au milieu du front; ses sourcils sont peints en noir; on dessine avec un bouchon brûlé des lignes en forme de zigzag sur ses mains; et, assise très gravement sur un divan, elle attend le coucher du soleil, époque à laquelle ses parents, ainsi que ceux de son futur, hommes et femmes, avec ses meilleures amies qui ont ordinairement assisté à sa toilette, viennent la prendre pour la conduire chez son mari. Deux vieillards prennent alors la jeune épouse par la main, et se mettent en marche vers sa nouvelle habitation, suivis de toutes les personnes réunies autour d'elle, et font entendre de temps en temps le cri de joie des Algériens : *You! you! you!* Dans la maison du futur, une chambre superbement décorée et illuminée avec des bougies et des verres de couleur, a été préparée à l'avance ; la jeune épouse y est conduite avec toutes les femmes qui l'ont accompagnée. Là, on leur sert un souper, et elles restent jusqu'à minuit à boire, manger et se divertir entre elles. Les hommes, qui sont demeurés sous la galerie, soupent ensemble dans une

Présentation des fiancés.

autre pièce. Le mari n'est point avec eux ; il mange tout seul dans une chambre à part, probablement pour que les convives ne l'excitent point à la débauche, et qu'à l'heure fixée il puisse se présenter d'une manière décente auprès de celle dont il s'est chargé de faire le bonheur. Cette heure, c'est minuit, époque à laquelle les mosquées sont rouvertes. Chacun se retire et les deux époux restent libres.

Ainsi que nous l'avons déjà dit dans la partie relative aux Arabes, les musulmans ne peuvent épouser que quatre femmes; mais il leur est permis d'avoir chez eux autant de concubines qu'il leur plaît. Les habitants des villes usent rarement de la permission que leur accorde le Koran; ils n'ont presque tous qu'une femme légitime, et la plupart n'ont point de concubines.

## MAKHZEN ET GOUMS

En outre des spahis indigènes détachés dans les bureaux arabes, le gouvernement y entretient encore des cavaliers irréguliers, chargés d'assurer le service soit comme escorte, plantons ou même interprètes à l'occasion. Leur connaissance parfaite des tribus voisines, auxquelles ils appartiennent, est d'une grande utilité pour les officiers des bureaux arabes chargés de missions administratives ou judiciaires et peut, dans beaucoup de circonstances, abréger des recherches quelquefois fort difficiles.

Ces cavaliers, en temps ordinaire, prennent le service à tour de rôle; en cas d'insurrection, leur rassemblement est aussitôt ordonné et le commandement de cette troupe est confié à un agha.

N'ayant pas de costume particulier, les goumiers, afin de ne pas être confondus avec les insurgés, portent une marque distinctive, c'est-à-dire, un cordon rouge enroulé autour de leur coiffure.

Parmi les goums les plus importants, on peut citer celui commandé par l'agha Lakdar de Laghouat, il fait partie de toutes les expéditions du Sud et se distingue chaque fois dans le service de guide, d'éclaireur ou d'avant-garde.

Dans le Sahara algérien, où les communications sont encore très difficiles, les cavaliers sont montés sur des chameaux de course (méhari) et prennent le nom de makhzen; c'est eux qui font le service de la poste, franchissant en quelques heures, grâce à leur monture, des distances qui nécessiteraient plusieurs jours de marche, même avec un excellent cheval.

Les voyageurs qui se hasardent dans ces régions éloignées peuvent, s'ils en font la demande au commandant supérieur du cercle, se faire accompagner par quelques-uns de ces cavaliers qui servent alors de guides et d'escortes.

MAURESQUE

## LES AMULETTES ET TALISMANS

Le *mauvais œil* ou *l'œil envieux*, accusé de toutes les maladies, de tous les événements fâcheux qui surviennent, c'est la croyance de tout Oriental. Ce sont les marabouts qui font et donnent les talismans, nommés *telsem*, auxquels est reconnu le pouvoir préservateur. Il y en a de beaucoup de sortes, doués de vertus particulières, servant de moyens curatifs, en grande réputation. Un médecin arabe contente son client en lui remettant un morceau de papier, un fragment de parchemin, sur lequel sont inscrits les noms de Dieu, des prophètes, certains versets du Koran. C'est toute une pharmacopée talismanique, en pierres plus ou moins précieuses, tantôt chargées d'inscriptions, tantôt non gravées, mais toutes infaillibles. Le Maure regarde la topaze (*yagout-astar*) comme un spécifique souverain contre la jaunisse et les affections bilieuses. La cornaline ou sardoine, la gemme rouge, que les Arabes nomment *hadjar-ed-dam*, pierre du sang, est excellente contre le flux de sang et l'hémorrhagie. Les nourrices manqueraient à tous leurs devoirs si elles ne portaient pas de bagues dont les chatons sont des turquoises, qui augmentent la qualité nutritive de leur lait. Le rubis fortifie le cœur, éloigne la foudre et la peste; il apaise la soif, etc. L'émeraude guérit la piqûre des vipères, ou toute autre blessure venimeuse. Elle aveugle même les serpents auxquels on la présente; elle chasse les démons et les mauvais esprits; c'est un spécifique contre l'épilepsie, les douleurs d'estomac, les maux d'yeux. Le diamant (*elmâs*) n'est pas moins utile et a des vertus analogues. La cornaline a encore d'autres qualités que celles signalées plus haut; elle calme la colère, guérit les maux de dents; elle préserve de la mauvaise fortune, est un gage de bonheur constant et de prolongation de la vie. L'hématite (*maghnâttys*) calme les douleurs de la goutte, facilite l'accouchement, détruit l'action des poisons. Le jade (*yechm*) garantit de la foudre et des mauvais rêves. Enfin, la gemme appelée œil-de-chat (*ayn-el-hor*) préserve de l'influence des mauvais regards et met à l'abri des coups du sort; bien plus, dans un combat, elle rend celui qui la porte invisible aux yeux de son adversaire, etc. Ces précieuses recettes sont consignées par un écrivain arabe, nommé *Teyfâchy*, dont le manuscrit est conservé à la Bibliothèque nationale de Paris. Cette étrange pharmacopée occupe l'ouvrage entier; tous les spécifiques y sont indiqués : contre la gale, la peste, la fièvre et la rogne, et même contre les chutes de cheval et les blessures de toute espèce.

## LE RAMADAN

Le Ramadan ou Ramazan (de Ramdham, formé de Rhamana, avoir miséricorde) est l'époque du carême des Arabes.

Les musulmans calculent leur année d'après le cours de la lune. Elle a onze jours de moins que la nôtre, puisque le mois lunaire n'est que de vingt-neuf jours douze heures; de sorte qu'au bout de trente-trois ans, le mois de Ramadan se trouve avoir parcouru toutes les saisons de l'année.

C'est pendant ce mois de carême, que les Arabes gardent l'abstinence la plus sévère, depuis le lever jusqu'au coucher du soleil. Toute boisson leur est interdite d'une façon absolue; ils ne fument pas et, lorsque, dans une ville, ils passent à côté d'un infidèle ayant aux lèvres son cigare ou sa cigarette, ils portent la main à leur bouche pour empêcher qu'un atome de fumée y pénètre.

Dans les places pourvues d'un détachement d'artillerie, un coup de canon, tiré au moment où le soleil disparaît à l'horizon, annonce aux musulmans que l'heure est venue où ils peuvent se substenter; dans les campagnes, c'est le chant du marabout qui donne ce signal.

C'est alors que les Arabes remplissent les cafés maures et se précipitent sur les aliments que les gargotiers ont soin de préparer à l'avance, en grande quantité; car, en général, si pendant ce carême, on jeûne le

jour, il n'en est pas de même la nuit, et, sous prétexte de se réconforter, les Arabes en profitent pour faire de véritables orgies.

Le *Beiram*, ou fête du mouton, termine le Ramazan.

On distingue deux sortes de Beiram : le grand, qui arrive le premier jour de la lune qui suit le Ramadan et qui dure trois jours ; le petit, que l'on célèbre soixante-dix jours après le premier et qui en dure quatre.

Pendant la fête du grand Beiram, tout travail cesse et tout le monde se livre au plaisir. Elles sont annoncées par le canon qui est bientôt accompagné du son des trompettes, des tambours et de tous les tamtams disponibles.

Des distributions sont faites dans les mosquées et attirent dans ces lieux saints une foule considérable ; partout, dans le gourbi, sous la tente, aussi bien que dans les plus riches habitations, la fin du Ramadan est fêtée ; partout, chez le pauvre comme chez le riche, le mouton est sacrifié, et tous les musulmans se livrent sans réserve aux plaisirs de la table.

Le petit Beiram est une fête essentiellement religieuse.

Le sacrifice du mouton, dans cette circonstance, doit rappeler celui que l'ange Gabriel plaça sous le couteau d'Abraham et qui sauva la vie à Isaac.

## LE COUSCOUS

Le Couscous ou, plus vulgairement, couscoussou, est un plat de viande et de farine roulées en boulettes, dont les Arabes font leur nourriture habituelle et qui, avec le msovare (mouton rôti), compose généralement la diffa.

« Dès que la récolte du blé est rentrée dans les silos, dit M. Hardy, les femmes arabes réunissent dans un lieu commode, bien aéré et exposé au soleil, la quantité de blé destinée à cette préparation, ce qui a lieu ordinairement à la fin d'août. On mouille bien ce blé, on le ramasse en un tas en plein soleil, et on le recouvre encore de pièces d'étoffe mouillée, dans le but de le faire fermenter et renfler plus vite. Lorsque le grain est suffisamment gonflé, sans attendre que la germination commence, on l'étend en couche bien mince sur une aire ou sur des tuiles, toujours au soleil, pour le faire sécher. Lorsque le grain ne contient plus d'eau, on le passe entre deux meules légères en calcaire dur, dont la supérieure est mise en mouvement par le bras d'une femme. Le grain ne se réduit pas en farine, comme dans l'état ordinaire, mais se casse en grumeaux un peu plus gros que du millet à grappes; ces grumeaux sont de nouveau exposés au soleil, puis on les vanne pour les séparer de l'écorce ou de l'endocarpe du blé, qui s'est détaché.

Quand le couscoussou est suffisamment sec, on le renferme dans des peaux de mouton et de chèvre, et on le conserve ainsi indéfiniment au sec sous la tente.

Pour manger cette substance, on la fait bouillir dans de l'eau; on l'assaisonne avec du beurre, du sel et du poivre; quelquefois on y ajoute des morceaux de viande de mouton, mais les grumeaux restent toujours durs et en font une nourriture assez pénible pour le gosier européen.

NÉGRESSE MARCHANDE DE PAIN

## LA DIFFA

La diffa arabe consiste en une sorte de réception ou hospitalité, offerte par un chef, une tribu ou un particulier, à une troupe de passage, à une autorité militaire ou civile, ou même à de simples voyageurs.

L'hospitalité arabe est depuis longtemps proverbiale; riche ou pauvre, le musulman doit asile et nourriture au voyageur qui se présente à la porte de son logis en prononçant les paroles sacramentelles : « O maître de la tente, voici un invité de Dieu. » A quoi l'on répond aussitôt : « La bienvenue soit avec toi. » A partir de ce moment, l'étranger n'a plus à s'occuper ni de sa personne, ni de ses serviteurs, ni de son cheval.

Nous extrayons d'*Une Excursion dans le Sahara*, de M. de Bellemare, la description détaillée d'une diffa :

« Le maître de la maison parut, portant lui-même un bâton de six pieds de long environ, gros à peu près comme le bras, au milieu duquel pendait un mouton rôti dans son entier. Chacun de nous, après avoir reçu un pain arabe, qui ressemble assez, quant à la forme, à une galette épaisse ou à un de ces pains plats que l'on sert dans nos restaurants, put satisfaire son appétit, non pas, du moins, pour ceux d'entre nous initiés aux mœurs indigènes, sans avoir prononcé les mots par lesquels tout repas doit commencer et finir, les mots : *Bism Illah* (au nom de Dieu), qui sont les premiers du Koran.

« Plus d'un lecteur se demande déjà comment il est possible, sans aucun accessoire ressemblant à une fourchette ni même à un couteau,

de venir à bout d'un mouton entier. Je vais chercher à le lui faire comprendre. Un mouton est saigné, écorché, vidé en un instant, puis... je ne dirai pas embroché, mais empalé avec le bâton dont il a été question plus haut. Avant, toutefois, de le placer sur le brasier qui l'attend, une importante opération doit être exécutée. De chacun des côtés de l'épine dorsale, et dans toute sa longueur, est faite une incision qui va jusqu'aux côtes ; sur cette première incision, et perpendiculairement à elle, se greffent vingt ou trente incisions plus petites, faites à la distance d'un pouce l'une de l'autre. Dans cet état, le mouton est placé au-dessus d'un feu très clair et tourné par deux hommes pendant le temps nécessaire à sa cuisson.
L'action du feu, racornissant les chairs, ne tarde pas à élargir les traces, d'abord à peine visibles, du couteau et à séparer chaque tranche, qui offre ainsi à la main une prise facile. C'est, en effet, de la main qu'il faut se servir pour manger. Quand le mouton fut littéralement réduit à l'état de squelette, un immense couscoussou fut servi dans un grand plat, de bois... Pour manger ce plat, il est évident qu'on ne peut user de l'instrument tout primitif dont on se sert pour manger le rôti. Aussi, chaque convive reçoit-il une cuiller en bois, dont la forme se rapproche assez de celle de nos cuillers à sucre, avec cette différence cependant qu'elle est moins profonde. Muni de cet ustensile, il va puiser dans l'immense gamelle, le couscoussou qu'elle renferme, réservant les doigts pour saisir les morceaux de viande qui le recouvrent.

« Le mouton rôti, le couscoussou, tels sont les deux plats qui composent le repas arabe ; il en est un troisième que l'on nomme hamis. Dire de quoi se compose le hamis, j'avoue que cela me serait impossible ; je sais seulement qu'il y entre un grand nombre de morceaux découpés et une énorme quantité de poivre rouge. Le tout est mélangé dans une sauce semblable à celle d'un civet de lièvre, à laquelle le poivre aurait donné une couleur rougeâtre. Il est facile de comprendre qu'un semblable assaisonnement fasse éprouver de prime abord une grande cuisson au palais. Cette sensation est, du reste, dissipée après les trois ou quatre premières bouchées, et l'on ne sent plus qu'un goût un peu fort, si l'on veut, mais qui n'est pas désagréable. Ai-je besoin de dire que les doigts sont les seuls auxiliaires auxquels on ait recours pour manger ce plat; que c'est avec les doigts qu'on est obligé d'aller à la recherche des morceaux de viande, souvent recouverts par la sauce, et que, quant à la sauce, le seul moyen de la goûter, c'est de la puiser en y trempant des morceaux de pain? Des Arabes m'ont assuré que c'est au poivre que renferme le hamis qu'ils doivent la beauté de leurs dents. Sans ajouter absolument foi à leur affirmation, je suis cependant assez disposé à croire que le poivre y est pour quelque chose, ainsi que le remplacement de l'eau par le lait pour beaucoup. Il est, en effet, à remarquer que, plus on avance dans le Sud, plus les dents des Arabes sont éclatantes de blancheur, et cela sans qu'ils en prennent soin, sans qu'ils fassent rien pour l'entretien de leur bouche.

    Un autre motif m'a été donné par un Arabe, pour m'expliquer la beauté des dents des habitants du Sahara : c'est que, disait-il, nous ne mangeons jamais trop chaud et ne buvons jamais trop froid. Quatre sortes de boissons peuvent figurer dans les repas arabes : l'eau, le lait de chèvre ou de brebis, le leben ou lait aigre, et le lait de chamelle. Ces boissons se servent dans de grands vases que l'on nomme mordjen et qui sont ordinairement en fer-blanc. Tant qu'il y a un contenu, ces vases se passent de l'un à l'autre, et chacun boit alternativement selon sa soif. Le vase vide est immédiatement rempli. Le Français boit toutes les fois qu'il a soif; il n'en est pas de même de l'Arabe : l'Arabe n'a soif qu'une fois par repas, ou du moins il ne boit qu'une fois, ordinairement à la fin. Le café sert naturellement de clôture au dîner. Une dernière opération reste à faire après un dîner arabe, car il est facile de comprendre qu'on ne se sert

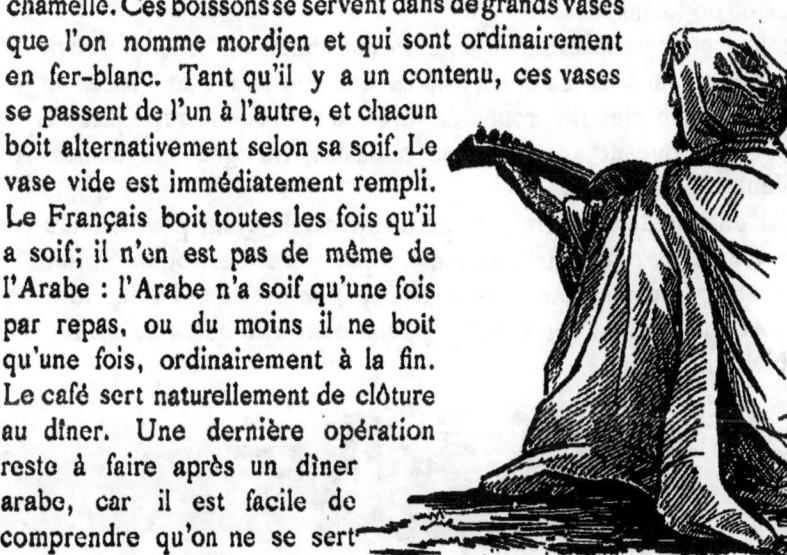

pas impunément de ses doigts en guise de fourchette : cette opération est celle du lavage des mains, à laquelle les Arabes ajoutent, suivant les prescriptions du Koran, le rinçage de la bouche et la formule qui commence comme elle termine le repas : *Bism Illah* (au nom de Dieu).

*<br>* *

De nos jours, les diffas offertes par les chefs arabes qui ont été mis à même d'apprécier le confortable des réceptions françaises sont empreintes d'une certaine originalité ; cherchant à nous imiter dans la mesure du possible, ils agrémentent la traditionnelle diffa des rafinements qui les ont le plus frappés dans les repas européens.

Lors d'un de nos voyages dans l'extrême Sud, en 1883, nous fûmes reçus d'une façon charmante à Ouargla, par le capitaine Abd-el-Kader, agha de cette ville, qui, quelques mois plus tard, devait être remplacé dans ce commandement supérieur par un lieutenant de bureau arabe. Après la fantasia qui accompagna notre entrée dans l'oasis, l'agha nous dépêcha son lieutenant Mohamed-ben-Belkassen, qui, en termes fort courtois, nous invita à dîner pour le soir même.

C'est à ce repas qu'il nous fut donné d'assister à une scène des plus bizarres, lorsque, après le potage, on installa sur la table servie à l'européenne, au milieu des verres de bordeaux et de champagne, le fameux msoware (mouton rôti, en entier), accompagné des plats de couscous et de hamis !

Chaque convive laissant de côté sa fourchette et, se conformant en cela aux coutumes arabes, saisit alors entre le pouce et l'index le morceau de rôti le plus rapproché de lui et continua de la sorte jusqu'à ce que l'agha, jugeant ses convives rassasiés, fît signe aux domestiques d'enlever les restes.

Il est difficile de s'imaginer un pareil spectacle ayant pour acteurs des gens bien élevés qui semblent ainsi, à première vue, vouloir imiter les cannibales ; heureusement que le champagne est là qui vient faire diversion et que le choc des verres rappelle bien vite qu'on se trouve en aimable compagnie.

LA MOISSON.

## LA TENTE ARABE

La tente arabe s'installe sur un poteau central ayant 2 mètres 50 centimètres de hauteur ; deux perches de 2 mètres de hauteur soutiennent l'édifice ; les extrémités de la tente sont fixées au sol par des cordes de laine raidies sur des piquets plantés en terre. La couverture est une réunion de bandes tissées de laine et de poil de chameau, cousues ensemble. Chacune de ces bandes, qu'on appelle *felidj* (au pluriel, *feldja*) a une largeur de 75 centimètres et 8 mètres de longueur. Le felidj est d'un dessin uniforme ; les lignes brunes et blanches qui alternent avec des largeurs diverses ne changent jamais dans leurs dimensions respectives. Toutes les tentes sont semblables ; elles ne varient que par le plus ou moins grand nombre de feldja et l'état de leur conservation. Dans les contrées où la gomme laque ou le kermès abondent, le felidj est teint en rouge, mais sans altération du dessin primitif. Quelques tribus, se rattachant à la noblesse religieuse, font surmonter le poteau central d'un bouquet de plumes d'autruche.

L'intérieur de la tente arabe ne contient pas de mobilier proprement dit. On place au pied du pilier principal deux ou quatre sacs, les *tellès*, qui contiennent la provision d'orge, de blé ou de dattes, nécessaire à la famille pour huit ou quinze jours. C'est à cette place que sont disposées, dissimulées par les tellès, les cachettes où les femmes mettent leurs petits trésors : la peau de bouc contenant les boucles d'oreilles dépareillées, les colliers, les grains de corail, les bijoux de diverses sortes. Chez les familles aisées, les objets précieux ont un écrin spécial, l'*ougada*, oreiller en laine ouvert par le milieu, que le maître de la tente pose sous sa tête pendant la nuit, pour

le garder plus sûrement. Un peu partout, la place est occupée par les ustensiles de cuisine et des outres pour l'eau, faites de peau de bouc, goudronnées à l'intérieur, munies de leur poil à l'extérieur ; d'autres sacs, également en peau de bouc, mais non goudronnée et grossièrement mégissée, auxquels on donne le nom de *megoud,* renferment tantôt du grain, tantôt des objets indispensables à la vie, le sel, le poivre, quelques piments, de la viande sèche, etc.; puis vient la série des objets en bois, en terre ou en sparterie : le *keskès,* employé pour la préparation du couscoussou ; le *tabag* pour le servir, ainsi que pour offrir les dattes ; la *guenina,* la tasse pour traire les chèvres; l'entonnoir pour le remplissage des outres; le *sindoukh* ou l'amphore, aux dimensions variées ; le *guessaa,* le simple plat en bois ; le petit moulin à bras pour la mouture du grain, etc., etc. Le foyer, généralement placé du côté de la campagne, est formé de deux grosses pierres réunies; une marmite en terre sert à cuire le repas. Si la tente est riche, elle possède un tapis, quelquefois deux, mais c'est l'exception. La plupart des gens dorment sur l'*asseïra,* la natte d'alfa ou de diss. Enfin, chaque tente possède un assortiment de cordes en laine mélangée de poils de chameau, et un assez grand nombre de liens en alfa et en diss. Ces cordes servent à attacher les chevaux au campement, ou à maintenir, dans les migrations, le chargement des mulets ou des chameaux.

A l'exception des montants et des piquets, aucun des accessoires de la tente ne doit être en bois ou en fer; tout doit être fabriqué en alfa ou en diss, qui se tressent en cordes, et dont on fait des nattes, des paniers, des cousins, sans que le végétal subisse aucune altération préalable.

De même que le maître du lieu doit toujours être prêt à monter à cheval et à combattre, tout dans la tente doit pouvoir se plier, s'enlever, se répartir sur les bêtes de somme, facilement et avec rapidité. Tous les indigènes vivant de la vie nomade sont dressés dès l'enfance à ces manœuvres et aussi à des travaux divers; ils savent non seulement tisser l'alfa ou le diss, mais il n'est aucun d'eux qui ne soit en état, si un objet usuel vient à manquer, de le remplacer à l'instant. L'existence sous la tente exige que tout ce qui y est fabriqué à la main puisse l'être promptement, en tous lieux, par chacun.

Le soir venu, on clôt la tente en baissant les feldja de l'entrée; les vieilles femmes, les enfants, dorment d'un côté ; les époux, de l'autre. Dans les régions froides, dans les montagnes, on entoure la tente et les troupeaux de branchages qui ne sont pas utiles seulement pour se préserver des intempéries, mais servent encore à se défendre contre les voleurs, les entreprises des amoureux et les attaques des fauves. Un *douar* est la réunion d'un certain nombre de tentes, habitées généralement par des membres de la même famille. (Chez les musulmans, la famille, par suite de la polygamie, de l'adoption, de la légitimité des enfants nés des femmes esclaves, de la parenté de lait, prend des proportions considérables.) Les tentes sont placées en rond, l'entrée regardant l'intérieur du douar.

La vie sous la tente diffère selon les occupations de ceux qui l'habitent. Le pasteur est nomade, et il change de campement tous les jours, s'il en est besoin ou si tel est son bon plaisir. Le laboureur est forcément retenu au champ de culture pendant un temps plus ou moins prolongé ; son douar n'a pas la mobilité de l'autre et prend facilement l'aspect d'un village fixe. En Algérie, le nomade est l'Arabe saharien, le laboureur est le paysan tellien. Au printemps, pendant l'été, le Saharien amène ses troupeaux dans les vertes campagnes du Tell. (Racinet.)

## LES MIRAGES

En Algérie, et particulièrement dans le Sud, le phénomène des mirages cause toujours un étonnement bien naturel parmi les jeunes soldats qui en sont victimes ; les couches d'air en contact avec le sol, étant fortement chauffées, les arbres éloignés, dont la vision directe se fait dans une direction presque horizontale, fournissent souvent une image renversée, comme il pourrait arriver si un lac se trouvait entre eux et les spectateurs de ce phénomène.

Il arrive souvent que des soldats, trompés par ce mirage, marchent à la rencontre de cette nappe d'eau imaginaire et s'épuisent en vaines recherches pour la découvrir.

« Vu à distance d'un point un peu élevé, dit le général Margueritte, le mirage ressemble à une vaste étendue d'eau dans laquelle des cailloux ou de petits arbustes prennent l'apparence d'îles ou de forêts qui se déplacent ou changent d'aspect quand on s'en rapproche.

« Quand il se trouve des animaux dans la partie affectée aux mirages, ils prennent aussi des proportions gigantesques et fantastiques.

« Des chameaux que j'ai aperçus une fois à environ trois cents mètres, continue le général Margueritte, m'ont semblé avoir des membres de dix mètres de hauteur et un corps gros en proportion.

« Ils semblaient marcher dans l'eau qu'on aurait juré voir se déplacer par le mouvement de leurs jambes.

« Dans les Tanez Rouft surtout, (immenses plaines dans le grand désert) m'a raconté Cheikh-Atman des Touaregs, les effets de mirage sont prodigieux, parce qu'ils s'exercent sur des plaines sans fin et planes comme une glace : un crottin de chameau semble être une grande tente ; des brins de drine ou de végétaux de la grosseur du doigt prennent l'apparence d'arbres immenses couchés ou debout sur le sol.

« Les animaux qui vivent dans la région où le mirage se produit ne s'y trompent pas ; ils n'en subissent pas l'attraction, et je n'ai pas remarqué qu'elle s'exerçât sur ceux qui ne le voient qu'accidentellement. »

LE DÉSERT ET LES MIRAGES

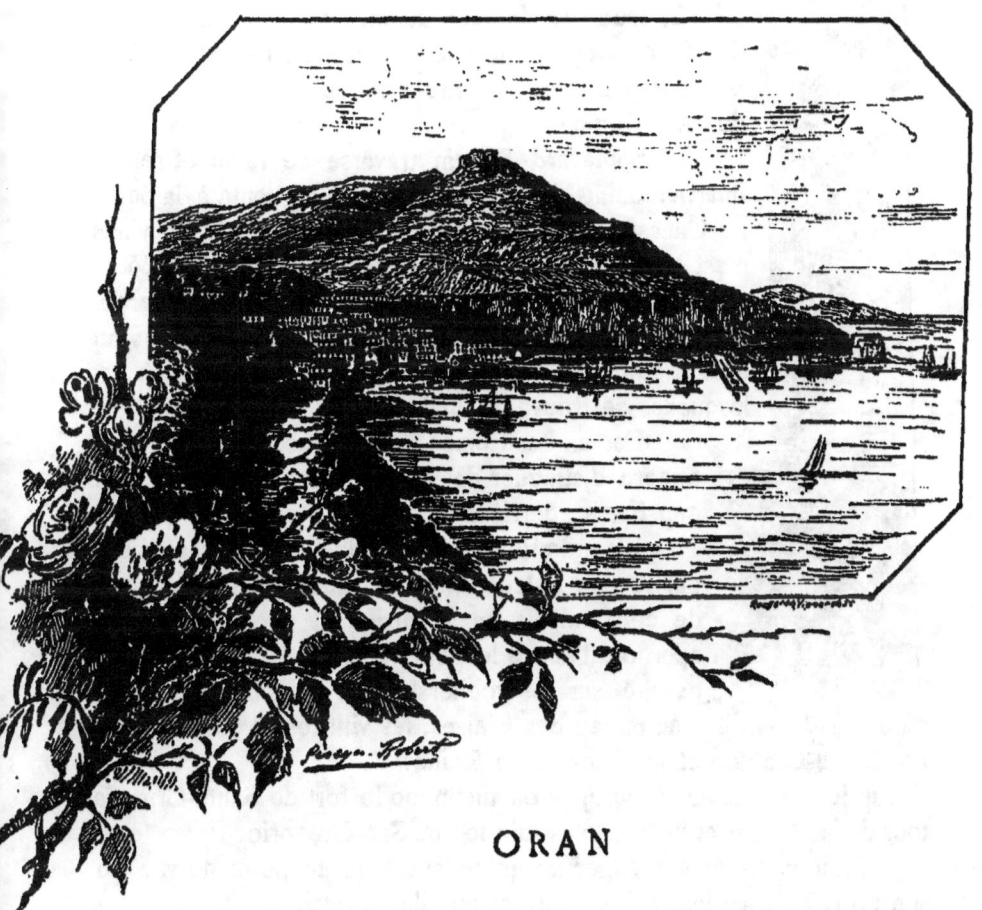

# ORAN

Oran est bâtie sur les deux flancs d'un ravin au fond duquel coule l'Oued-Rehhi, rivière qui recouvre en partie le boulevard Oudinot.

L'ancienne ville espagnole et la vieille Kasba, occupent le plateau ouest; le Château neuf et la nouvelle ville s'élèvent en amphithéâtre sur la partie est, où se trouve le plus grand nombre de maisons mauresques ou juives.

A droite, on aperçoit le clocher de la cathédrale Saint-Louis, puis le minaret de l'ancienne mosquée d'El-Haouri; à gauche, c'est la grande mosquée, puis le fort Saint-André couronnant les hauteurs du quartier d'Austerlitz.

Enfin, le nouveau port, qui s'étend du fort Neuf au fort de la Moune et où sont situés, la douane, la manutention militaire, les quais et la gare du chemin de fer d'Oran à Alger.

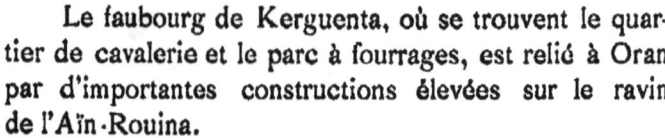

Le faubourg de Kerguenta, où se trouvent le quartier de cavalerie et le parc à fourrages, est relié à Oran par d'importantes constructions élevées sur le ravin de l'Aïn-Rouina.

Le boulevard Séguin traverse ce ravin et relie le quartier Saint-Michel à la gare. Kerguenta à la pointe de Canastel ; la falaise est couverte de fermes et de villas, c'est à cet endroit que le village d'Arcole a été créé.

En suivant toujours cette direction, on aperçoit encore la montagne des Lions (Djebel-Khar) et la pointe de l'Aiguille qui termine à l'est le golfe d'Oran et entre lesquelles se trouve le village espagnol de Christel.

Par un beau temps, étant en vue d'Oran, on peut encore distinguer dans cette même direction est, le cap Ferrat, derrière lequel est Arzew.

L'extrémité Ouest, du golfe d'Oran est marquée par le cap Falcon, dont le phare éclaire la côte ; de cet endroit en se dirigeant vers la ville, on aperçoit d'abord le petit village d'Aïn-el-Turk, puis perché sur les rochers, Mers-el-Kebir ; enfin, au pied du Mourdjaja au milieu des falaises, les villages de Saint-André, de Sainte-Clotilde et les bains de la Reine.

Sur le sommet du Mourdjaja on distingue le fort de Santa-Cruz, la tour de la Vierge et un peu plus loin le fort San-Gregorio.

Oran possède sur Alger un grand avantage au point de vue de son port, où tous les navires peuvent mouiller à quai.

ANCIENNE PORTE D'ORAN (1842)

La population d'Oran est actuellement de 68,000 habitants environ, dont 15,000 Français, 6,000 Israélites, 8,000 indigènes et 39,000 de nationalités diverses.

Parmi ces derniers, les Espagnols forment une grande majorité ; d'ailleurs, toute la province en est peuplée et leur nombre augmente chaque jour ; la plus grande partie portent le costume de l'Andalousie ; ils sont vêtus de grègues blanches, ont le mouchoir roulé sur la tête et portent la traditionnelle couverture de grosse laine rouge.

Les juifs sont habillés, comme leurs coreligionnaires du Maroc, avec la lévite, le pantalon et le bonnet noir.

\* \*

Les principales curiosités d'Oran sont, après le port, la promenade de Létang, la place d'Armes et celle de la République, le musée, l'église, la nouvelle synagogue, la Kasba et les mosquées de la rue Philippe et d'El-Haouri.

A propos de cette dernière mosquée, convertie aujourd'hui en magasin de campement, il existe, chez les Arabes, une légende dont le marabout El-Haouri fut le héros :

A l'époque de la guerre entre les Maures et les Espagnols, une femme en guenilles vint frapper à la porte de Sidi-el-Haouri et se plaignit de ce que son fils avait été fait prisonnier et emmené de l'autre côté de la mer, chez les chrétiens.

El-Haouri, le saint et digne homme, l'engagea à ne pas perdre espoir, la fit prier et ensuite l'envoya chercher un plat de viande avec du bouillon. Lorsque la femme revint avec ses provisions, El-Haouri appela une levrette qui allaitait ses petits, il lui fit manger la viande et boire le bouillon, puis lui montra la direction du port ; la petite bête s'élança aussitôt de ce côté, monta sur un bateau qui partait pour l'Espagne et débarqua à l'endroit même où était le jeune captif. Celui-ci, devenu domestique, avait été chercher de la viande pour son maître, lorsque la levrette le rencontra ; d'un bond, elle lui arracha ce qu'il tenait dans ses mains, prit sa course vers le rivage et sauta sur un vaisseau qui venait de lever l'ancre et se dirigeait sur Oran.

Le jeune Maure, qui avait poursuivi l'animal jusque sur le pont, ayant alors reconnu la levrette du marabout, se cacha au milieu des tonnes et des ballots et débarqua bientôt dans sa ville, escorté de la petite chienne.

La bienheureuse mère, n'en croyant pas ses yeux, reçut son enfant dans ses bras, et, depuis, alla de porte en porte, raconter aux croyants de quelle façon miraculeuse son fils lui fut rendu.

.*.

Oran fut fondée, sur l'emplacement de Kouiza, par les Maures chassés d'Espagne. A plusieurs reprises, cette ville appartint aux Espagnols, qui la prirent d'abord en 1509, la perdirent ensuite en 1708, la reprirent de nouveau en 1732 et enfin l'évacuèrent définitivement en 1791. Pendant leur séjour, ils y firent d'importants travaux pour la défense ainsi que pour son embellissement; c'est dans cette ville que les seigneurs mécontents ou tombés en disgrâce étaient exilés.

« Sa population, d'environ 3,000 âmes, dit M. F. Mornand, ne se composait que d'Espagnols; il y avait, en outre, dans la ville 6,000 ou 7,000 hommes de garnison, et un nombre à peu près égal de *présidarios*, galériens employés aux travaux de fortifications. Un labeur de galérien peut seul expliquer, en effet, une telle débauche de moellons, un pareil luxe de bâtiments. Soldats, forçats et habitants s'entendaient du reste à merveille, les uns et les autres se faisaient la vie très douce. Les soldats ne veillaient pas sur les forçats, qui s'en allaient, toutes les fois que la fantaisie leur en prenait, grossir les renégats espagnols du Maroc, où l'on trouvait des villes entières peuplées de ces réfugiés. »

Les Turcs, maîtres de la ville, commencèrent par démolir ce que leurs prédécesseurs avaient construit avec tant de peine; ce fut un élan général, et rien de ce qui avait été établi par les chrétiens ne resta debout.

Depuis cette époque, les beys d'Oran se succédèrent rapidement, la place était enviée et était par conséquent le but de nombreuses intrigues ; Hassen, qui commandait la ville au moment de la prise d'Alger, était le trente-troisième bey ; après avoir remis la ville entre les mains des Français, le 4 janvier 1831, il se retira à la Mecque, où il mourut quelques mois après.

*<br>* *

« Le capitaine Louis de Bourmont, dit M. Galibert, arriva le 24 juillet 1830 devant Oran, dont deux bricks, *le Voltigeur* et *l'Endymion*, faisaient le blocus. Le bey en était encore maître ainsi que des forts voisins ; 800 Turcs restaient attachés à sa cause, mais au dehors, son autorité était méconnue ; informés de ses négociations avec le chef de l'armée française, les Arabes s'étaient déclarés contre lui, sans oser cependant encore aucune entreprise hostile, car son artillerie les tenait en respect. Le défaut de vivre pouvait seul réduire Hassen, et il était sur le point d'en manquer lorsque notre escadre arriva ; aussi, dès qu'il put communiquer avec *le Dragon*, exprima-t-il le désir d'être promptement secouru. Son projet était de remettre Oran et les forts aux troupes françaises et d'aller terminer dans l'Asie Mineure une carrière déjà fort avancée. Le capitaine Leblanc, qui commandait *le Dragon*, ne crut pas devoir attendre l'issue des négociations entamées pour s'emparer d'un point important : Mers-el-Kébir surtout lui paraissait une position très avantageuse à occuper, et ce fort n'était alors gardé que par une soixantaine de Turcs. A peine les envoyés du bey furent-ils partis, qu'il mit à terre 110 hommes, pris dans les équipages du *Voltigeur* et de *l'Endymion*, lesquels se portèrent sur le fort avec une grande rapidité, en enfoncèrent la porte, qui était en mauvais état, et arborèrent le pavillon français sur les remparts. Les Turcs, surpris, n'opposèrent aucune résistance, et se retirèrent vers la ville. Cet événement n'altéra en rien les bonnes dispositions du bey ; il ne cessait de manifester le désir de se placer sous la protection de la France. Le capitaine de Bourmont, n'ayant pas assez de troupe pour lui offrir cette protection, crut devoir se rendre auprès de son père, afin de lui exposer le véritable état des choses. Les 110 hommes établis dans le fort de Mers-el-Kébir, continuèrent de l'occuper, soutenus par les bricks *le Voltigeur* et *l'Endymion*, qui restaient mouillés dans la rade.

« Les renseignements donnés par Louis de Bourmont détermi-

nèrent le maréchal à envoyer des troupes à Oran; le colonel Goutelrey reçut l'ordre de s'embarquer avec le 21e de ligne, 50 sapeurs et deux obusiers de montagne.

« Le corps expéditionnaire était parti d'Alger le 6 août; mais à peine l'escadre eût-elle mouillé dans la rade de Mers-el-Kébir, qu'un ordre arriva pour arrêter le débarquement. M. de Bourmont venait de recevoir de France de tristes nouvelles, et le même sentiment de prévoyance qui l'avait porté à s'étendre, alors que tout était tranquille, le fit concentrer ses forces sur Alger, dès qu'il put craindre pour les destinées politiques de son pays. On informa le bey que le signal du départ allait être donné, et que, s'il le désirait, une frégate le transporterait à Smyrne avec les Turcs qui lui étaient restés fidèles. Mais ses négociations avec les Arabes lui faisant espérer une prompte soumission de leur part, il avait abandonné son premier projet. Toutefois, ses dispositions ne cessèrent pas d'être amicales, et il déclara au colonel Goutefrey qu'il se considérait toujours comme le sujet du roi de France. Avant de s'éloigner, le colonel fit sauter un des forts de Mers-el-Kébir; puis, le bateau à vapeur *le Sphinx* et les bricks *le Voltigeur* et *l'Endymion* se dirigèrent vers Alger avec 600 hommes du 21ᵉ de ligne. Les autres bâtiments mirent à la voile deux jours après.

« Au mois de novembre suivant, le général Clausel, qui avait alors remplacé le général de Bourmont dans le commandement en chef, craignant de voir les Marocains s'emparer d'Oran, comme ils venaient de le faire de Mascara et de Tlemcen, fit de nouveau occuper le fort de Mers-el-Kébir, ainsi que la ville. Puis, suivant une convention passée, le 6 février 1831, avec le bey de Tunis, ce dernier envoya un de ses lieutenants avec une poignée de soldats pour prendre possession d'Oran, le fort de Mers-el-Kébir restant occupé par les Français.

« Mais les Tunisiens, dont la présence éveillait d'anciennes haines, ne purent y séjourner longtemps ; ils s'en retournèrent donc comme ils étaient venus, sans faire plus de bruit, et le général Berthezène fit définitivement occuper cette place par deux bataillons, sous les ordres du général Faudras. »

JEUNE FILLE ARABE

## LES ENVIRONS D'ORAN

Oran n'est pas, ainsi qu'Alger et même Constantine, favorisée par la beauté de ses environs ; ils n'offrent, dans cette province, rien de particulièrement intéressant et, à part quelques points de vue et quelques sites pittoresques, on ne rencontre pas ici les ravissantes promenades qui attirent aux alentours d'Alger, un si grand nombre de touristes.

Peu de progrès ont été réalisés dans cette région, depuis notre occupation ; par-ci, par-là, cependant, quelques terrains ont été mis en culture, quelques vignes ont été plantées ; mais sur la plus grande partie, on voit encore le palmier nain et l'alfa, plantes habituelles des Hauts-Plateaux et des endroits non défrichés.

La province d'Oran possède cependant de nombreuses curiosités, mais il faut s'avancer dans l'intérieur, où il est d'ailleurs facile de se rendre maintenant, grâce aux communications de toutes sortes qui ont été créées depuis plusieurs années.

## LE RAVIN VERT

Le Ravin vert se trouve à 3 kilomètres d'Oran, c'est un des endroits les plus fréquentés par les habitants de la ville ; de nombreux restaurants et guinguettes sont installés sur la route, au milieu de jardins fleuris, et attirent les clients avec des enseignes d'une variété et d'une originalité fort amusantes. Pour les promeneurs, des bancs ont été placés sur la route, à l'ombre de beaux platanes, en avant de la muraille qui, avec les anciennes tours, protégeaient autrefois le chemin de Ras-el-Aïn.

Cette muraille entoure maintenant un cimetière abandonné depuis plusieurs années et où furent enterrées les victimes du choléra de 1849.

L'Oued-Rehhis coule au fond du Ravin vert et va, au moyen de canaux, alimenter les fontaines d'Oran et de Mers-el-Kébir.

Cette promenade, à laquelle on arrive après avoir dépassé l'ancienne porte de Tlemcen ou du Ravin, est, par sa situation, la continuation du boulevard Malakoff.

# SANTA-CRUZ

#### LE MOURDJAJO ET LE CAMP DES PLANTEURS

Pour se rendre à Santa-Cruz, après avoir quitté Oran par la porte d'El-Santo, près de la vieille Kasba, on prend à droite un chemin bordé de grottes, qui servent d'habitations à une population de mendiants espagnols, dont les enfants se jettent à qui mieux mieux dans les jambes des touristes. On passe ensuite devant le fort Saint-Grégoire, qui a été construit en 1589 par le général Pedro de Padissa; ce fort fut occupé, en 1830, par le général Damrémont, puis réparé depuis; il sert aujourd'hui de prison militaire.

Si l'on veut abandonner le chemin en cet endroit, on peut arriver à Santa-Cruz en gravissant les sentiers taillés dans le roc ; mais cette route n'est pas des plus faciles et il est préférable de continuer la première.

En avant du fort de Santa-Cruz, situé à 3 kilomètres d'Oran, se trouve une petite chapelle qui fut construite en 1849, après le terrible choléra qui décima une grande partie de la population oranaise ; une tour, haute de 24 mètres, s'élève à cet endroit et supporte la statue de la Vierge.

Le *fort de Santa-Cruz*, bâti en 1708 sur le point culminant du Pic d'Aïdour à 400 mètres d'altitude, fut rasé en 1735, puis reconstruit en 1738, et fut de nouveau démantelé lors de la reddition d'Oran, par ordre du pacha d'Alger, qui redoutait la puissance de son lieutenant, Mohammed-el-Kébir, qui en était alors gouverneur,

Ce fort fut enfin restauré, tel qu'il est aujourd'hui, par les Français, en 1860.

En continuant à gravir la route de Santa-Cruz, on arrive, après avoir parcouru environ 500 mètres, au sommet du *Mourdjajo* (580 m. d'alt.), dont

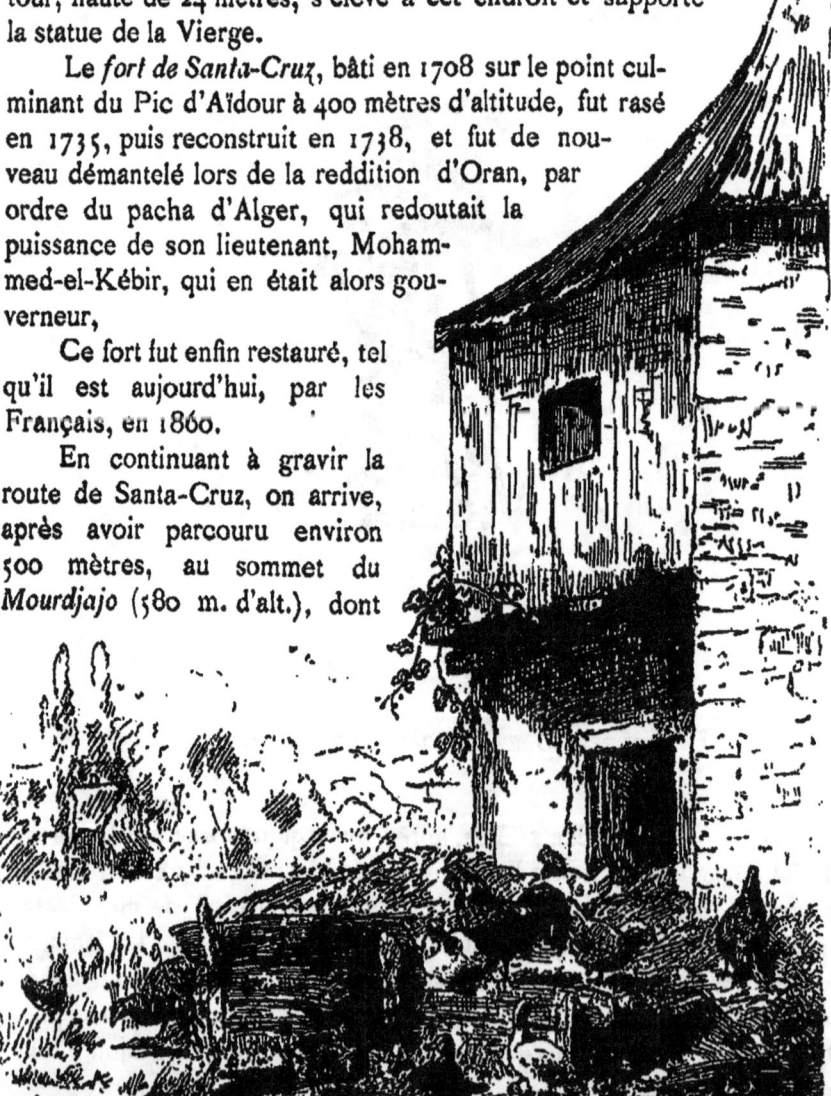

les nombreux escarpements dominent la mer; de ce point, la vue est très étendue et, dans les jours clairs, on aperçoit confusément les côtes d'Espagne. Une Koubba, bâtie sur ce plateau, a été dédiée à Abd-el-Kader-ed-Djilali.

Le *Camp des Planteurs* est une jeune forêt de pins d'Alep, située sur les flancs du Mourdjajo, qui fut plantée en 1860 par le génie militaire.

On y arrive en quittant la route de Santa-Cruz, après avoir dépassé les grottes des mendiants espagnols, pour obliquer à gauche au pied du Mourdjajo.

## MERS-EL-KÉBIR

Par sa situation exceptionnelle, *Mers-el-Kébir* fut, dès l'occupation romaine, désignée pour servir de port, sous le nom de *Portus Divinus*, et devint, en 1662, un des arsenaux les plus importants de la marine militaire de l'Almohade Abd-el-Moumen.

Au XVI$^e$ siècle, une ville fut construite à cet endroit par les Maures qui, à cette époque, dominaient en Espagne ; mais lorsqu'il furent chassés de ce pays, après la chute de Grenade, Mers-el-Kébir devint le refuge des pirates qui infestaient alors la Méditerranée.

En 1505, la forteresse de Mers-el-Kébir fut prise, après un siège de cinquante jours, par l'amiral Ramon de Cordova ; en 1509, Oran tombait à son tour au pouvoir des Espagnols, et, à partir de ce moment, ces deux villes voisines eurent le même sort.

En 1556, Hassen le Corse, pacha d'Alger, chercha à s'en emparer, mais le sultan Soliman I$^{er}$ ayant rappelé sa flotte, Hassen fut obligé d'y renoncer et l'expédition fut manquée. — Il en fut encore de même en 1563, lorsque Hassen, fils de Kheir-ed-Din, se présenta devant Mers-el-Kébir pour recommencer l'opération avortée en 1556 ; après différentes attaques très bien dirigées, il fut, malgré cela, repoussé par don Martin de Cordova, qui commandait alors, et dut se réfugier principalement à Mostaganem, pendant que sa flotte, après s'être échappée, regagnait rapidement Alger.

En 1708, Sidi-Hassen, khalife de Mohammed-Baktache, pacha d'Alger, s'étant emparé d'Oran, les Turcs prirent d'assaut Mers-el-Kébir, et plus de 3,000 Espagnols furent ensevelis sous les ruines de cette place.

En 1732, les Espagnols, après avoir battu les Arabes et les Turcs, s'emparèrent de nouveau d'Oran et de Mers-el-Kébir qu'ils conservèrent jusqu'en 1791, époque à laquelle Oran, ayant capitulé devant les Turcs, entraînait Mers-el-Kébir dans sa chute.

L'occupation définitive de cette place par les Français date du 14 décembre 1830.

La forteresse de Mers-el-Kébir, par suite de sa situation sur l'extrémité d'une pointe rocheuse, qui s'avance dans la baie, a été réparée et agrandie, et est aujourd'hui une puissante défense pour le port d'Oran.

La route qui conduit d'Oran à la petite ville de Mers-el-Kébir, située à l'ouest de la forteresse et qui s'étend sur une des pointes du Djebel-Santon, est des plus intéressantes ; on y rencontre, à 3 kilomètres, le *Bain de la Reine*, petit établissement thermal dont les eaux étaient connues des Arabes bien avant l'occupation d'Oran par les Espagnols.

Le nom de Bain de la Reine donné à cet endroit lui vient de ce que, à une certaine époque, la noblesse espagnole ayant adopté l'usage de ses eaux, Jeanne, fille d'Isabelle la Catholique, y fit de fréquentes visites.

Pendant l'occupation arabe, cette source fut très renommée et les musulmans y accouraient de toutes parts ; mais chaque fois que les chrétiens s'y installaient, ils s'en éloignaient et finirent par l'abandonner complètement après 1830.

« Les sources thermales du Bain de la Reine, dit le docteur Bertherand, sourdent sur les bords de la mer, à 3 ou 4 mètres au-dessus de son niveau. Une rampe assez douce conduit à la source principale qui alimente abondamment les thermes : là est une grotte, creusée dans un rocher très dur, de 3 mètres de haut, longue de 7 mètres et demi, de 7 mètres de large.

L'installation actuelle de l'établissement se compose de deux bâtiments séparés. Le premier forme angle avec l'autre à l'endroit des sources, il renferme une douzaine de baignoires isolées construites en maçonnerie : l'eau y est versée par des tuyaux aboutissant à un conduit principal disposé à la hauteur et le long de la terrasse du bâtiment. Dans le second, qui est adossé au flanc des rochers, se trouve une piscine et un appareil à douches. La piscine est assez spacieuse pour recevoir douze à quinze baigneurs..... L'appareil à douches distribue l'eau à travers plusieurs tubes correspondant à trois petits cabinets séparés.

L'eau sourd par quatre trous dont le plus gros peut avoir 10 centimètres de diamètre. Trois sont du côté de la montagne, en face de la porte d'entrée ; le quatrième tourne le dos à Mers-el-Kébir et regarde l'Orient. Ces quatre sources fournissent ensemble une quantité d'eau qui peut être évaluée à 250 litres par minute, et se déversent ensuite dans la mer avec 3 mètres de chute.

Les eaux sont très claires, très limpides et inodores. Leur saveur, franchement saline, un peu âcre, prend légèrement à la gorge. Leur densité est de 1,078, comparée à celle de l'eau distillée.

En entrant dans la grotte, on perçoit une légère odeur de soufre, qui résulte du contact de résidus organiques et de la décomposition de sulfates à l'air libre. La température de la grotte mesure 32° C.; celle de l'eau accumulée dans le puits donne 35°.

Mais si, à l'aide d'une pompe adaptée à un tuyau directement mis en rapport de continuité avec un des trous, on prend la température au point le plus rapproché possible de l'émergence, on obtient 45° et même 47°5. »

Le bourg maritime de *Saint-André* est aussi sur la route qui conduit à Mers-el-Kébir, à 1 kilomètre avant d'arriver à ce fort.

C'est un endroit très fréquenté par les ouvriers et les militaires qui, le dimanche, en font leur but de promenade; aussi de nombreux cabarets se trouvent-ils mélangés aux maisons des pêcheurs.

## AÏN-EL-TURK

*Aïn-el-Turk* (la fontaine des Turcs) est un village situé sur la plage des Andalous, à 15 kilomètres d'Oran et qui est desservi par un service d'omnibus.

C'est à cet endroit qu'eurent lieu, à différentes époques, les débarquements des troupes espagnoles ou turques venant assiéger Oran et Mers-el-Kébir; c'est là qu'en 1732 le comte de Montemar, venant d'Alicante, y culbuta les 40,000 Arabes qui voulaient s'opposer à la descente de ses troupes.

Situé à moitié route de Mers-el-Kébir au cap Falcon, ce village est de peu d'importance; il ne possède qu'une rue bordée de maisons entourées de verdure, qui aboutit à la mer.

# MISSERGUIN

On se rend à *Misserguin*, situé à 15 kilomètres d'Oran, soit par le chemin de fer, qui y conduit en une heure, soit par les voitures, qui y font le service deux fois par jour.

Par la route, après avoir quitté Oran par la porte de Tlemcen, on traverse le village d'*Eckmuhl*, on passe au pied du Djebel-Mourdjajo, puis on côtoie les plaines cultivées, jusqu'au lac Salé ou Sebkra d'Oran.

Après une légère montée, au milieu d'une campagne aride, on traverse le petit hameau de Pont-Albin et l'on descend ensuite dans la plaine du lac Salé.

On arrive alors à Misserguin, endroit où, d'après certains écrivains, les beys d'Oran possédèrent une habitation de plaisance ombragée, embaumée et comme blottie au milieu des orangers, des citronniers et des grenadiers. Cette demeure silencieuse, de Mauresques recluses, tomba en ruines après 1831.

En 1837, l'administration française créa là un camp retranché où furent d'abord installés des militaires cultivateurs, puis, plus tard, un régiment de spahis, qui y séjourna jusqu'en 1851.

En 1842, une pépinière de 15 hectares y fut plantée et, en 1844, la formation d'un village fut décrété sur l'emplacement occupé déjà depuis plusieurs années par les baraques des mercantils.

M. l'abbé Abram, à qui furent concédés les bâtiments de l'ancien camp, créa là un orphelinat et un asile pour les vieillards.

Entre autres constructions utiles, Misserguin, qui est un chef-lieu de commune d'environ 3,800 habitants, possède un orphelinat de jeunes filles, concédé aux Samaritaines d'Oran, et un couvent de dames du *Bon-Secours*, qui, comme celui d'El-Biar, reçoit les enfants abandonnés ou les jeunes filles repentantes.

## D'ORAN A TLEMCEN

On se rend d'Oran à Tlemcen, soit par le chemin de fer qui conduit jusqu'à Aïn-Temouchent, soit directement par la route, où un service de diligence est établi.

De Aïn-Temouchent, où l'on arrive après un trajet de deux heures et demie, on se rend alors à Tlemcen en voiture ; on peut parcourir en huit heures les 66 kilomètres qui restent à faire.

Par la route directe, la diligence met dix-sept heures.

On rencontre, comme principaux villages, *Bou-Tlelis* et *Lourmel*.

*Bou-Tlelis* est un village bâti au pied des monts R'amera ; il compte environ 600 habitants, dont la majeure partie sont Alsaciens.

Bou-Tlelis tient son nom d'un marabout du xivᵉ siècle qui avait la réputation d'accomplir des miracles ; les légendes arabes, dont il est le héros, sont nombreuses, et celle que nous citons, une des plus merveilleuses, rappelle la multiplication des pains :

Un prince mérinide qui était en guerre avec le roi de Tlemcen, envoya un jour un de ses domestiques demander au marabout une certaine quantité d'orge ; le marabout, que l'on connaissait alors sous le nom de Ali, puisque celui de Bou-Tlelis est un surnom qui ne lui fut donné qu'après cette histoire, le marabout, disons-nous, était pauvre ; à cette demande, il rentra donc chez lui, et, après avoir ramassé tout ce qu'il possédait, en ressortit bientôt avec un petit sac d'orge chargé sur le dos d'un lion qui lui était familier. — A cette vue, l'envoyé voulut prendre la fuite, mais Ali le retint, et lui dit : « Conduis-moi à la tente du sultan, ton maître. » Peu de temps après, ils arrivaient près du prince ; celui-ci, en apercevant le petit sac d'orge qui contenait à peine ce qui était nécessaire pour le repas d'un cheval, entra dans une violente colère et menaça le pauvre homme de le faire écorcher vif avec son lion. Devant cette fureur et devant la perspective d'en finir ainsi, Ali resta calme, et, pour toute réponse, prenant le sac qui était sur le dos du lion, il versa au pied du prince l'orge qui en sortait sans cesse et qui forma bientôt un énorme tas !

On cria au miracle, et c'est alors que le marabout Ali reçut le surnom de Bou-Tlelis, l'homme au petit sac.

*Lourmel*, village de 510 habitants, est situé à l'extrémité de la grande Sebkra, que côtoie la route d'Oran depuis Misserguin et dont l'étendue est de 3,200 hectares. Jusqu'à ce jour, on a tiré parti du sel produit par ce lac au moment où les eaux se retirent ; mais on étudie maintenant un projet qui a pour but son dessèchement définitif et qui rapporterait par la vente des terrains, défalcation faite des frais, une somme d'environ deux millions.

TLEMCEN EN 1842

# TLEMCEN

Dans les temps anciens, Tlemcen faisait partie de la Mauritanie césarienne. Les Romains s'y établirent et la nommèrent *Tremis* ou *Tremici colonia;* on y retrouve encore quelques traces de leur séjour. Les Maures en firent la capitale du royaume de ce nom, qui, au commencement du xvi° siècle, reconnut un moment la domination espagnole. Plus tard, les Turcs s'en emparèrent et le dey Hassan la détruisit en partie en 1670. Elle perdit alors beau-

coup de son importance ; son enceinte se rétrécit, sa population diminua, et rien, dans ses monuments, ne rappelle aujourd'hui son antique splendeur.

Après la prise d'Alger par les Français, Abd-er-Rahman, empereur du Maroc, voulut s'emparer de Tlemcen ; il occupa une partie de la ville, mais le Méchouar fut toujours défendu par les Koulouglis, d'abord pour le compte des Turcs, puis pour celui des Français ; les Marocains se virent obligés de se retirer en 1834, par suite du traité signé, le 20 février de la même année, entre le général Desmichels et Abd-el-Kader.

Le 8 janvier 1836, le maréchal Clausel sortit d'Oran à la tête du même corps qui avait fait avec lui l'expédition de Mascara, mais réduit à sept mille cinq cents hommes, car le ministère avait eu déjà la précaution de faire rentrer un régiment en France. Les généraux d'Arlanges et Perregaux l'accompagnaient. Le jour de son départ, l'armée fit halte à Bridja, et, le 9, sur les bords de l'Oued-Malah ou Rio-Salado, dans le même lieu où Barberousse Ier fut tué par les Espagnols en 1517 ; elle arriva sur l'Oued-Sinan le 10, et y passa la nuit. Le 11, elle bivouaqua à Aïn-el-Bridja, où l'on voit beaucoup de ruines romaines ; le 12, sur les bords de l'Aamiguer, à deux heures de marche de Tlemcen. Malgré tous ses efforts pour soulever les tribus, Abd-el-Kader n'avait pu réunir assez de forces pour nous attendre ; il s'éloigna de nuit après avoir enjoint à toute la population maure de le suivre. Ces malheureux s'étaient laissé persuader que les troupes françaises ne resteraient pas au delà de trois jours dans Tlemcen, et qu'après une absence passagère eux-mêmes rentreraient dans leurs foyers.

Les Koulouglis du Mechouar reçurent nos soldats comme des libérateurs ; on ne trouva dans la ville que de pauvres juifs ; le reste de la population était campé à deux lieues au delà, sur le plateau d'Aouchba. Le maréchal fit poursuivre l'ennemi dans sa retraite par deux de ses brigades, auxquelles il adjoignit les Turcs et les Koulouglis de Mustapha-ben-Ismaël, quatre cents cavaliers douers et zmelas, commandés par El-Mezary, et quatre cents cavaliers du désert d'Angad, auxiliaires nouveaux que leur haine contre Abd-el-Kader avait amenés dans nos rangs. L'émir abandonna son camp et ses bagages pour se dérober encore une fois par la fuite à une poursuite active ; cependant, nos auxiliaires musulmans atteignirent son infanterie et la mirent en déroute complète : sa cavalerie avait faibli la première, et se tint constamment hors de portée ; lui-même, vivement poursuivi par quelques indigènes, ne dut son salut qu'à la vitesse de son cheval. Il alla demander asile aux Beni-Amer, suivi de cinq ou six de ses principaux officiers.

Le maréchal ne resta que quelques jours à Tlemcen ; il continua bientôt sa route, laissant au Méchouar un bataillon commandé par le capitaine Cavaignac.

En 1837, Abd-el-Kader, mis en possession de Tlemcen par le traité de la Tafna, en fit sa capitale, et chercha vainement à restaurer l'empire des anciens émirs.

Cette occupation ne dura que cinq années, et le 30 janvier 1842 cette ville était de nouveau occupée par les Français.

\* \* \*

De même que beaucoup de villes arabes, trois de ces côtés se terminent par des ravins escarpés qui en rendent l'accès difficile ; on ne pourrait l'aborder que par sa partie sud-ouest, où la plaine se rattache aux hauteurs voisines. En partant de Biskerich, vieux fort en

ruines, elle longe le ravin très encaissé d'El-Kalah, que l'on traverse sur deux ponts de pierre, et descend jusqu'à un escarpement qui domine le plateau inférieur. Dans cette partie se trouve la porte de Daoudi, par laquelle on entre en venant d'Oran et de Mascara. Tout auprès s'élève un minaret dont les matériaux paraissent provenir d'un monument romain. Immédiatement au dehors est le marabout très révéré de Daoudi, entouré de cimetières. A partir de Daoudi, l'enceinte suit l'escarpement, de l'Est à l'Ouest, jusqu'à la porte Sour-el-Hamman. Entre ces deux points, l'ancienne muraille, qui se confond un instant avec la nouvelle, est percée de quelques portes ; la plus abordable est celle de Bab-el-Kernadi ; les autres sont d'un accès peu facile, à cause de la pente du terrain. De Sour-el-Hamman, le reste de l'enceinte, décrivant un arc de cercle, passe dans le vallon qui sépare Tlemcen des montagnes, suit le thalweg et va rejoindre le ravin d'El-Ralah, à trois cents mètres au-dessus de Biskerich. Le développement total est de cinq mille mètres.

L'enceinte nouvelle est plus petite et embrasse à peine le tiers de l'espace enfermé par l'ancienne : elle s'est arrêtée, vers l'Est, à un léger escarpement qui la protège.

Aujourd'hui, Tlemcen est, comme presque tous les grands centres, divisé en deux parties : d'un côté, la ville arabe, qui, avec son méchouar, ses mosquées, sa Kissaria (ancien quartier franc) et ses fondouks, en occupe un peu plus de la moitié ; et la ville européenne, dont les maisons bien alignées s'étendent de la porte des Carrières à la porte N...

La commune de Tlemcen compte actuellement environ 28,000 habitants, dont 3,000 Français et 3,400 Israélites.

Les maisons de Tlemcen ne sont que d'un étage, recouvertes en tuiles ; quelques-unes communiquent, comme à Alger, par des voûtes jetées d'une rue à l'autre ; presque toutes, quoique la chaux ne soit pas rare, ne sont pas blanchies extérieurement, ce qui leur donne un aspect sombre et triste.

« Les rues du quartier juif, dit l'abbé Bargès, entre la place de la Mairie et l'esplanade du Méchouar, ont généralement leurs maisons coupées en deux par des alignements, maisons basses et obscures, dans lesquelles on descend, comme dans une cave, par un escalier de plusieurs marches ; des murs lézardés, ou tombant en ruine, sont tapissés extérieurement de bouse de vache et percés de deux ou trois trous, en guise de fenêtres ; ajoutez à ce tableau des enfants sales, complètement nus, se chamaillant dans les cours des maisons ou au coin des rues, et

UNE RUE ATLEMCEN

faisant aboyer les chiens du quartier. D'un autre côté, suivez-nous, si vous le pouvez, dans ce dédale de rues et d'impasses, où l'on ne rencontre ni boutiques, ni hommes, ni bêtes ; traversez avec nous ces longs passages couverts où, pour marcher, il faut ôter son chapeau et se courber jusqu'à terre, si l'on ne veut pas se rompre la tête contre les poutres et les solives des maisons superposées. L'existence de ces rues presque inaccessibles, l'intérieur de ces maisons, qui ne ressemblent pas mal à des cavernes de brigands ; en un mot, l'aspect misérable que présente ce *ghetto* s'explique quand on se rappelle les avanies et les vexations de toute espèce que les juifs étaient forcés de subir sous l'empire des beys turcs, et même antérieurement, sous le règne des sultans de Tlemcen. L'histoire nous apprend qu'à la mort d'Abou-Abd-Allah, l'an 923 de l'hégire (1517 de J.-C.), le quartier des Juifs fut saccagé, et que, depuis cette fatale époque, ils ont presque toujours été en proie à la misère et à la détresse. S'il y en avait dans le nombre qui possédassent des richesses, ils avaient soin de les soustraire à l'avarice des dominateurs du pays, en affectant les dehors de la pauvreté. Aujourd'hui en-encore, malgré leur affranchissement politique et la sécurité que leur assure l'égalité des droits avec les musulmans, leurs anciens oppresseurs, ils conservent des restes de cette habitude, qu'ils ont contractée sous les terreurs de la tyrannie... »

.*.

Tlemcen possède de nombreuses curiosités, entre autres le *Méchouar*, ancien palais des sultans Zeiyanides ; sur la place de la Mairie, *la grande mosquée* ; sur la place d'Alger, la *mosquée d'Abou'l-Hassan* ; en dehors de la ville, près la porte du N..., la *mosquée de Sidi-Haloui*

A part ces trois mosquées, les autres sont peu intéressantes et ne méritent pas d'être visitées à l'intérieur.

Les vestiges de l'architecture arabe, tant vantée par certains écrivains, ne se trouvent plus aujourd'hui que dans ces trois édifices.

## LE MÉCHOUAR

« C'est au Méchouar, dit un écrivain, qu'Abou-Tachfin possédait un arbre d'argent sur lequel on voyait toutes sortes d'oiseaux de l'espèce de ceux qui chantent. Un faucon était perché sur la cime. Lorsque les soufflets qui étaient fixés au pied de l'arbre étaient mis en mouvement et que le vent arrivait dans l'intérieur de ces oiseaux, ceux-ci se mettaient à gazouiller et faisaient entendre chacun son ramage qui était facile à reconnaître. Lorsque le vent arrivait au faucon, on entendait l'oiseau de proie pousser un cri, et, à ce cri, les autres interrompaient tout à coup leur gazouillement. »

C'est encore au Méchouar que le sultan Abou-Hammou-Moussa II célébrait la fête du Mouloud (naissance du prophète), avec beaucoup plus de pompe et de solennité que tous les autres. « Pour cela, il faisait préparer un banquet auquel étaient invités indistinctement les nobles et les roturiers. On voyait dans la salle, où tout le monde était réuni, des milliers de coussins rangés sur plusieurs lignes, des tapis étendus partout et des flambeaux, dressés de distance en distance, grands comme des colonnes. Les seigneurs de la cour étaient placés chacun selon son rang, et des pages revêtus de tuniques de soie de diverses couleurs circulaient autour d'eux, tenant des cassolettes où brûlaient des parfums et des aspersoirs avec lesquels ils jetaient sur les convives des gouttes d'eau de senteur ; en sorte que, dans cette distribution, chacun avait sa part de jouissance et de plaisir. — Ce qui excitait surtout l'admiration des spectateurs, c'était la merveilleuse horloge qui décorait le palais du roi de Tlemcen. Cette pièce de mécanique était ornée de plusieurs figures d'argent, d'un travail très ingénieux et d'une structure solide. Au-dessus de la caisse s'élevait un buisson et, sur ce buisson, était perché un oiseau qui couvrait ses deux petits de ses ailes. Un serpent qui sortait de son repaire, situé au pied de l'arbuste, grimpait doucement vers les deux petits, qu'il voulait surprendre et dévorer. Sur la partie antérieure de l'horloge étaient dix portes, autant que l'on compte d'heures dans la nuit, et à chaque heure une de ces portes tremblait en frémissant ; deux portes, plus hautes et plus larges que les autres, occupaient les extrémités latérales de la pièce. Au-dessus de toutes ces portes et près de la corniche, on voyait le globe de la lune qui tournait dans le sens de la ligne équatoriale et représentait exactement la marche que cet astre pouvait suivre dans la sphère céleste. Au commencement de chaque heure, au moment où la porte qui la marquait faisait entendre son frémissement, deux aigles sortaient tout à coup du fond des deux grandes portes et venaient s'abattre sur un bassin de cuivre, dans lequel ils laissaient tomber un poids, également en cuivre, qu'ils tenaient dans leur bec ; — ce poids, entrant par une cavité qui était pratiquée au milieu du bassin, roulait dans l'intérieur de l'horloge. Alors le serpent, qui était parvenu au haut du buisson, poussait un sifflement aigu et mordait l'un des petits oiseaux, malgré les cris redoublés du père, qui cherchait à le défendre. — Dans ce moment, la porte qui marquait l'heure présente s'ouvrant toute seule, il paraissait une jeune esclave, douée d'une beauté sans pareille, portant une ceinture en soie rayée ; dans sa main droite, elle présentait un cahier ouvert où le nom de l'heure se lisait sur une petite pièce écrite en vers ; elle tenait la main gauche appuyée sur sa hanche, comme quand on salue un calife. »

Il ne reste plus du Méchouar que la mosquée et la muraille crénelée, flanquée de deux tours. Il renferme aujourd'hui un hôpital, des casernes pour l'infanterie et l'artillerie, la manutention, la prison, etc., etc.

UNE RUE A TLEMCEN

## EL-HALOUI

El-Haloui naquit à Séville, qui fut la capitale d'un des plus beaux royaumes fondés en Espagne par les Maures; il y devint cadi (juge); puis, tout d'un coup, il quitta sa patrie, sa fortune et ses honneurs, pour aller faire un pèlerinage à Tlemcen. Là, il ouvrit une petite boutique de confiseur et se mit à distribuer des bonbons et des sucreries aux enfants, qui lui donnèrent le sobriquet de « Haloui ».

Lorsqu'il les eut attirés autour de lui par ses friandises et ses bouffonneries, il changea subitement de ton et commença à les exhorter, ainsi que la foule qui grossissait rapidement, et cela avec tant d'éloquence, que toute la ville se convertit.

Le bruit des miracles qu'il opérait parvint aux oreilles du sultan, qui le nomma gouverneur de son fils; mais cette nomination fit ombrage au grand visir. El-Haloui fut accusé, jugé et condamné, comme sorcier, à avoir la tête tranchée hors de la ville. Le soir même de cette exécution, qui avait soulevé l'indignation publique au plus haut degré, au moment où le « boubouab » (portier de la ville) avertissait, selon l'usage, les retardataires, qu'ils eussent à rentrer avant qu'on fermât les portes, il entendit une voix sépulcrale lui crier : « Ferme tes portes, boubouab ! Il n'y a plus personne dehors, sauf El-Haloui l'opprimé. »

Pendant sept jours, la même voix se fit entendre, répétant les mêmes paroles, et déjà le peuple commençait à murmurer ouvertement.

Le sultan, ayant appris ces choses, vint lui-même un soir à la porte de la ville, et s'en retourna en s'écriant : « J'ai voulu entendre, j'ai entendu. » Le lendemain matin, le grand visir fut mis à mort au même endroit où El-Haloui avait été exécuté. Il fut enterré vivant dans un tas de mortier; et, pour apaiser le saint, on construisit sur son tombeau la belle mosquée qui porte encore aujourd'hui son nom. Elle contient de fort belles colonnes d'albâtre oriental; son minaret, revêtu d'« azulejos », est très remarquable.

## LES CASCADES D'EL-OURIT

On arrive aux cascades d'El-Ourit, situées à environ deux lieues de Tlemcen, par un chemin qui serpente dans une vallée riante, remplie de jardins où les orangers sont en très grand nombre; l'horizon est fermé par une magnifique chaîne de montagnes, qui forme, à l'endroit des cascades, une enceinte inaccessible, sauf aux pieds agiles des chèvres. — A El-Ourit, l'eau se précipite par ricochets sur une paroi de rochers rougeâtres et se trouve parfois cachée par la riche végétation dont elle est revêtue. Au milieu de la verdure, éclairée par les rayons du soleil tombant sur la nappe d'eau, ces cascades sont d'un aspect vaporeux et féerique que l'on ne peut cesser d'admirer.

CASCADES D'EL-OURIT

## NEMOURS

Nemours a été bâtie en 1844, lors de la guerre avec le Maroc, pour servir de point de ravitaillement aux troupes expéditionnaires.

Dans les environs se voient quelques ruines de monuments arabes, notamment celles de Djama-R'azouat (la mosquée des Pirates). « Placée à l'est de la crique, sur un rocher d'une aridité affreuse, inaccessible du côté de la mer, à pentes très raides vers la terre, isolée et dominant de toutes parts, comme il convient à un oiseau de proie, R'azouat dresse encore aujourd'hui au-dessus de Nemours, sous un ciel toujours bleu, la vigoureuse silhouette de ses ruines, nichée de pirates autrefois. A la pointe du cap, on voit la mosquée qui lui a donné son nom; à l'autre extrémité du rocher, une autre mosquée tombant en ruines; autour d'elle, les ruines amoncelées d'une misérable enceinte de rocailles mêlées à celles plus misérables encore de la ville; et, dominant tout cet ensemble, un immense pan de mur flanqué de deux grosses tours carrées, souvenir magnifique de la royale Tlemcen du XIV$^e$ siècle. » (Larousse.)

Nemours est située à 36 kilomètres de la frontière du Maroc, et est le chef-lieu d'une circonscription cantonale et d'une commune de plein exercice comptant environ 3,000 habitants.

A 10 kilomètres de Nemours se trouve la fameuse koubba de *Sidi-Brahim.*

Nous trouvons dans l'annuaire historique pour 1845, rédigé par A. Fouquier, le récit suivant, sur le fait d'armes qui s'y rattache :

« M. le maréchal gouverneur était en France, quand on apprit tout à coup d'affreuses nouvelles. Une colonne de quatre cent cinquante hommes, amenée dans une embuscade sur la frontière du Maroc, avait été enveloppée par toutes les forces d'Abd-el-Kader et entièrement écrasée.

« Déjà depuis quelques jours, l'effervescence qui accompagne toujours chez les musulmans, le mois de ramazan, se faisait sentir dans nos rapports avec certaines populations éloignées du centre. Quelques révoltes partielles avaient été aussitôt étouffées que vues. Telles avaient été celles des Beni-Feritt et des Beni-Menassers, terminées par l'exécution immédiate des fauteurs de la révolte. Les Flittas, habitants des montagnes de la Haute-Mina, avaient dû aussi être châtiés vigoureusement par le général Bourjolli.

« Sans donner à ces événements une portée plus grande qu'ils n'avaient réellement, le général de Lamoricière, gouverneur général par intérim, s'était hâté de faire partir deux bataillons.

« La trahison nouvelle qui amenait le massacre de quatre cent cinquante Français ne donnait que trop raison à ces inquiétudes.

« Un chef indigène, qui jusqu'alors s'était montré très dévoué à la France, Moulei-Cheikh, vint prévenir, le 21 septembre, le lieutenant-colonel de Montagnac du 15ᵉ léger, commandant le camp de Djemmâa-Ghazouat (Nemours), petit port de la côte sur la frontière du Maroc, que deux cents hommes, commandés par Abd-el-Kader en personne, allaient venir pour enlever un douar voisin. M. de Montagnac partit avec trois compagnies du 8ᵉ bataillon de chasseurs d'Orléans, commandés par M. Froment-Coste, et soixante cavaliers du 2ᵉ hussards.

« Le 22 au matin, la colonne marchait sans défiance, un peloton de hussards à l'avant-garde, la compagnie de carabiniers à l'arrière-garde, le reste des troupes au centre, lorsque, tout à coup, prête à déboucher du dernier contrefort et du ravin qui mène dans la plaine, à trois ou quatre lieues au plus de Djemmâa-Ghazouat, l'avant-garde fut enveloppée par une nuée de Kabyles. Le colonel de Montagnac, qui marchait en tête, fut tué un des premiers.

« Ne pouvant supposer l'ennemi en forces très supérieures, le commandant Froment-Coste ordonna aux soixante hussards de charger et de l'attendre un moment pour qu'il pût rejoindre l'avant-garde avec le gros de la colonne. Les hussards partent au galop, mais ils reviennent bientôt réduits de moitié : trente des leurs étaient restés sur le champ de bataille. Les trente qui restaient tentèrent un nouvel effort : un seul revint.

« Pendant ce temps, le commandant Froment-Coste, qui s'efforçait toujours de dégager l'avant-garde, tombait mortellement blessé ; déjà l'avant-garde était complètement détruite. Enhardie par ce premier succès, la masse des ennemis se rua sur le centre. Ce qui restait des deux compagnies s'était formé en carré et faisait un feu nourri ; mais bientôt les munitions manquèrent, et il fallut se battre à l'arme blanche.

« Cependant, la compagnie de carabiniers de l'arrière-garde, coupée du centre depuis le commencement de l'action, et vigoureusement attaquée, s'était retirée en bon ordre et était parvenue à gagner un marabout voisin, celui de Sidi-Brahim. Pendant deux jours, sans eau, sans vivres, cette compagnie, renfermée dans le marabout crénelé, résista à toutes les attaques des Arabes. Nos malheureux soldats n'a-

vaient entre eux tous qu'une bouteille d'absinthe ; ils durent boire leur urine pour apaiser leur soif. Abd-el-Kader, qui dirigeait lui-même cette attaque, adressa plusieurs lettres écrites en français aux quatre-vingts carabiniers enfermés dans le marabout. Il leur promettait la vie sauve et de bons traitements, s'ils voulaient déposer leurs armes.

« Quoique réduits à la dernière extrémité, ces braves gens se refusèrent à tout accommodement. Vers le soir du deuxième jour, désespérant de recevoir des secours, le capitaine de Gereaux, seul officier qui n'eût pas été tué, sortit avec ses soldats du marabout, pour se diriger vers Djemmâa-Ghazouat. Parvenue, après des efforts prodigieux, à une lieue environ du camp, cette petite troupe dut traverser un ravin rempli de Kabyles. Les forces de nos soldats étaient épuisées. Le capitaine de Gereaux fut tué ; quatorze hommes seulement parvinrent à regagner le camp ; quatre moururent de leurs blessures. »

## SIDI-BEL-ABBÈS

Sidi-bel-Abbès porta d'abord le nom de *Biscuit-Ville*, en raison du magasin d'approvisionnement qu'elle renfermait alors; aujourd'hui, cette ville est une place militaire d'une certaine importance; elle est traversée par deux larges rues bordées de superbes platanes, qui aboutissent aux quatre portes d'Oran, de Daïa, de Mascara et de Tlemcen.

C'est depuis 1843 seulement que le territoire de Sidi-bel-Abbès est soumis à la domination française. Le 12 juin de cette année, le général Bedeau en prit possession, afin de former, de ce côté, une barrière aux incessantes expéditions des Beni-Amer, tribu arabe remuante et dangereuse, dont Sidi-bel-Abbès était le quartier général et le centre.

Une redoute fut immédiatement bâtie à peu de distance, dans une situation favorable. Cette redoute fut sur le point d'être enlevée par surprise le 20 janvier 1845.

La petite garnison qui y avait été laissée après le départ du gros de la colonne vit bientôt une bande d'Arabes se diriger de son côté sans aucune apparence hostile. Ces Arabes, vêtus de haillons, n'ayant pour toute arme apparente que la matraque habituelle (bâton qui sert de canne), demandèrent bientôt à entrer, ce qui leur fut immédiatement accordé par nos soldats, qui ne voyaient en eux que quelques fanatiques désireux de visiter la koubba voisine.

A peine eurent-ils franchi la porte, que le dernier se retourna vers la sentinelle et, d'un coup de son bâton, l'envoya rouler dans le fossé; aussitôt, à ce signal, les autres sortirent les armes cachées sous leurs burnous et se ruèrent sur nos malheureux soldats.

Tout d'abord surpris par une attaque aussi imprévue, ces

derniers courent à leurs armes, et bientôt, grâce au sang-froid et à l'énergie d'un officier comptable, ils reprennent l'offensive et passent par les armes les cinquante-huit insensés qui avaient failli les égorger.

A cette époque, la ville n'existait pas encore; ce fut par décret du 5 janvier 1849 que la création d'une ville à Sidi-bel-Abbès fut décidée, et depuis lors la jeune citée a prospéré rapidement.

ABD-EL-KADER

## MASCARA

« Mascara, assise sur deux mamelons entre lesquels coule l'Oued-Toudman, comprend cinq parties distinctes : Mascara, Argoub-Ismaïl, Baba-Ali, Aïn-Beïda et Sidi-Ali-Mohammed. Les remparts, dont le pourtour est de 3 kilomètres, sont percés de cinq portes. Les places sont au nombre de huit. Les rues sont propres et assez bien percées. Quatre ponts jetés sur l'Oued-Toudman relient les divers quartiers de la ville. Mascara possède trois mosquées, dont l'une a été convertie en église. Une autre a été convertie en magasin à blé; elle offre un mihrab décoré d'arabesques en stuc. Signalons aussi : l'hôtel de la sous-préfecture, la justice de paix, l'ancien palais de Mohamed-el-Kébir, les casernes, l'hôpital militaire, le théâtre, les bains maures, etc., etc.

On n'a pas de données certaines sur l'origine de Mascara.

Cette ville fut choisie comme résidence du bey pendant l'occupation d'Oran par les Espagnols; elle était alors très florissante; mais elle déclina rapidement dès l'époque où le siège du beylik fut transporté à Oran.

En 1833, lorsque Abd-el-Kader établit le siège de sa puissance à Mascara, elle ne possédait plus qu'une population misérable.

Enfin, le 7 décembre 1835, l'armée française, commandée par le maréchal Clauzel et le duc d'Orléans, arriva à Mascara, après une marche de dix jours et des combats multipliés.

Les Arabes ayant évacué la ville, les Français la livrèrent aux flammes et l'abandonnèrent ensuite.

En 1838, l'émir revint et s'y installa ; il n'en fut chassé qu'en 1841 par les généraux Bugeaud et Lamoricière.

Après avoir complètement détruit la forteresse de Tekedempt, cette colonne se dirigea sur Mascara. Renforcé de quatre mille chevaux que lui avait amenés Ben-Hamed, son khalifat de Tlemcen, Abd-el-Kader se montra, le 30 mai, sur les hauteurs qui avoisinent cette ville, mais on ne put encore le déterminer à combattre. L'armée y entra sans résistance et la trouva tout à fait déserte : les portes et les meubles étaient brisés, mais les maisons intactes. Plusieurs bâtiments servirent, au moyen de quelques réparations, à l'hôpital, aux magasins et au casernement. Avant de reprendre le chemin de Mostaganem, le général Bugeaud laissa dans Mascara le colonel Tempoure avec deux bataillons du 15ᵉ léger, un bataillon du 41ᵉ de ligne, trois compagnies du génie et deux demi-batteries d'artillerie. Le défilé d'Akb-el-Kredda, qu'il avait choisi comme la route la plus directe, présente partout un terrain hérissé d'aspérités ; en le traversant, l'arrière-garde dut repousser l'attaque de cinq à six mille Arabes, qui lui tuèrent ou blessèrent quelques hommes ; ils y laissèrent près de quatre cents des leurs, beaucoup de chevaux et sept des principaux chefs. Ce fut le dernier engagement que nous eûmes à soutenir jusqu'au 3 juin, jour où ces troupes rentrèrent dans leurs cantonnements sans avoir ressenti trop de fatigue, malgré les difficultés qu'elles avaient eues à surmonter en traversant les chaînons entrecroisés de l'Atlas.

# ARZEW

Arzew, située à 42 kilomètres d'Oran, est un petit port qui, par suite de la construction de la ligne ferrée qui conduit maintenant à Saïda et à Mecheria, prend chaque jour une importance plus grande, et peut actuellement abriter plus de deux cents navires de toutes grandeurs.

La compagnie Franco-Algérienne, qui a le droit exclusif de l'exploitation de l'alfa sur plus de 300 hectares au delà de Saïda, dirige sur ce port tous ses convois et chargements.

Avec ses annexes de Moulaï-Mayoun et de Sainte-Léonie, Arzew compte aujourd'hui environ 3,500 habitants, dont la moitié sont Français.

A notre arrivée en Algérie, Arzew, ancienne *Asemaria* des Romains, située à 3 kilomètres de la mer, était une ville en ruines, habitée par une tribu kabyle du Maroc qui était venue s'y établir sous la protection du gouvernement turc. Après la prise d'Oran, cette colonie rechercha notre amitié et fournit même à la garnison tout ce qu'elle put lui procurer.

Abd-el-Kader, furieux de voir des musulmans aider ainsi des chrétiens, fit enlever secrètement le chef de cette tribu et le fit étrangler après l'avoir conduit à Mascara.

Le général Desmichels ayant eu connaissance de cet acte de violence, résolut de prendre possession du port d'Arzew (la Mersa) d'où il pourrait protéger les habitants de la ville. Mais Abd-el-Kader ne l'entendit pas ainsi, et, sans chercher à inquiéter nos troupes dans les positions qu'elles occupaient au bord de la mer, il attaqua les faubourgs d'Arzew et parvint à en chasser les habitants, qui se réfugièrent à Oran et à Mostaganem, ou se mêlèrent aux Arabes de la plaine.

# MAZAGRAN

Le village de Mazagran, situé sur une colline en face la pointe de la Salamandre sur la route d'Oran à Mostaganem, a été complètement transformé depuis notre occupation; les gourbis arabes qui existaient lors de la prise de ce village ont disparu pour faire place à de coquettes maisons françaises, bâties en amphithéâtre en vue de la mer. Seule, l'église, son clocher et sa tour, sont les constructions qui méritent d'être citées au point de vue architectural.

On lit sur la façade :

CET ÉDIFICE A ÉTÉ CONSTRUIT
AVEC LE PRODUIT NATIONAL D'UNE SOUSCRIPTION
EN COMMÉMORATION
DU FAIT D'ARMES DE MAZAGRAN.

« Un petit fort élevé à la hâte par les mains des Français était occupé par la 16ᵉ compagnie du bataillon d'Afrique, forte de cent vingt-trois hommes et commandée par le capitaine Lelièvre. Quant au matériel de guerre, il se bornait à une pièce de 4, quarante mille cartouches et un baril de poudre. Dans la matinée du 1ᵉʳ février 1840, un poste avancé signala l'approche des éclaireurs de l'ennemi, dont le gros n'arriva que le lendemain : il se composait des contingents de quatre-vingt-deux tribus, formant ensemble douze à quinze mille hommes. Mustapha-ben-Tehamy, khalifa de Mascara, marchait à la tête de cette masse aussi confuse que barbare, qu'appuyaient deux pièces de canon et un bataillon d'infanterie régulière de l'émir. Le 2, les Arabes commencent à menacer la chétive fortification en ouvrant à 500 mètres le feu de leur artillerie, puis viennent planter quatorze de leurs étendards au pied de ses murs en terre, à l'assaut desquels ils se précipitent avec une fureur qu'excitent à la fois le fanatisme et l'appât des récompenses promises par leur chef. — Pendant quatre jours et quatre nuits, l'héroïsme de la défense fut égal à la fureur de l'attaque.

« Doué d'un rare courage, d'un sang-froid à toute épreuve, le capitaine Lelièvre se montra constamment à la hauteur de sa noble tâche. Plus de la moitié de ses cartouches étant consommée dès la première journée, il recommande, afin de ménager le reste, de ne plus se servir que de la baïonnette pour renverser les assaillants. Plusieurs fois, le drapeau national, arboré sur l'humble redoute, eut son support brisé; il fut constamment relevé avec enthousiasme, et sa flamme criblée de balles, agitée comme par un chevaleresque défi. Aussi modeste qu'intrépide, le brave qui commandait à ces braves n'a pas voulu accaparer toute la gloire; montrons-nous, comme lui, juste envers les hommes placés sous ses ordres immédiats, et qui le secondèrent le plus dignement : c'est l'intrépide lieutenant Magnien, qui n'abandonnait la brèche que pour porter secours aux blessés; c'est le sous-lieutenant Durand ; ce sont les sergents Villemot et Giroux, qui se multiplièrent en quelque sorte pour se trouver partout en aide à leurs frères d'armes. Rapporter les faits héroïques et isolés qui firent briller ces mémorables journées serait chose impossible; nous ne pouvons mieux remplacer les détails que par les deux passages suivants extraits d'un rapport du capitaine Lelièvre.

« Le 3, un peu avant la pointe du jour, je fis placer quinze hommes au-dessus de la porte pour la défendre, sous les ordres de M. le sous-lieutenant Durand. Avant de l'enfermer dans ce faible réduit, je lui serrai la main en lui disant : « Adieu, il est probable que nous ne nous reverrons plus, car vous et vos hommes devez mourir en défendant ce poste. » M. Durand et ses hommes s'écrièrent : « Nous le jurons. »

Dans la soirée du 4, voyant que ses munitions allaient être épuisées, il réunit sa troupe, et lui adresse cette courte mais énergique allocution :

« Nous avons encore un tonneau de poudre presque entier et

douze mille cartouches ; nous nous défendrons jusqu'à ce qu'il ne nous en reste plus que douze ou quinze ; puis nous entrerons dans la poudrière pour y mettre le feu, heureux de mourir pour notre pays. Vive la France ! Vive le roi ! »

« La 10ᵉ compagnie accepta cette glorieuse résolution du capitaine et répéta son cri patriotique.

« Enfin, un Arabe, qui a aussi rendu compte de ce beau fait d'armes, s'exprime ainsi : « On se battit quatre jours et quatre nuits. C'étaient quatre grands jours, car ils ne commençaient pas et ne finissaient pas au son du tambour : c'étaient des jours noirs ; car la fumée de la poudre obscurcissait les rayons du soleil ; et les nuits étaient des nuits de feu éclairées par les flammes des bivouacs et par celle des amorces. »

Dès l'apparition des Arabes, le chef de bataillon Dubarrail, qui commandait à Mostaganem, avait eu la pensée d'envoyer du renfort à Mazagran ; mais la faiblesse de sa propre garnison ne le lui avait pas permis. Grandes furent donc les craintes à Mostaganem, tant que le retentissement de la fusillade et du canon y parvint. Pour apprendre à son supérieur qu'il continuait de tenir ferme, le capitaine Lelièvre lança par intervalles plusieurs fusées qui ne diminuèrent que bien faiblement les inquiétudes auxquelles le premier était en proie, inquiétudes plus vives encore lorsque, le 7 au matin, il vit la plaine déserte et qu'aucun bruit ne s'élevait du côté de Mazagran. L'ennemi s'était-il rendu maître du fort ? Ce morne silence était-il le présage du destin funeste de ses valeureux défenseurs ? Pour sortir de cette perplexité, le commandant Dubarrail s'y transportait avec une partie des siens, lorsque le drapeau flottant sur les murailles à demi détruites lui apprit que les Arabes s'étaient retirés, honteux et vaincus, malgré leur immense supériorité

numérique. La joie fut égale de part et d'autre, et la 10ᵉ compagnie, accablée de fatigue, fut portée en triomphe, pourrait-on dire, par ses frères d'armes sur qui semblait rejaillir un rayon de sa gloire. (GALIBERT.)

## SAÏDA

Un service de diligences est établi de Mascara à Saïda et fait ce trajet en neuf heures, le jour en hiver, et pendant la nuit en été.

On peut encore se rendre à Saïda par le chemin de fer en prenant à Mascara un omnibus qui conduit en une heure de temps à Tizi, et de là le chemin de fer qui arrive à Saïda trois heures après.

*Saïda*, situé à 880 mètres d'altitude, compte 590 habitants, dont la plus grande partie sont Espagnols.

C'est à 2 kilomètres de là qu'existait la vieille Saïda, ville bâtie par Abd-el-Kader, puis occupée et complètement ruinée par nos troupes en 1844. Cette ville était carrée et défendue sur trois faces par de fortes et hautes murailles dont la moitié existent encore.

On voit sur les pentes les moins raides l'amandier, l'olivier et le térébinthe. Enfin, au fond de la gorge, roule le torrent, traversant des roches couvertes de vignes, lauriers-roses et autres plantes produisant un effet des plus jolis et des plus pittoresques.

L'enceinte de la nouvelle Saïda contient dans sa partie Est un pavillon d'officiers, une caserne, des magasins pour une garnison de deux cents hommes et cinquante chevaux, puis un hôpital.

Une petite mosquée se trouve sur la place du marché arabe.

Le climat est des plus sains, les eaux abondantes et le pays fertile; ses vignes et ses cultures ont pris un développement considérable, ainsi que la ville elle-même depuis l'ouverture du chemin de fer, dit des Hauts-Plateaux, reliant Arzew à Mecheria, par Saïda.

## MOSTAGANEM

La ville de Mostaganem est située à 90 kilomètres d'Oran. On peut s'y rendre en diligence dans l'espace de six heures; chef-lieu d'arrondissement d'une commune d'environ 14,000 habitants, parmi lesquels on compte 3,000 Français. Mostaganem fut occupée par nos troupes en 1833.

L'histoire de cette ville est des plus confuses. Les uns prétendent qu'elle disparut dans un tremblement de terre, à l'époque de la domination romaine, d'autres disent qu'elle fut fondée par les Arabes vers l'an 453 de l'hégire (1061 de J.-C.); toujours est-il qu'en 1516 elle passa au pouvoir du sultan de Tlemcen, sous la domination turque. C'est à cette époque qu'elle fut des plus florissantes, de nombreux Maures s'y étant établis, entreprirent de grandes exploitations agricoles et la culture du coton y fut alors importée avec succès. Malheureusement cette ère de prospérité fut de courte durée : les invasions espagnoles et les incursions arabes paralysèrent bientôt le mouvement agricole et industriel, et en 1830, à l'époque de la prise d'Alger, Mostaganem et ses environs avaient repris leur aspect primitif et ne produisaient plus que le strict nécessaire pour la consommation des habitants.

Aujourd'hui, cette ville se divise en deux quartiers, Mostaganem d'un côté et de l'autre Matmore, séparés tous deux par le ravin de l'Aïn Seufra. Autour de cette ville, et dans un rayon restreint, on compte vingt villages en pleine prospérité. A 4 kilomètres au Sud, on rencontre les charmants sites de la *Vallée des Jardins*.

Un chemin de fer de Mostaganem à Tiaret est en ce moment en construction, et traversera la vallée de la Mina.

## MECHERIA

Aujourd'hui, une ligne ferrée conduit d'Arzew à Mecheria en dix-sept heures.

Ce voyage se divise ainsi :

Sept heures vingt-cinq de trajet pour aller d'Arzew à Saïda, où l'on est obligé de passer la nuit, et neuf heures quarante entre Saïda et Mecheria, avec arrêt d'une heure au Khreider où un buffet est installé.

*Mecheria*, à 182 kilomètres de Saïda, compte environ 750 habitants. Un poste pouvant contenir 2,000 hommes s'étend derrière la gare ; de l'autre côté se trouvent quelques cabarets turcs et marchands de comestibles. Sur un des sommets du Djebel-Antar se trouve une redoute à proximité du camp.

Grâce à la ligne d'Arzew à Mecheria, on peut désormais concentrer sur ce dernier point les troupes, les munitions et les approvisionnements qui parviennent d'Oran en dix heures, et d'Alger en vingt-quatre heures.

Autrefois, les troupes devaient fournir quinze journées de marche pénible pour se rendre du littoral à Mecheria.

## MAZOUNA

Une diligence qui part tous les jours de Mostaganem conduit à Cassaigne, petit village situé à 64 kilomètres de Mazouna ; de là, pour aller à ce dernier endroit, on doit prendre la route stratégique qui conduit à Renault, par les vallées du *Mediouna*.

*Mazouna* compte 2,125 habitants, parmi lesquels plusieurs Européens et un instituteur dirigeant une école arabe-française.

Mazouna, qui a dû être fondée par les Romains, est un des sites les plus beaux de la province d'Oran.

Après avoir suivi les grandes vallées du Médiouna, on est agréablement surpris par l'aspect de la ville et de son vallon que l'on domine d'une hauteur de 100 mètres. Rien ne peut rendre l'effet de ce jardin fleuri, limité par deux larges collines vertes. Vous découvrez de là un mélange de champs, vignes, jardins, chemins entourés de fleurs, sources serpentant parmi les arbres qui les ombragent et au centre de tout cela les blanches maisons arabes décorées de leurs terrasses. La ville est étagée sur trois larges mamelons en forme de pyramide. Vue du haut des collines, la ville paraît avoir une certaine importance et n'est en réalité qu'un amas de masures en ruine. — A l'entrée de la ville, le ruisseau, qui plus loin devient affluent de droite du Chelif, sous le nom d'Ouarizane, forme une très curieuse cascade de 15 à 20 mètres, tombant sur une véritable draperie d'incrustations calcaires. Les jardins sont arrosés par plusieurs sources qui se trouvent en amont. La vallée se creuse au-dessous de la ville pour se transformer en une étroite fissure qui aboutit à la plaine du Chelif.

C'est à Mazouna, sur une hauteur, qu'est situé le berceau des *Senoussia*.

C'est là qu'habitait le cheik Mohammed-ben-Ali-el-Senoussi-el-Medjahiri, qui quitta La Mecque, après s'être fait des ennemis par son austérité et sa rigidité.

Après avoir fondé El-Beïda, à la fois monastère, mosquée, école, etc., il se retirait dans l'oasis de Faredgha.

Son fils, qui lui succéda en 1859 dans sa capitale de Djararoub, est aujourd'hui le grand chef de tous les khouans du monde.

On trouve à Mazouna des poteries semblables à celles de la Kabylie et qui sont fabriquées par les femmes indigènes.

ARABES A LA RIVIÈRE

## TIARET

Tiaret, qui signifie « station » en berbère, se trouve près de la limite du Tell et des Hauts-Plateaux, sur un point culminant d'où l'on embrasse une très grande étendue ; on aperçoit le Djebel-Goudjila, le Djebel-Amour et le Nador. C'est en 1843 que le général Lamoricière, relevant les ruines romaines à Tiaret, commença le rétablissement d'une ligne de postes. C'est de là qu'Abd-el-Kader s'élança contre nous, à l'origine de la lutte.

L'enceinte de Tiaret est bastionnée et percée de trois portes. C'est par la porte du Nord ou de Mascara qu'on entre dans le quartier de la Redoute, habité par des Européens et des Juifs; c'est le quartier commerçant. Sidi-Khraled, réuni aujourd'hui à Tiaret, en est le quartier principal et le plus vivant; c'est là que se trouve la *place des Caravanes*, entourée par la poste, l'hôtel d'Orient, la gendarmerie, la prison et l'énorme escalier conduisant à la mosquée; l'Oued-Tiaret qui le traverse forme de nombreuses cascades et arrose de superbes jardins à l'ouest.

Dans le *Fort* ou quartier militaire se trouvent : un quartier de cavalerie, deux casernes d'infanterie, un hôpital, des magasins, un cercle pour les officiers et une chapelle.

Le marché, qui se tient tous les lundis, est très important. Aux environs se trouvent d'immenses pâturages et de grands troupeaux.

Le territoire est fertile en céréales, la vigne y vient très bien.

On se rend de Mascara à Tiaret à cheval ou à mulet.

## AÏN-SFISIFA

Aïn-Sfisifa, près de la frontière du Maroc, est l'oasis la plus importante en venant d'Oran par Tlemcen; elle compte environ 1,000 habitants. Aïn-Sfisifa doit son origine à la Koubba de Lella Sfixa, mère des Oulad-Nahr; elle est bâtie en amphithéâtre, un acqueduc en bois amène les eaux dans le ksar; le climat est très froid et l'absence de palmiers rend Aïn-Sfisifa peu agréable à la vue.

Une diligence fait le service, d'Oran à Tlemcen, en dix-sept heures; mais, pour se rendre ensuite à Aïn-Sfisifa, ce voyage rencontre de grandes difficultés.

De Sebdou à El-Aricha, il faut traverser des forêts de chênes jusqu'aux hauts plateaux qui se trouvent à environ 13 kilomètres de Sebdou. En sortant d'El-Aricha, on parcourt de grandes plaines arides et on arrive au chott Gharbi ou de l'Ouest; on franchit ensuite le Djebel Amara, qui se trouve au centre, pour arriver à Aïn-ben-Khrelil, redoute située à 1,190 mètres d'altitude. Après Aïn-ben-Khrelil, on traverse une zone coupée de montagnes sablonneuses, de plaines et de vallées sans aucune végétation.

## GÉRYVILLE

*Géryville*, poste militaire sur la lisière sud des Hauts-Plateaux, tient son nom du colonel Géry, qui, en 1845, forçait Abd-el-Kader à rentrer dans le Maroc. Géryville compte environ 875 habitants, et, grâce à son altitude très élevée (1,300 m.), possède un excellent climat. Des sources très pures et très abondantes arrosent son ravin.

On se rend d'Oran à Géryville, en prenant le chemin de fer d'Oran à Perrégaux, puis de Perrégaux à Saïda, et enfin la route stratégique de Saïda à Géryville.

## SEBDOU

*Sebdou* (350 habitants), qui signifie lisière, était une petite place militaire élevée par Abd-el-Kader.

Située sur un oued (ou rivière), à 958 mètres au-dessus de la mer, Sebdou possède un climat désagréable, très froid en hiver et fiévreux en été.

Tous les jeudis, marché arabe.

Un service de diligences est établi entre Tlemcen et Sebdou ; le trajet se fait en cinq heures.

## RAS-EL-MA

*Ras-el-Ma* se trouve être, quant à présent, la limite de la future ligne de pénétration dans le Sud-Ouest oranais.

Le chemin de fer venant d'Oran conduit de Sidi-bel-Abbès à Ras-el-Ma.

## AFLOU

Ce n'est qu'à cheval ou à mulet qu'on peut aller de Tiaret à Aflou.

On rencontre : *Oussekr*, poste de ravitaillement qui se trouve sur l'oued *Bou-Hadjar*.

Le village d'*Aflou*, situé à 1,350 mètres d'altitude, dans le Djebel-Amour, au Nord-Ouest et à 20 kilomètres d'El-Aricha, compte environ 1,300 habitants; il possède une maison de commandement et un bureau arabe, annexe du cercle de Tiaret.

## MANSOURA

Ibn-Khaldoun raconte comme suit l'histoire de Mansoura :

« A l'endroit où l'armée avait dressé ses tentes, s'éleva un palais pour la résidence du souverain ; ce vaste emplacement fut entouré d'une muraille et se remplit de grandes maisons, de vastes édifices, de palais magnifiques et de jardins traversés par des ruisseaux. Ce fut en 702 (1302) que le sultan fit bâtir l'enceinte des murs et qu'il forma ainsi une ville admirable, tant par son étendue et sa nombreuse population que par l'activité de son commerce et la solidité de ses fortifications. Elle renfermait des bains, des caravansérails et un hôpital, ainsi qu'une mosquée où l'on célébrait la prière du vendredi, et dont le minaret était d'une hauteur extraordinaire. Cette ville reçut de son fondateur le nom d'El-Mansoura, c'est-à-dire la Victorieuse. De jour en jour, elle vit sa prospérité augmenter, ses marchés se gorger de denrées et de négociants venus de tous les pays ; aussi prit-elle bientôt le premier rang parmi les villes du Mar'zeb. »

Ainsi que Tlemcen, la prospérité de Mansoura subit de nombreuses fluctuations et finit par disparaître complètement, lorsqu'après une sanglante défaite et une cruelle invasion, elle fut frappée d'un arrêt de destruction.

Aujourd'hui, que cinq siècles ont passé sur les ruines de Mansoura, il ne reste plus qu'une partie de son enceinte et le minaret de la mosquée. A l'extrémité du village français qui a succédé, au bout de cinq cents ans, à cette grande cité, on voit encore les vestiges d'un édifice qui n'était autre que le palais du sultan, s'il faut en croire l'inscription suivante trouvée sur un chapiteau : « La construction de cette demeure fortunée, palais de la Victoire, a été ordonnée par le serviteur de Dieu, Ali, émir des musulmans, Abou-Saïd, fils de Yakoub, fils d'Abd-el-Hak; elle a été achevée en 545 hég. (1344-1345). »

LES CHASSEURS D'AFRIQUE

# L'ARMÉE D'AFRIQUE

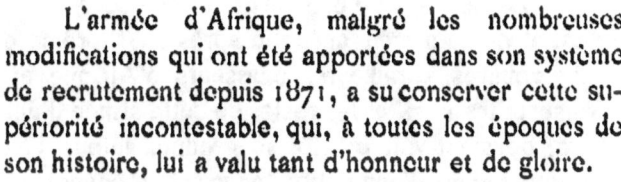

L'armée d'Afrique, malgré les nombreuses modifications qui ont été apportées dans son système de recrutement depuis 1871, a su conserver cette supériorité incontestable, qui, à toutes les époques de son histoire, lui a valu tant d'honneur et de gloire.

Si, dans maintes circonstances, il nous est encore donné d'admirer la bravoure et le sang-froid déployés par nos troupes d'Afrique, nous le devons bien un peu à leur ancienne réputation, car, à côté de la valeur individuelle et de l'habitude acquise de vaincre toutes les difficultés, il faut placer le respect et l'amour de la tradition, l'esprit de corps, qui, sur tous ces soldats, jeunes et vieux, a une si grande influence.

C'est l'esprit de corps qui, dans les moments de défaillance, relève le moral; c'est l'esprit de corps qui, dans les moments difficiles, donne la force nécessaire pour garder intacte la réputation laissée par les anciens.

Aujourd'hui, si l'armée d'Afrique est complètement transformée sous le rapport du recrutement, elle ne l'est point en ce qui touche à cette idée, à ce sentiment; les souvenirs des héroïques faits d'armes inscrits en lettres d'or dans l'historique de ses régiments, n'ont pas peu contribué à stimuler la bravoure de ces jeunes soldats qui, fiers de leurs devanciers, fiers de leur drapeau, se sont, tout dernièrement encore, conduits si brillamment pendant l'expédition du Tonkin.

La vieille armée d'Afrique n'était composée que de régimentaires et d'engagés volontaires, et c'est là précisément ce qui faisait sa force; chacun y poursuivait un but, celui-ci l'avancement, celui-là la retraite. Le régiment était alors une grande famille où l'on pouvait y passer vingt-cinq ou trente ans de son existence, puisqu'à cette époque la promotion à un grade supérieur n'entraînait pas le changement de corps. Les officiers connaissaient leurs hommes, comme les hommes connaissaient leurs officiers, et de là existait une confiance réciproque qui dégénérait souvent en camaraderie, chose heureuse et aussi nécessaire pour les uns que pour les autres, surtout en Algérie.

Tout pour l'honneur du régiment, c'était la devise de ces braves troupiers, et on les a vus sur tous les points du globe, en Afrique, en Crimée, en Chine, au Mexique, en Italie, etc., défendant vaillamment leur drapeau et le couvrant de gloire.

Les champs de bataille de Vissembourg, Sedan, Patay, etc., virent cette vieille armée anéantie après un suprême et dernier effort, mais les zouaves, tirailleurs, chasseurs d'Afrique et spahis ne pouvaient disparaître ainsi, et les restes de cette armée d'élite, échappés au désastre, devaient voir bientôt se grouper autour d'eux une nouvelle génération pleine d'admiration pour ses prédécesseurs et prête à marcher sur leurs traces.

Actuellement, à l'exception des spahis, les régiments d'Afrique reçoivent le contingent annuel; mais ce qui fera toujours leur force et qui leur donnera toujours une supériorité marquée sur les autres armes, ce sont les engagés volontaires, qui vont là-bas en très grand nombre, pleins d'illusions et d'espérances, et parmi lesquels on trouve facilement d'excellents sujets pour la formation des cadres.

## LES ZOUAVES

L'utilité de former un corps de troupes dans lequel seraient admis les indigènes se révéla presque aussitôt la prise de possession d'Alger, et M. de Bourmont eut la pensée d'organiser ce corps; mais ce fut le général Clausel qui, par arrêté du 1ᵉʳ octobre 1830, ordonna la formation de deux bataillons d'indigènes, sous le nom de zouaves.

Aujourd'hui, les zouaves, entièrement composés de Français, sont divisés en quatre régiments, répartis de la manière suivante :

1ᵉʳ Alger (Alger), colonel Juffé; — 2° Oran (Oran), colonel Thiéry; — 3° Philippeville et Constantine), colonel Lucas; — 4° Tunis (Tunisie), colonel Faure-Biguet.

SPAHI FRANÇAIS

## LES TIRAILLEURS

Une ordonnance du 7 décembre 1841 prescrivit la formation de bataillons d'infanterie indigène, prenant la dénomination de *bataillons de tirailleurs indigènes* et portant, en outre, le nom de la province ou de la subdivision dans laquelle ils furent organisés.

Dès le début, le nombre de ces bataillons fut fixé à trois, dont un pour la province d'Alger et de Tittery, un pour celle de Constantine, et le troisième pour celle d'Oran.

Actuellement, les tirailleurs, appelés vulgairement *turcos*, sont divisés en quatre régiments, répartis comme suit :

1er Blida (Alger), colonel Mourlan; — 2e Mostaganem (Oran), colonel Avezard; — 3e Constantine (Constantine), colonel Marmet; — 4e Sousse (Tunisie), colonel Vincent.

## LES CHASSEURS D'AFRIQUE

Les 1er et 2e régiments de chasseurs d'Afrique furent organisés en vertu d'une ordonnance royale du 17 novembre 1831, qui prescrivit la formation de deux régiments de cavalerie légère.

Une autre ordonnance royale, du 6 janvier 1833, prescrivit la formation définitive, à Bône, d'un autre régiment de chasseurs d'Afrique, sous le numéro 3. Le 4e régiment fut créé par une ordonnance du roi, datée du 31 août 1839, et organisé immédiatement pour être employé dans la province de Constantine. Les 5e et 6e régiments furent créés en 1887.

Voici quel est leur emplacement actuel :

1<sup>er</sup> Blida (Alger), colonel Bonnefous; — 2<sup>e</sup> Tlemcen (Oran), colonel Roullet; — 3<sup>e</sup> Constantine (Constantine), colonel Buffet; — 4<sup>e</sup> La Manouba (Tunisie), colonel Courteil; — 5<sup>e</sup> Alger (Alger), colonel de Girardin; — 6<sup>e</sup> Mascara (Oran), colonel Poulleau.

## LES SPAHIS

Indépendamment de la cavalerie formée en 1831 et 1832, trois corps de spahis furent organisés, le 1<sup>er</sup> en septembre 1834, pour la province d'Alger; le 2<sup>e</sup> en juin 1835, pour la subdivision de Bône; le 3<sup>e</sup> en août 1836, pour la province d'Oran.

Ces corps, composés d'indigènes et d'un certain nombre de Français, se recrutèrent pendant longtemps parmi les cavaliers arabes les mieux montés et sur lesquels on avait les meilleurs renseignements.

Les spahis ayant justifié les espérances que l'on avait conçues de leur institution, ce corps de cavalerie reçut un grand développement en 1841 et fut porté à vingt escadrons.

Ces spahis, répartis dans les différentes provinces de l'Algérie, furent alors placés sous le commandement supérieur du colonel Yousouf.

Actuellement, les spahis, toujours composés d'indigènes, ne comptent comme Français que la moitié des gradés, les élèves brigadiers, les trompettes et les ouvriers. Ils sont divisés en quatre régiments, trois pour l'Algérie et un pour la Tunisie.

1<sup>er</sup> Médéa (Alger), colonel Béchade; — 2<sup>e</sup> Sidi-bel-Abbès (Oran), lieutenant-colonel Blanc; — 3<sup>e</sup> Batna (Constantine), lieutenant-colonel Mohamed-ben-Daoud; — 4<sup>e</sup> Sfax (Tunisie), lieutenant-colonel Ramond.

# ITINÉRAIRES

## LES ENVIRONS D'ORAN

|  | KIL. |  | KIL. |
|---|---|---|---|
| Le Ravin-vert | 3 | Mers-el-Kébir | 7 |
| Santa-Cruz | 3 | Aïn-el-Turk | 15 |
| Bains de la Reine | 3 | Misserguin | 15 |

## D'ORAN A ALGER

(Voir l'itinéraire d'Alger à Oran dans la province d'Alger.)

## D'ORAN A TLEMCEN

|  | KIL. |  | KIL. |
|---|---|---|---|
| D'Oran à la Senia | 6 | Aïn-Temouchent | 76 |
| Misserguin | 20 | Aïn-Sefra | 92 |
| Aïn-Brédéa | 31 | Aïn-Terkalet | 99 |
| Bou-Tlelis | 36 | Ferme Joignot | 105 |
| Lourmel | 47 | Pont-de-l'Isser | 111 |
| El-Rahel | 56 | L'Oued-Amïeur | 119 |
| Rio-Salado | 62 | Tlemcen | 142 |
| Chabet-el-Lham | 70 | | |

## DE TLEMCEN A NEMOURS

|  | KIL. |  | KIL. |
|---|---|---|---|
| De Tlemcen à Bréa | 4 | Bled-Chaba | 42 |
| Hanaïa | 11 | Lella-Mar'nia | 52 |
| Caravansérail de l'Oued-Zitoun | 22 | L'Oued-Mouila | 58 |
| L'Oued-Sidi-Brahim | 24 | Aïn-Tolba | 68 |
| Koubba de Sidi-L'Hassen | 28 | Nédroma | 74 |
| L'Oued-Bridj | 37 | Nemours | 98 |
| Hammam-Bou-R'ara | 40 | | |

## D'ORAN A SIDI-BEL-ABBÈS

|  | KIL. |  | KIL. |
|---|---|---|---|
| D'Oran à Sainte-Barbe du Tlélat | 26 | Les Trembles | 62 |
| Saint-Lucien | 32 | Sidi-Brahim | 68 |
| Les Lauriers-Roses (Mekedra) | 42 | Le Rocher | 73 |
| Oued-Imber | 55 | Sidi-Bel-Abbès | 78 |

## D'ORAN A MASCARA

| | KIL. | | KIL. |
|---|---|---|---|
| D'Oran à Saint-Denis-du-Sig | 51 | Oued-el-Hammam | 77 |
| Ferme d'Aïn-el-Allouf | 63 | *Mascara* | 96 |

## D'ORAN A ARZEW

| | KIL. | | KIL. |
|---|---|---|---|
| D'Oran à Sidi-Marouf | 12 | Saint-Cloud | 28 |
| Hassi-bou-Nif | 15 | Mefessour | 33 |
| Hassi-Amour | 19 | Sainte-Léonie | 36 |
| Hassi-ben-Okba | 22 | *Arzew-le-Port* | 42 |

## D'ARZEW A MÉCHERIA

| | KIL. | | KIL. |
|---|---|---|---|
| D'Arzew à Saint-Leu | 7 | Aïn-el-Hadjar | 182 |
| La Makta | 21 | Tafaraoua | 206 |
| Debrousseville | 38 | Khrafalla | 215 |
| La Ferme-Blanche | 42 | Bordj de Moulaï Abd-el-Kader | 224 |
| Perrégaux | 51 | El-Beïda | 230 |
| Dublineau (Oued-el-Hammam) | 71 | Modzba-Sfid | 236 |
| La Guetna | 81 | Tin-Brahim | 248 |
| Bou-Hanefia | 88 | Hassi-el-Madani | 257 |
| Tizi | 100 | Le Kreider | 271 |
| Froha | 107 | Bou-Guetoub | 285 |
| Thiersville | 113 | Rezaïna | 299 |
| Taria | 127 | Bir-Senia | 313 |
| Charrier | 140 | El-Biod | 323 |
| Franchetti | 145 | Khrebazza | 336 |
| Nazerey | 166 | *Mécheria* | 352 |
| *Saïda* | 171 | | |

## D'ORAN A MOSTAGANEM

| | KIL. | | KIL. |
|---|---|---|---|
| D'Oran à Arzew | 42 | La Stidia | 74 |
| Damesme | 48 | Ouréa | 80 |
| Saint-Leu | 50 | Mazagran | 85 |
| La Makta | 62 | *Mostaganem* | 90 |

# TABLE

|  | PAGES |
|---|---|
| La province d'Oran. | 207 |
| Description générale. | 207 |
| Les juifs. | 211 |
| Les maures. | 215 |
| Les mauresques. | 219 |
| Les mariages. | 225 |
| Les amulettes et talismans. | 229 |
| Le ramadan. | 230 |
| Le couscous. | 231 |
| La diffa. | 233 |
| La tente arabe. | 237 |
| Les mirages. | 240 |
| Oran, description et historique. | 241 |
| Les environs d'Oran. | 249 |
| D'Oran à Tlemcen. | 250 |
| Tlemcen. | 261 |
| Le Méchouar-el-Haloui, cascades d'El-Ourit. | 267 |
| Nemours, Sidi-bel-Abbès, Mascara, Arzew, Mazagran, Saïda. | 271 |
| Mostaganem, Mécheria, Mazouna, Tiaret, Aïn-Sfisifa. | 285 |
| Géryville, Sebdou, Ras-el-Ma, Aflou. | 291 |
| Mansoura. | 293 |
| L'armée d'Afrique (zouaves, tirailleurs, chasseurs d'Afrique et spahis. | 295 |
| Principaux itinéraires. | 299 |

# LE
# SAHARA ALGÉRIEN

## IV. — LE SAHARA ALGÉRIEN

Physionomie générale du Sahara. — Les Arabes sédentaires et nomades. — Les chameaux. — Les chasses à la gazelle, à l'autruche et au faucon. — Description et historique des principales oasis. — Laghouat. — Bou-Saâda. — Aïn-Madhi. — Le M'zab. — El-Goléa. — Ouargla. — Les missions Flatters. — L'oued R'rir. — Biskra. — Les Oulad-Naïl. — Tougourt. — Temacin. — Les Ziban. — L'oued Souf. — Les dunes et le simoun. — Les Oulad-Sidi-Cheikh. — Géryville. — Les fantasias. — Le cheval arabe. — El Abiod. — Les Hamlam-R'araba. — Aïn-Sefra. — Tiout. — Les principaux itinéraires, etc., etc.

# LE SAHARA ALGÉRIEN

## DESCRIPTION GÉNÉRALE

La partie de notre colonie algérienne comprise entre les Hauts-Plateaux et nos dernières possessions dans le Sud est connue sous le nom de Sahara algérien.

Le Sahara algérien commence au-dessous de Géryville, dans la province d'Oran, à Laghouat, dans la province d'Alger, et au-dessus de Biskra, dans la province de Constantine.

D'un aspect sauvage et désolé, ce *Pays des dattes*, comme on le nomme aussi, présente quelques collines rocailleuses, quelques monticules sablonneux, tantôt isolés, tantôt formant des ondulations, puis quelques massifs d'arbustes épineux, dans les dayas, près des redhirs, et enfin les ksour (villages arabes) entourés de leur oasis aux innombrables palmiers.

Malgré son aridité, ce pays serait, cependant, susceptible d'être colonisé, si l'on voulait y continuer les travaux commencés et y apporter les améliorations indispensables pour y attirer les Européens.

Nous trouvons actuellement dans le Sahara de Constantine, une preuve de ce que nous avançons; là, d'importantes plantations ont été faites depuis quelques années, de nombreuses oasis ont été créées, et, grâce aux puits artésiens répandus dans toute cette région, sa fertilité devient, chaque jour, plus grande et ses palmiers-dattiers, continuellement arrosés, produisent des quantités de fruits d'une qualité très recherchée.

Le dattier ne pousse que sous une température moyenne de 20 à 25 degrés. Il faut qu'il ait « la tête dans le feu et les pieds dans l'eau ». Ses fleurs se montrent chaque printemps vers la fin de mars, et ses fruits atteignent leur maturité vers la fin d'octobre. Un dattier produit par an une dizaine de régimes contenant chacun de 8 à 10 kilos de dattes et rapporte environ 25 francs; un hectare produit une centaine de palmiers, c'est donc un rapport annuel de 2,500 francs. Mais ces chiffres n'ont rien d'absolu, le prix des dattes variant selon les années, les provinces et la récolte.

Dans le nord du Sahara, les centres de population sont, le plus souvent, séparés entre eux par des espaces complètement nus et distants de plusieurs jours de marche.

Cependant, sur toutes les lignes et dans toutes les directions, on rencontre des puits qui servent à la fois de lieu de station et d'indication de route.

Il est rare de faire trois jours de marche sans trouver un de ces puits.

Dans le Sahara, la température est extrêmement variable, les journées sont très chaudes et les nuits sont excessivement froides; il arrive, assez souvent que, dans l'espace de vingt-quatre heures et sous l'influence du rayonnement nocturne, le thermomètre descend à 5 de-

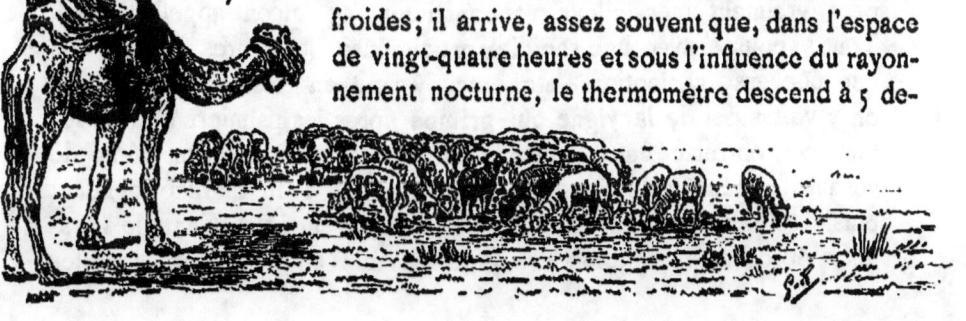

grès au-dessous de zéro après avoir atteint plus de 50 degrés au-dessus.

C'est là le pays des chameaux et des moutons, c'est là la région des chasses à la gazelle, à l'autruche et du vol au faucon.

* * *

La population saharienne comprend les *sédentaires* et les *nomades*. Les sédentaires habitent dans les ksour et dans les oasis.

Le ksar (singulier de ksour) est généralement un village fortifié, construit dans les plis ou sur le flanc d'une montagne et dans lequel les nomades déposent leurs réserves de provisions ou leurs denrées.

Les maisons de ces villages sont, le plus ordinairement, construites en terre séchée au soleil, puis blanchies à la chaux; les rues sont étroites, tortueuses, mal aérées; la population, de sang mêlé, est presque partout chétive et malingre.

Les *sédentaires* cultivent des jardins dont les légumes sont la principale production. Ces jardins, plantés au milieu des palmiers, entourés de murs en terre et arrosés par de petits canaux, ont un aspect vraiment merveilleux et constituent ce qu'on appelle l'*oasis*.

Tout y pousse avec une rapidité prodigieuse, les arbres fruitiers tels que pêchers, abricotiers, etc., etc., y sont en assez grand nombre; on y voit aussi de la vigne qui grimpe après les palmiers et dont les rameaux, entrelacés aux branches de ces arbres, forment un dôme de verdure impénétrable au soleil. Aussi, après avoir marché pendant plusieurs jours sous un soleil de plomb et sur un sol brûlant, le voyageur éprouve-t-il un bien-être indéfinissable en pénétrant au milieu

de cette frondaison et de cette fraîcheur. Le plus grand calme règne dans ces jardins, les nègres, qui le plus souvent s'en occupent, travaillent sans bruit, et le silence n'est troublé que par le roucoulement des tourterelles, le chant des oiseaux et le gémissement de la poulie des puits.

Les populations sédentaires vivent du produit de leurs jardins et de leur commerce d'échange avec les nomades.

Les *nomades* ont leurs tentes autour des villages et dans un rayon plus ou moins étendu.

A l'approche des grandes chaleurs, au mois de mai généralement, ils se dirigent vers le nord, s'arrêtent dans les endroits où la végétation tardive leur offre des ressources en herbage, puis descendent dans le Tell où ils échangent, contre des grains, une partie de leur bétail, de leur laine, ainsi que les divers produits de leur industrie.

C'est pendant cette période de voyages que les tribus nomades sont susceptibles d'être razziées; de temps à autre et lorsque le bétail et les grains provenant de la dernière razzia commencent à s'épuiser, les Oulad-sidi-Cheikh ou les Chambâa se mettent en campagne et profitent de la première occasion qui se présente pour remplir leurs silos et reformer leurs troupeaux; puis, ainsi réapprovisionnés, ils vivent ensuite en honnêtes gens pendant plusieurs années.

Il est vrai qu'il arrive parfois que les voleurs eux-mêmes se trouvent volés et que leurs caravanes sont à leur tour razziées par les pirates du désert, leurs voisins les Touaregs.

TOUAREG

Les oasis du Sahara forment trois archipels principaux.

Au centre (*Sahara algérien*) : celui des Beni-M'Zab, non loin duquel est la vaste oasis de Ouargla.

A l'Est (*Sahara de Constantine*) : celui des Ziban, du Souf et de l'Oued-R'rir.

A l'Ouest (*Sahara oranais*) : celui des Oulad-sidi-Cheikh.

## LES CHAMEAUX

Le chameau, cet animal si grotesque et cependant si nécessaire, comprend deux espèces :

Le chameau à deux bosses et le chameau à une bosse ou dromadaire.

C'est cette seconde catégorie qui est employée dans notre colonie algérienne et qui rend de si grands services aux populations sahariennes.

Les formes du chameau sont absolument défectueuses et disproportionnées; aussi font-elles de ces animaux des êtres dont la vue est assez désagréable; mais leur sobriété singulière, la facilité qu'ils ont de passer plusieurs jours sans boire et l'extrême utilité dont ils sont pour l'homme sous une foule de rapports, les mettent au rang des animaux les plus précieux.

La faculté qu'ils ont de supporter la soif pendant plusieurs jours, tient sans doute à ce que les côtés de leur panse sont pourvus de grands amas de cellules cubiques disposées d'une ma nière assez régulière.

Cet ap pareil, exclusif apanage de la famille des camé lides, a reçu le nom de réservoir parce qu'il con tient toujours une certaine quantité d'eau. On suppose généralement que ce liquide est une portion de l'eau que cet animal a absorbée comme boisson; mais il y a lieu de croire que cette eau est au contraire sécrétée par l'appareil lui-même.

Dans différentes circonstances, il est arrivé que des voyageurs surpris par le manque d'eau, se sont trouvés dans la nécessité d'abattre leur monture pour s'emparer de cette poche, qui, grâce à sa réserve, leur permettait d'échapper à la mort et d'atteindre les puits, les plus proches.

Les chameaux ont les doigts réunis en dessous, jusque près de la pointe, par une semelle commune, et le dos chargé de loupes graisseuses.

Cette semelle protège la partie inférieure du pied et donne à l'animal une assiette solide lorsqu'il marche dans les sables.

Quant aux loupes graisseuses, quoiqu'elles donnent à ces animaux un aspect difforme et une tournure disgracieuse qu'augmente encore la laideur d'une tête trop petite, par rapport au volume du corps, et placée horizontalement à l'extrémité d'un long cou, elles jouent un rôle des plus importants.

En effet, lorsque les chameaux ne reçoivent pas une ration suffisante, on voit ces loupes ou bosses s'affaisser par suite de la résorption de la graisse qu'elles contiennent.

La bosse, dans ce cas, se réduit à une peau flasque et vide flottant sur le dos, mais elle redevient pleine et solide dès que l'animal reçoit, sans excès de fatigue, une alimentation suffisante.

La sobriété proverbiale du chameau est une vertu acquise par l'éducation.

L'Arabe ne commence à exercer cet animal qu'à l'âge de quatre ans; jusque-là on l'exempte de travail; néanmoins on s'en occupe constamment et on lui fait souvent faire de longs voyages en compagnie de chameaux de course ou de charge.

A quatre ans, on l'accoutume par degré à porter des fardeaux de plus en plus pesants : il est aussi graduellement habitué à se passer longtemps de boisson et d'aliments.

La charge d'un chameau de force ordinaire est de 400 à 500 kilogrammes. Quelques-uns peuvent porter jusqu'à 600 kilogrammes; mais dans les longs voyages à travers le désert, on ne leur fait pas porter au delà de

300 kilos et leur journée de marche ne dépasse jamais 50 kilomètres.

La chamelle porte un an et allaite son petit pendant le même temps.

La chair des animaux abattus jeunes est saine et mangeable sans être très bonne; le lait est de bonne qualité et plus abondant que celui de la vache, au moins chez les femelles qui ne souffrent pas du manque de vivres.

Le poil qui recouvre inégalement le corps, par touffes, est de deux qualités différentes; l'une assez fine pour qu'on puisse en faire des tapis et toutes sortes de tissus; l'autre grossière et très solide, dont les tribus nomades font l'étoffe de leurs tentes.

Le gouvernement français entretient pour son compte quelques centaines de chameaux qui, avant toute réquisition, sont d'abord mis à la disposition des autorités militaires, lorsqu'il s'agit du départ d'une colonne ou d'une expédition.

La smala des chameaux est située à Talmitt, à 30 kilomètres de Laghouat; elle est confiée à un officier du bureau arabe pour l'administration, et à un sous-officier de spahis pour la direction.

Ce dernier emploi, ingrat au possible, exige du titulaire une entière abnégation des habitudes françaises, une connaissance parfaite de la langue, du caractère et des coutumes arabes et par-dessus tout un courage à toute épreuve.

Seul Français au milieu d'une petite tribu composée de quatre spahis indigènes, de leur famille et de quelques sokrars (domestiques), le maréchal-des-logis Vilmet, qui est là depuis dix ans déjà, s'est habitué à cette existence avec une facilité extraordinaire et il sera certainement difficile de le remplacer lorsqu'il quittera ce poste.

Constamment en voyage pour faire manger ses chameaux, il parcourt le Sahara en tous sens, vêtu en Arabe, vivant de leur existence bizarre et n'ayant pour toute distraction que la chasse.

Aussi, le gouvernement, reconnaissant les services rendus par ce sous-officier, a-t-il été bien inspiré en le décorant de la médaille militaire.

Les meharis (ou mehara) chameaux de course avec lesquels, dans nos possessions de l'extrême sud, sont montés les cavaliers du makhzen, sont habitués très jeunes à lutter de vitesse avec les meilleurs chevaux.

Ils deviennent rapidement d'excellents coureurs; les plus communs font, en un jour, *trois* journées de marche ordinaire; ceux d'une qualité moyenne, *sept* journées; enfin, on en rencontre qui peuvent parcourir en un jour jusqu'à *neuf* journées; ces derniers sont excessivement rares et d'un prix très élevé.

Dans une course de mehara de Tougourt à Biskra en 1887, le vainqueur a franchi 225 kilomètres en vingt-six heures, soit 8 kilomètres 654 mètres à l'heure.

C'est grâce aux chameaux que nous nous sommes rendus maîtres de la région saharienne et que nous y pénétrons chaque jour davantage, et c'est grâce aux mehara, avec lesquels s'effectue le service de la poste, que nous sommes en relations constantes avec nos possessions extrêmes.

Les Touaregs doivent aussi aux mehara les tristes succès qu'ils remportent avec tant de facilités sur les caravanes du Soudan et sur les missions européennes; sans eux, d'ailleurs, il leur serait impossible de vivre dans le désert, d'affronter les innombrables difficultés qu'il présente dans son immense étendue et de poursuivre, avec un acharnement aussi cruel, les malheureux qui s'y engagent.

# LES CHASSES DANS LE SAHARA
## LA GAZELLE

La gazelle qui, comme l'autruche, s'enfonce de plus en plus dans le désert au fur et à mesure que nous nous y engageons, est de la taille du chevreuil dont elle a aussi les formes élégantes. Ses cornes sont rondes, grosses et noires, son pelage fauve-clair dessus et blanc dessous, présente une bande brune le long de chaque flanc. La douceur du regard, la souplesse et la délicatesse de ses formes ont été mille fois célébrées par les poètes orientaux.

Elles vivent en troupe et lorsqu'à la vue des chasseurs elles s'échappent par bandes, des dayas où elles se réfugient d'habitude, leur course folle à travers monts et vallées est tellement rapide que souvent les cavaliers les mieux montés renoncent à les poursuivre.

Aussi, le talent du chasseur consiste-t-il, lorsqu'il aperçoit un troupeau, à essayer tout d'abord de gagner au vent, il s'en rapproche ensuite à une petite allure; puis, quand il est à 6 ou 700 mètres, il lance sur lui son cheval à fond de train et l'approche en une minute ou deux de la distance de soixante à quatre-vingts pas.

C'est alors que sans ralentir l'allure, le chasseur tire dans le principal groupe ses deux coups de fusil chargés à balle ou à chevrotines.

Dans cette chasse on a le double plaisir du courre et du tir; quand un bon chasseur en possède l'habitude, il est rare qu'il ne tue pas une ou deux gazelles dans le troupeau couru.

Les sloughis (lévriers) ou chiens du désert sont les seuls animaux qui puissent lutter de vitesse avec elles, aussi les emploie-t-on dans toute chasse bien organisée.

AVANT LA CHASSE

## L'AUTRUCHE

L'AUTRUCHE, le géant de sa classe, atteint jusqu'à 2 mètres de hauteur, et son poids est de 40 kilogrammes.

Sa tête petite, munie de grands yeux à paupières mobiles et garnies de cils, d'oreilles dont l'orifice est à découvert, et son cou effilé, long de près de trois pieds, sont presque nus ou seulement recouverts de poils épars.

Le mâle adulte a le plumage du corps noir, varié de blanc et de gris, avec les grandes plumes des ailes et de la queue blanches et noires.

La peau nue du cou couleur de chair, prend de même que celle des jambes également nues, une teinte de rouge vif au temps de l'accouplement.

La femelle est brune et d'un gris cendré sur le corps où le mâle est noir; elle n'a de plumes noires qu'à la queue et aux ailes.

L'autruche se couche en pliant d'abord le genou, puis en s'appuyant sur la partie recouvrant le sternum et calleuse à cet effet; ensuite elle se laisse tomber sur la partie inférieure du corps.

Elle court avec une telle rapidité qu'un cheval au galop ne peut l'atteindre que lorsqu'elle est fatiguée.

Son instinct la porte, lorsqu'elle est poursuivie de près, à lancer en arrière, avec ses robustes pieds, tout en courant, des pierres sur son ennemi.

Elle a l'ouïe fine et la vue perçante, mais en même temps les sens du goût et de l'odorat extrêmement obtus et presque nuls, à ce qu'il paraît; car, en domesticité, on l'a vue avaler non seulement toutes les substances végétales et animales, mais encore des matières minérales, même les plus pernicieuses, telles que du fer, du cuivre, du plomb, des pierres, de la chaux, du plâtre, tout ce qui se présente enfin, jusqu'à ce que son grand estomac soit rempli; il est doué, du reste, d'une force si digestive et si dissolvante, qu'elle rend les métaux qu'elle a avalés, usés et même percés par le frottement et la trituration.

L'autruche malgré sa force n'attaque pas les animaux plus faibles qu'elle, et ne se soustrait au danger que par une prompte fuite.

Son cri ressemble à une sorte de gémissement, plus fort chez le mâle que chez la femelle, mais tous deux, quand on les irrite, font entendre un sifflement analogue à celui des oies. Lorsque le mâle recherche la femelle au temps d'accouplement, ce cri ressemble, dit-on, quelque peu au rugissement du lion.

La chasse à l'autruche, dans le Sahara algérien, se faisait, il y a une vingtaine d'années, entre Laghouat, le M'zab et les Oulad-sidi-Cheikh; mais aujourd'hui il faut aller fort loin et dépasser nos dernières posessions.

Il y a deux manières de forcer l'autruche :

Dans la première, le chasseur prend l'autruche avec le même cheval, sans relai ni rabatteur; c'est la chasse la plus difficile, celle qui demande le plus de science du courre et les meilleurs chevaux, elle ne se fait qu'isolément. Dans la seconde, si les chasseurs sont en grand nombre, ils s'embusquent à un endroit convenu, près d'un point culminant, d'un arbre élevé, d'où on puisse voir de loin les autruches que les rabatteurs vont lancer.

Ce qui rend cette dernière manière possible, c'est que les autruches suivent presque toujours la direction qui leur est donnée au moment du lancer.

Si l'autruche, comme la gazelle et bien d'autres animaux, reprenait haleine dans sa course lorsqu'elle est poursuivie, on ne parviendrait pas à la forcer avec les moyens employés; mais du moment où elle est lancée, jusqu'à celui où elle succombe, elle fournit sa traite avec la même raideur et se crève positivement elle-même.

Ce n'est donc qu'après une course des plus opiniâtres que les chasseurs, très bien montés, parviennent à s'emparer des autruches. Victime de l'habitude, elle décrit, en fuyant, de grands cercles que le chasseur sait couper à propos, épargnant ainsi à son cheval une partie du trajet.

Ce n'est qu'après avoir répété ce manège un bon nombre de fois et seulement, parfois, après huit ou dix heures de chasse, que le chasseur parvient à s'emparer

de l'oiseau dont la course est beaucoup plus rapide que celle du cheval le plus léger.

Si on emploie des lévriers pour cette chasse, elle devient moins pénible et moins longue.

## CHASSE AU FAUCON

La chasse au faucon présente des péripéties bien autrement émouvantes que la chasse à la gazelle et à l'autruche; elle exige du chasseur une science toute particulière.

Le faucon indigène de l'Algérie est celui désigné en histoire naturelle sous le nom de *Lanier*. Il est très brave et de haut vol; l'éducation développe ses qualités naturelles.

Pour prendre les faucons, les biâzes (chasseurs ayant cette spécialité) se servent de perdrix, de pigeons et de gangas.

Ils enveloppent ces volatiles d'un réseau de lacs et les mettent en vue en plein champ, ou les placent près des endroits où se réunissent les oiseaux qu'ils veulent prendre.

Le faucon, en se précipitant sur ce qu'il croit être une proie, se prend les serres dans les lacs disposés à cet effet; il en détermine l'action en cherchant à emporter l'appas qui est attaché à une ficelle fixée à une pierre assez lourde pour ne pas être enlevée. Le biâze, qui est resté à l'affût, s'approche alors avec précaution, s'empare du faucon qu'il coiffe d'abord d'un chaperon pour lui ôter toute défense; il lui met ensuite de petites manchettes en cuir, auxquelles il attache des lanières de 6 à 8 pieds de longueur, rattachées par leur autre extrémité au gant de cuir, à la crispin, que porte tout fauconnier lorsqu'il a son oiseau sur le poing.

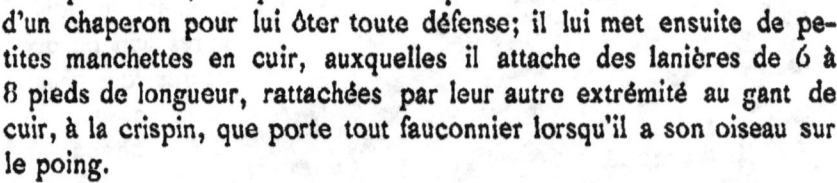

Trente ou quarante jours suffisent ordinairement pour amener le faucon à fondre, au milieu des gens et des chevaux, sur les lièvres et

LA CHASSE AU FAUCON (Les Chasseurs)

les outardes ; à les prendre à pleine serre, à les tuer à coups de bec, à obéir au cri de rappel et enfin à venir se poser sur le leurre quand la proie a été manquée.

De toutes les descriptions qui ont été faites relativement à la chasse au faucon, la plus exacte nous paraît être celle que le général Margueritte a donnée ; nous la reproduisons en partie :

« C'est un spectacle qui exalte au possible que celui de plusieurs faucons qui fondent en cascade l'un après l'autre, sur le lièvre !

« Quelquefois celui-ci est tué du premier coup ; le plus souvent après plusieurs passes de haut en bas.

« Le faucon qui a tué ou pris un lièvre obtient une petite curée, c'est-à-dire qu'on lui donne une ou deux becquées de chair chaude et saignante, pour le récompenser et le tenir en haleine. Pendant la chasse, si un aigle apparaît, quelque éloigné qu'il soit, du théâtre de l'action, on rappelle les faucons et on les chaperonne, parce que l'effroi qu'ils ont de l'aigle les fait fuir et les rend sourds, la plupart du temps, aux cris de rappel. »

Après la chasse aux lièvres, vient la chasse aux outardes, racontée aussi par le général Margueritte :

« Les deux faucons désignés furent déchaperonnés, élevés sur le poing, et aperçurent bientôt celles-ci.

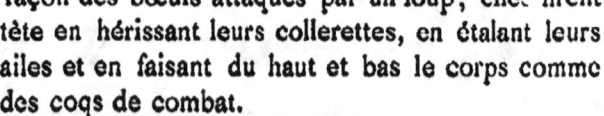

« Un seul fut lâché d'abord.

« Les outardes, en voyant arriver l'oiseau sur elles, se réunirent en un groupe à la façon des bœufs attaqués par un loup ; elles firent tête en hérissant leurs collerettes, en étalant leurs ailes et en faisant du haut et bas le corps comme des coqs de combat.

« Chaque fois que le faucon passait sur elles, elles se rasaient à terre pour se relever ensuite et faire face à l'agresseur.

« Voyant que le faucon seul n'osait attaquer sérieusement la bande, le second fut lâché.

« A ce renfort les outardes qui se sentirent entre deux attaques, eurent peur et s'envolèrent dans toutes les directions.

« Le premier faucon lâché, qui avait l'attitude et le vent favorable, profita de sa position pour fondre sur une outarde qui vint à passer au-dessous de lui ; il fut assez heureux pour lui casser l'aile droite du premier coup de serre et l'abattre !

« Elle n'avait pas touché terre, qu'il l'avait saisie par le cou et tombait avec elle en conservant son avantage, c'est-à-dire le dessus.

« Le second faucon fut moins heureux que le premier ; devancé par les outardes, il fit vainement tous ses efforts pour les rejoindre et n'y put réussir.

« Après plus de deux lieues de poursuite, il allait s'égarer quand son maître qui l'avait suivi à distance, arriva assez près pour lui faire entendre le cri de rappel et lui jeter le leurre. »

LA CHASSE AU FAUCON (Le repas)

# SAHARA ALGÉRIEN

## LAGHOUAT (EL-AR'OUAT)

Première grande étape de la route de Tombouctou, Laghouat est aussi la première oasis que l'on rencontre dans le Sahara algérien proprement dit, en arrivant directement d'Alger.

Situé à 446 kilomètres au sud de cette ville, Laghouat est bâtie en amphithéâtre sur deux mamelons qui divisent en deux parties une oasis de 200 hectares.

Administrée par un conseil municipal, dont le commandant supérieur est le président, cette ville offre aux Européens qui n'y sont encore qu'en très petit nombre une sécurité absolue.

Une garnison importante donne à la ville l'aspect d'une immense caserne, et cela avec d'autant plus d'apparence que les bâtiments militaires dominent de toutes parts. Là c'est le fort Morand; ici c'est le fort Bouscarin; sur la plate-forme la plus élevée, c'est l'hôpital militaire; en plein centre, la place Randon, le bureau arabe, l'hôtel du commandant supérieur, le cercle militaire; non loin de là, le bureau de la place, puis, au bout de la rue d'Alger le quartier des spahis et enfin, en dehors des murs, mais à proximité, le nouveau camp qui, par l'étendue et la diversité de ses constructions, forme une nouvelle ville. Les vieilles rues de Laghouat, tortueuses et étroites, ont été décrites par Théophile Gautier, d'après Fromentin; en voici un extrait : « Une rue de Lar'ouat ne plairait pas aux amateurs du progrès, qui demandent, pour toutes les villes de l'univers, trottoirs, macadam, alignement, becs de gaz et numéros sur lave de Volvic. De chaque côté de la voie accidentée comme un lit de torrent à sec, s'élèvent des maisons, les unes en saillie, les autres en retraite; celles-ci surplombant, celles-là se penchant en arrière et se terminant par un angle carré sous un ciel d'un bleu intense, calciné de chaleur. Grands murs blancs, petites fenêtres noires semblables à des judas, portes basses et mystérieuses, tout un côté dans le soleil, tout un autre dans l'ombre; voilà le décor. Au premier coup d'œil la rue paraît déserte; à l'exception d'un chien pelé qui fuit sur les pierres brûlantes comme sur le sol d'un four, et d'une petite fille hâve se dépêchant de rentrer, quelques paquets au bras, on n'y distingue aucun être vivant; mais suivez, quand votre regard sera moins ébloui par la vive lumière, la tranche d'ombre bleue découpée au bas de la muraille à droite, vous y verrez bientôt une foule de philosophes pratiques, allongés l'un à côté de l'autre, dans des poses flasques, exténuées, semblables à des cadavres enveloppés de leur suaire, qui dorment, rêvent ou font le kiff, protégés par la même bandelette bleuâtre. Lorsque le soleil gagnera du terrain, vous les verrez se lever chancelants de somnolence, étirer leurs membres, cambrer leurs poitrines avec un effort désespéré, secouer leurs draperies pour se donner de l'air, et, traînant leurs savates, aller s'établir autre part, jusqu'à ce que vienne la nuit, apportant une fraîcheur relative.

A Lar'ouat, le bonheur comme l'entend Zofari : *Dormir la tête à l'ombre et les pieds au soleil*, serait incomplet; il faut aussi que les pieds soient à l'ombre, sans cela ils seraient bientôt cuits. »

\*
\* \*

L'origine du nom de cette ville est El-Aghouat (pluriel de El-ghout, bas-fond).

Elle fut bâtie par les Beni-Laghouat, tribu maghraonienne.

Lorsqu'en 1838, Abd-el-Kader se fut emparé du Ksar d'Aïn-Madhi, il voulut aussi conquérir Laghouat, située dans le voisinage, et, profitant des divisions de partis, il parvint à y installer un de ses lieutenants.

Mais après diverses vicissitudes, son autorité fut renversée, et Ahmet-Ben-Salem, chef du Hollaf et maître du pouvoir depuis 1828, reprit le commandement suprême qu'il exerça paisiblement jusqu'en 1844.

A cette époque, voulant se mettre à l'abri d'un nouveau coup de main d'Abd-el-Kader, il fit demander au gouverneur général de l'Algérie, l'investiture et la confirmation du titre de khalifa de Laghouat.

Le maréchal Bugeaud saisit avec empressement cette occasion d'étendre l'influence française sur les oasis et les tribus nomades disséminées dans le Sud. Le général Marey fut chargé de cette expédition, qu'il accompli heureusement et Ben-Salem fut proclamé khalifa et reconnu par les chefs secondaires.

Pendant les années qui suivirent, l'autorité française, quoiqu'un peu ébranlée par les dissentiments intérieurs, ne fut pas méconnue.

En novembre 1852, l'agitateur Mohamed-Ben-Abdallah, plus connu sous le nom de chérif de Ouargla, après s'être créé un parti dans la ville, y pénétra et s'empara du commandement enlevé au fils de Ben-Salem, représentant de la France.

A cette nouvelle, le général Pélissier, commandant supérieur de la province d'Oran, reçut l'ordre de se rendre devant la ville qu'assiégeait déjà le général Yusuf.

Après une canonnade de quelques heures, le 4 décembre 1852, nos troupes, les zouaves en tête,

DANSEUSE OULAD-NAÏL.

étaient maîtresses de tous les postes et faisaient un épouvantable carnage d'Arabes.

Dès ce jour, Laghouat reçut une garnison importante et l'année suivante le cercle fut créé.

L'oasis de Laghouat est superbe et la végétation y est prodigieuse : la vigne, le figuier, le grenadier y croissent mêlés à tous les arbres à fruits du midi de la France.

Cette oasis renferme environ quinze mille palmiers.

Un grand barrage construit sur l'Oued-M'zi a rendu possible la culture d'une grande partie de la vaste plaine qui l'entoure.

Une pépinière plantée depuis plusieurs années déjà, donne aujourd'hui de très beaux résultats, grâce aux nombreuses améliorations apportées par le colonel Fulcrand, qui fut commandant supérieur de Laghouat, de 1881 à 1884.

Par sa situation, la ville de Laghouat est appelée à prendre une extension et une importance considérable, si les projets relatifs à une ligne ferrée, reliant ce centre à Alger, et présentés à différentes reprises par le colonel Fulcrand, sont enfin adoptés; il y a tout lieu de l'espérer, puisque déjà de grandes difficultés vont se trouver vaincues par suite de la construction d'une ligne allant d'Alger à Médéa.

Actuellement, par la voiture qui fait le service de la poste, on peut franchir les 446 kilomètres, qui séparent Alger de Laghouat, en quatre jours, en passant par Blida, Médéa, Boghari et Djelfa.

Les troupes qui viennent par étapes mettent ordinairement dix-neuf jours, y compris les séjours.

Ce voyage n'est pas des plus attrayants en raison des fatigues qu'il occasionne. La route laisse beaucoup à désirer, surtout dans la partie comprise entre Boghari et Laghouat et les voitures qui font le service sont loin de présenter le confortable nécessaire.

Cependant, les voyageurs que ces inconvénients n'épouvantent pas ou qui peuvent faire ce voyage à cheval, en sont récompensés par le spectacle vraiment original que présente une grande cité saharienne.

Avant la terrible inondation de 1884, qui a anéanti une partie du vieux Laghouat où habitaient les nègres, les troupes de cavalerie (chasseurs d'Afrique) étaient installées dans un endroit situé à 2 kilomètres de la ville, de l'autre côté de l'oasis, près de la prise d'eau.

On appelait cet endroit le vieux camp et il ne manquait pas d'originalité.

Construits depuis plusieurs années par les zouaves, des gourbis de toutes formes et de toutes dimensions, bâtis en terre et cailloux, blanchis à la chaux, recouverts de branches de palmiers, donnaient à ce camp un aspect étrange.

L'intérieur des habitations était primitif et le confortable manquait absolument.

Quatre piquets plantés en terre, suspendant un filet dans lequel était placé un sac rempli d'alfa ou de dys, voilà pour le lit; puis une planche clouée au mur, sur laquelle on installait les effets, voilà pour l'armoire et c'était tout.

Les sous-officiers et officiers seuls avaient une fourniture complète, c'est-à-dire un châlit, une paillasse et un matelas.

Cependant, les détachements qui se renouvelaient tous les ans, amenaient presque chaque fois quelques sous-officiers dont l'imagination fertile trouvait le moyen de faire quelque chose avec rien.

Peu de temps avant la destruction du camp par les eaux, les

escadrons, qui y étaient alors installés, comptaient dans leurs rangs un maréchal des logis fourrier, qui, de son gourbis, grand comme un mouchoir de poche, fit une véritable bonbonnière.

Rien n'y manquait : portière, tapis, rideaux au lit, vélum au plafond, et les murs tendus d'une étoffe rouge sur laquelle se détachaient les bibelots arabes et les inévitables photographies, souvenirs de la famille et des amis.

C'était bien l'endroit le plus ravissant qu'on puisse désirer dans un semblable pays, surtout à l'époque de la sieste.

La chaleur ne pouvant y pénétrer, on respirait à l'aise et l'on pouvait ainsi passer agréablement les heures chaudes de la journée et échapper à ce besoin de sommeil qui, à ce moment, absorbe et anéantit les plus courageux.

Aussi, l'hôte de ce boudoir en miniature, aimable et charmant garçon, en faisait-il profiter ses amis, lesquels, toujours indiscrets, se trouvant fort bien, abusaient souvent de l'hospitalité qui leur était offerte et y restaient de longues heures, oubliant parfois le service et ses exigences.

Ce sous-officier, qui nous pardonnera de citer son nom, connu aujourd'hui de tous, se nommait Linière, et quoiqu'aimant le confortable, chose bien naturelle, savait aussi faire son devoir et supporter les privations dans les moments difficiles. Il en donna la preuve, lorsque quelques mois plus tard, ayant obtenu, sur sa demande, de faire partie du premier détachement de cavalerie envoyé au Tonkin, sous les ordres du capitaine Laperrine, il se trouva parmi cette poignée de héros qui protégèrent la retraite de Lang-Son. Nommé d'abord maréchal des logis chef, puis promu sous-lieutenant, il fut décoré de la Légion d'honneur après Lang-Son et revint ensuite en France ; il démissionna quelques mois plus tard, se voyant dans l'impossibilité par suite de ses blessures de faire un service actif.

C'est aussi pendant que ces escadrons de chasseurs d'Afrique étaient à Laghouat que fut organisé, au vieux camp, un théâtre militaire, qui, tous les dimanches, donnait une représentation des plus variées et des plus amusantes.

Le capitaine Laperrine, de glorieuse mémoire, intrépide et élégant cavalier, était l'instigateur de ce spectacle, comme d'ailleurs de tout ce qui pouvait faire plaisir aux hommes placés sous ses ordres ; il savait allier l'utile à l'agréable et était un de ces chefs qui, sachant commander, font envisager une corvée comme la chose la plus charmante du monde.

Aussi s'explique-t-on facilement, quand on a connu ce brillant officier, les actes d'héroïsme exécutés par ses chasseurs d'Afrique, pendant la première partie de l'expédition du Tonkin! Ces gens-là étaient électrisés par la bravoure de leur chef, qui, méprisant le danger, ne connaissait pas d'obstacle; vaincre ou mourir était leur devise et ils se seraient fait tuer jusqu'au dernier s'il l'avait fallu. Seule, l'histoire du chasseur Graillot en est une preuve convaincante.

Ce cavalier, ordonnance du capitaine Laperrine, sur le point d'être libéré du service au moment du départ pour le Tonkin, rengagea pour suivre son officier et se trouva ainsi à la retraite de Lang-Son.

Au moment le plus terrible de cette triste journée, où les chasseurs d'Afrique se multiplièrent, Graillot aperçut le D$^r$ Gentit qui, gravement blessé, allait succomber sous le nombre des ennemis, il s'élance alors pour le secourir, lui fait un rempart de son corps et bientôt, tombe percé de toutes parts.....

Resté évanoui, il ne revint à lui qu'au moment où les Chinois allaient lui trancher la tête et fut assez heureux pour être secouru à temps, par quelques hommes du train à la recherche des blessés et devant lesquels les ennemis se retirèrent.

Décoré et réformé, Graillot est aujourd'hui gardien au palais de Versailles.

* * *

De Laghouat à Bou-Saâda, il y a 263 kilomètres que l'on peut parcourir soit à cheval, soit à dos de mulet; on rencontre alors :

EL ASSAFIA, ancien ksar qui fit longtemps la guerre à Laghouat et dont la moitié fut détruite et l'autre moitié fortement endommagée en 1842 dans les luttes entre le khalifa d'Abd-el-Kader et Laghouat.

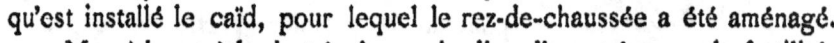

MESSAD, capitale des ksour des Oulad-Naïl. On y compte environ cent trente maisons et une mosquée construite par les Français en 1850. C'est dans cette mosquée qu'est installé le caïd, pour lequel le rez-de-chaussée a été aménagé.

Messâd possède de très beaux jardins d'une très grande fertilité, arrosés par l'Oued-Hamouida.

A 200 mètres des jardins, on aperçoit les ruines du *Ksar-el-Baroud* et un peu plus loin *Demmed*, ksar beaucoup moins important que Messâd, construit au pied du Gada, pic sur lequel sont encore les ruines de l'ancien Demmed.

AIN-SOLTAN, ruines romaines et ksar de peu d'importance dont les jardins sont arrosés par l'Oued-Naçeur.

AMOURA, gîte d'étape sur les hauteurs des Djebel-bou-Kabril, d'où l'on aperçoit à l'horizon le Djebel-Amour. — Sources et jardins.

Et AIN-RICH, caravansérail environné de verdure, de vignes, d'arbres fruitiers, près duquel se trouvent les koubbas de Sidi-Mohamed-Aklid et Sidi-Mohamed-el-Rekik, entourées toutes deux de nombreux débris provenant de l'occupation romaine.

## BOU-SAADA

Bou-Sâada est l'oasis la plus proche d'Alger, elle n'est distante de cette ville que de 258 kilomètres, que l'on peut franchir en trois jours avec la voiture qui fait le service de la poste.

Bâtie en amphithéâtre, cette ville a l'aspect tout à fait saharien : petites rues étroites et pierreuses bordées de maisons en terre à la teinte grisâtre.

Le fort et le réduit où doivent se réfugier les troupes en cas d'investissement, dominent la ville (kasba).

Les quelques constructions européennes, particulières ou affectées au services de l'administration, se trouvent sur la place la plus importante et au pied de la kasba.

Bou-Sâada est entourée par les jardins dont les palmiers sont au nombre d'environ huit mille.

Il s'y fait un commerce d'échange assez considérable sur le marché de Rahbat-Nouader, au sud-est de la ville.

La population est composée d'environ 5,500 habitants dont 500 Français, 350 Israélites et 4,550 indigènes des Oulad-Sidi-Harakta, des Achacha et des Oulad-Atik, descendants de Si-Tamer qui fonda la ville vers le vi° siècle de l'hégire.

Bou-Sâada a été occupé le 14 novembre 1849 par les troupes françaises, sous le commandement du colonel Daumon, plus tard général de division à la suite de l'insurrection du Hodna et de Zaatcha.

Le cercle militaire du Bou-Sâada fut constitué la même année.

*<br>* *

On peut se rendre de Laghouat à Géryville par la route muletière (191 kilomètres) ou par le chemin arabe, mais ce dernier, tracé par des tribus nomades, est un peu plus long que l'autre.

Par ce chemin on passe à l'endroit bien connu sous le nom de *Kreneg-el-Melh* (défilé du sel), qui n'est autre chose que le lit d'une rivière toujours à sec, servant de route aux caravanes et dont la longueur est d'environ 16 kilomètres.

C'est un des rares passages qui conduisent de la province d'Oran au grand désert; on y voit encore les rampes par où le général Pélissier fit passer les canons qui battirent en brèche les murs de Laghouat, ainsi que les endroits où campa Abd-el-Kader, lorsqu'il vint assiéger Aïn-Madhi.

Par la route, on rencontre :

Tadjemout, qui fut bâtie sur les bords de l'Oued-M'zi, par une centaine d'habitants de Laghouat, chassés de cette ville à la suite de guerres intestines.

« Je ne connais pas, dit Fromentin dans son ouvrage sur l'Algérie, de village arabe qui se présente avec plus de correction, ni dans des conditions plus heureuses que Tadjemout, quand on approche en venant de Laghouat. Elle couvre un petit plateau pierreux qui n'est qu'un renflement de la plaine, et s'y développe en triangle allongé. La base est occupée par un rideau vert d'arbres fruitiers et de palmiers; les saillies anguleuses d'un monument ruiné en marquent le sommet. Un mur d'enceinte accolé à la ville suit la pente du coteau et vient, par une descente rapide, se relier, au moyen d'une tour carrée aux murs extérieurs des jardins. Ces murs sont armés, de distance en distance, de tours semblables; ce sont de petits forts crénelés, légèrement coupés en pyramide et percés de meurtrières. — La ligne générale est élégante et se compose par des intersections pleines de style avec la ligne accentuée des montagnes du fond... Le ton local est gris, d'un gris sourd, que la vive lumière du matin parvenait à peine à dorer. Une multitude de points d'ombre et de points de lumière mettaient en relief le détail intérieur de la ville, et, de loin, lui donnait l'aspect d'un damier irrégulier de deux couleurs.

« Deux koubbas posées à droite sur la croupe même du mamelon, l'une rouge, l'autre blanche, faisaient mieux apparaître encore, par deux touches brillantes, la monochromie sérieuse du tableau... A mesure que nous approchions, tournant les jardins pour entrer par l'est, l'aspect de Tadjemout changeait ; les montagnes s'abaissaient derrière la ville, et tout ce tableau oriental se décomposant de lui-même, il n'en resta plus, quand nous en fûmes tout près, qu'une pauvre ville mise en ruine par un siège, brûlée, aride, abandonnée, et que la solitude du désert semblait avoir envahie. »

Voilà un tableau absolument exact des sensations qu'éprouve le voyageur à l'aspect d'une ville ou d'un village arabe ; de loin c'est idéal, de près, c'est affreux !

Aïn-Madhi, située à 60 kilomètres ouest de Laghouat, sur un petit mamelon, au milieu d'une plaine aride et légèrement ondulée.

Ses maisons très rapprochées les unes des autres sont au nombre de cent cinquante à deux cents, à un seul étage et circonscrites par une muraille d'enceinte dont les créneaux, formés de petits chapiteaux en pyramide, produisent un effet très pittoresque.

Résidence des marabouts Tedjini, l'histoire d'Aïn-Madhi se rattache à celle de cette famille dont les chefs, depuis plus de cent ans, ont su, par leur courage, leur probité et leur religion, s'allier toutes les populations des ksour environnants et des tribus voisines.

Aïn-Madhi a soutenu plusieurs sièges sous le règne des Turcs ; en 1783, le marabout Sidi-Ahmet-ben-Salem-Tedjini, qui commandait alors, dut capituler et payer une forte contribution devant l'impossibilité de résister aux menaces du bey d'Oran, Mohamed-el-Kebir.

Mais il profita de la leçon, releva les fortifications, organisa la défense et fit si bien que deux ans après, lorsque le bey d'Oran revint assiéger la ville afin d'obtenir de nouvelles contributions, ce dernier fut contraint de se retirer après deux mois et demi de siège.

Depuis ce jour les beys d'Oran vinrent à plusieurs reprises échouer devant les murs d'Aïn-Madhi. En 1826, le bey Hassan fut obligé de battre en retraite dans le plus grand désordre, après un siège de quatorze jours ; poursuivi par Si Mohamed-el-Kebir, fils de Sidi-Ahmet-ben-Salem-Tedjini, il prit cependant une revanche éclatante à Mascara, et infligea des pertes énormes au marabout, qui lui-même fut tué dans cette affaire. Si Mohamed-el-Srir, frère de Si Mohamed-el-Kebir, lui succéda alors dans le gouvernement d'Aïn Madhi.

Affranchie, par l'énergie des Tedjeni, du tribut que les Turcs lui avaient jusque-là imposé, la petite ville vivait indépendante et tranquille, lorsqu'en 1838 Abd-el-Kader voulut s'en emparer.

L'intention de l'émir était de s'en servir comme quartier de ravitaillement après y avoir installé sa famille, ses trésors et ses munitions.

Le siège dura huit mois; Abd-el-Kader furieux d'une aussi longue résistance, mit tout en action pour en finir, mais il n'obtint rien par la force et il fut contraint d'employer la ruse pour arriver à son but. Il envoya à

Si Mohamed-el-Srir une députation de marabouts qui exposèrent ainsi leur demande : « Abd-el-Kader a juré d'aller faire la prière dans la mosquée d'Aïn-Madhi ; dans quelle déconsidération tomberait donc l'islamisme, si celui qui s'en est déclaré le soutien contre les Français ne pouvait pas accomplir un vœu sacré et cela par l'opiniâtreté d'un homme chérif et marabout. »

Si Mohamed, confiant dans ces considérations religieuses, céda et conclut le traité suivant : « Si Mohamed-el-Srir Tedjini évacuera la ville et se retirera à Laghouat. Pour que sa sortie ne soit pas inquiétée, l'émir portera son camp à Sidi-Bou-Zid ; il prêtera ses chameaux et ses mulets pour le transport des effets du marabout et de sa suite. Le fils de Tedjini restera en otage entre les mains de l'émir jusqu'au retour des bêtes de charge.

« Après cinq jours de séjour dans la ville, l'émir l'évacuera et Tedjini pourra y rentrer et reprendre le commandement. »

Tedjini partit ainsi qu'il s'y était engagé et Abd-el-Kader entra dans la ville, mais il oublia immédiatement le traité et ses conditions, fit raser les fortifications et abattre les maisons, ne respectant que la mosquée (Tombeau de Tedjini) et la maison qu'il habitait, demeure des marabouts.

Enfin, rappelé dans le Tell pour s'opposer aux conquêtes des Français, l'émir fut obligé d'abandonner le pays et Si Mohamed-el-Srir, troisième chef de l'ordre des Khouan, fondé par son père Si Ahmed, après les diverses vicissitudes de sa fortune, rentra dans Aïn-Madhi, dont il restaura les murailles, et, mourut deux ans après.

Son successeur comme chef de l'ordre de Tedjini fut Si Mohamed-el-Aïd de la zaouïa de Temacin près Tougourt.

Si Mohamed-el-Srir laissa deux fils qui continuèrent à habiter Aïn-Madhi ; l'un d'eux, compromis dans une insurrection du Sud, fut envoyé en captivité en France et fut interné à Bordeaux.

Pendant son séjour dans cette ville il s'éprit de la fille de son geôlier avec laquelle il se maria.

Ce descendant des marabouts Tedjini, marabout lui-même, habite aujourd'hui une ravissante propriété à Aïn-Madhi, en compagnie de son épouse française, et a su, malgré ce mariage, conserver une influence considérable sur les populations sahariennes.

Depuis son retour on a jugé prudent d'installer dans ce ksar une annexe du bureau arabe de Laghouat et un petit détachement d'infanterie.

*\*\**

A partir de Aïn-Madhi, la route de Laghouat à Géryville appartient à la province d'Oran et la description de Sidi-Tifour, Bou-Alam, etc., etc., se trouve par conséquent dans la troisième partie de cet ouvrage.

Aujourd'hui il est facile de se rendre de Laghouat au M'zab (189 kilomètres) sans crainte de se perdre, ainsi que cela pouvait arriver encore en 1882; une route à peu près carrossable a été faite et de plus le télégraphe a été installé jusqu'à Ghardaïa.

Cette route ne présente rien de particulier, elle traverse quelques dayas insignifiantes où les troupes font généralement étape, et s'il n'y avait les citernes de Nili et de Tilremt on ne rencontrerait aucune construction avant d'arriver à Berrian, première ville du M'zab.

La citerne de *Nili* est à 56 kilomètres de Laghouat; construite en 1856 par le général Margueritte, elle contient cinq cent cinquante mille litres d'eau quand les averses l'ont remplie.

Celle de *Tilremt*, bâtie un an après, est à 40 kilomètres de Nili et à 44 de Berrian, elle partage ainsi cette portion de la route en deux parties et offre, par sa situation au milieu de très beaux arbres, un gîte d'étape fort apprécié des troupes.

Cette seconde citerne contient un million cent mille litres d'eau ; elle est surmontée d'un petit fortin où vingt

hommes peuvent trouver abri et se défendre contre des forces très supérieures.

Construite en très bonne maçonnerie de pierres avec mortier de chaux hydraulique, elle semble défier l'action du temps. Elle se remplit souvent et conserve l'eau fraîche et excellente pendant plus d'un an.

Après avoir quitté Tilremt, on arrive dans la confédération du M'zab, qui fut annexée à la France en 1882.

VUE DE LAGHOUAT

# LE M'ZAB

Le M'zab forme un énorme massif auquel on a donné le nom de Chebka (filet) parce qu'il se compose de petites montagnes nues et pierreuses qui s'entrelacent dans tous les sens et représentent les mailles d'un filet.

Ainsi entouré de crêtes rocheuses, traversé par quatre vallées principales, le M'zab forme une sorte de camp retranché au milieu du Sahara.

Aussi, grâce à cette situation, les habitants de cette région ont pu se soustraire au joug des Turcs, aux attaques de leurs voisins, et ce n'est qu'en 1853 qu'ils se décidèrent à accepter un protectorat.

Aux termes de la convention qu'ils conclurent avec le gouverneur général, ils acceptaient le protectorat de la France et s'obligeaient à payer un tribut annuel de 45,000 francs.

En échange, le gouvernement français s'engageait à ne point intervenir dans leur administration intérieure, à les laisser se régir suivant leurs us et coutumes, mais sous la condition expresse que l'ordre serait maintenu dans leur pays et qu'ils ne pactiseraient pas avec nos ennemis.

Les M'zabites oublièrent souvent ces conditions, car non seulement ils eurent entre eux des démêlés sanglants, mais encore reçurent parmi eux des malfaiteurs et firent bientôt de leurs villes des centres d'approvisionnements où toutes les tribus insoumises venaient acheter les armes et les munitions qui leur étaient nécessaires.

Las de cet état de choses, le gouvernement français se décida à en finir, et en 1882, on organisa une expédition sous les ordres du général prince de La Tour d'Auvergne, qui fut chargé d'annexer la confédération du M'zab.

Tout se passa pour le mieux, partout les djemâa (sorte de conseils municipaux) vinrent au-devant des troupes afin de présenter leurs hommages au général, seuls les Tolbas et la ville de Mélika firent quelque résistance.

Les Tolbas furent rapidement convaincus que l'intervention des Français leur assurait la tranquillité et arrêtait les guerres intestines; quant à la rébellion de Mélika, elle fut aussi, rapidement enrayée par suite de l'arrestation d'un des chefs qui fut aussitôt dirigé sur Alger pour y être jugé.

Le 1ᵉʳ novembre 1882, l'annexion fut prononcée et un nouveau cercle fut formé comprenant en outre des sept villes de la confédération, Metlili des Chambâa, el-Goléa et Ouargla.

Un bureau arabe fut aussitôt installé sous les ordres du capitaine Massoutier et le commandement supérieur du cercle fut confié au commandant Didier qui avait déjà fait ses preuves à Bou-Sâada.

Les troupes de cette expédition séjournèrent six mois devant Ghardaïa; le télégraphe et la poste furent presqu'aussitôt installés dans un des petits bordj de cette ville, et ce premier bureau, créé dans le désert, fut confié à un brigadier de spahis nommé Trompette.

Cette innovation fut fort appréciée des M'zabites, dont les relations sont répandues dans toute l'Algérie; aussi, le brigadier Trompette, qui pendant plusieurs mois s'occupa seul de ce service, fut-il pendant les premiers temps surchargé de travail.

Le télégraphe surtout marchait sans cesse, chacun voulait communiquer avec ses correspondants et apprécier par lui-même les avantages d'un semblable système.

C'est à la même époque que la construction du bordj (fort) fut entreprise. Placé sur un mamelon, à quelques pas de Ghardaïa, ce bordj commande toute la vallée de l'Oued-M'zab et renferme toutes les constructions nécessaires à la garnison et aux différents services militaires.

Grâce à l'initiative du commandant supérieur, secondé par e capitaine du bureau arabe, cette région a reçu depuis cette époque une impulsion énorme et se transforme peu à peu.

Des écoles françaises ont été créées et les enfants m'zabites y viennent en grand nombre. Une pépinière a été plantée dans un sol rocailleux environnant le bordj et après bien des tentatives infructueuses, donne maintenant des résultats vraiment satisfaisants; des puits ont été creusés; enfin, aujourd'hui, les habitants de cette région sont mis à même d'apprécier tous les bienfaits de la civilisation et du progrès.

L'histoire du M'zab est assez vague et incertaine, plusieurs versions existent et chacun des historiens hésite à donner son avis; pour preuve, nous empruntons au colonel Trumelet, le passage relatif à l'origine des M'zabites, dans son ouvrage intitulé : *Les Français dans le désert*.

« Si l'on en croit la tradition, dit le colonel, les populations de l'Oued-M'zab ne seraient pas toutes originaires des mêmes contrées; ainsi, les Ouled-Ammi-Aïça, fondateurs de Ghardaïa, seraient venus des environs de Ouargla, tandis que ceux des autres villes auraient eu pour berceau la plaine d'Er'ris et le bassin de la Mina, dans le Tell et la province d'Oran.

« Ce serait un conquérant venu de l'Est qui aurait forcé ces derniers à chercher un refuge dans les affreuses gorges de l'Ouad-M'zab, dont ils prirent le nom.

« A quelle époque eut lieu cette émigration?

« Quel est le conquérant venu de l'Est? Nous n'en savons rien.

« A l'arrivée de cette population dans le pays, on n'y comptait qu'une petite ville, le Qseur-Mourki, dont on nous a montré les ruines près de Bou-Noura, sur des rochers qui en ont conservé le nom.

« Le premier établissement qu'auraient créé les Béni-M'zab dans la vallée serait, ainsi que son nom semble l'indiquer, le Qseur-el-Aououel (le premier) dont on voit encore les ruines, nous dit-on, près d'El-Ateuf.

« Le territoire choisi par les Beni-M'zab n'aurait eu à subir, grâce à son éloignement du Tell et à sa pauvreté, qu'une seule invasion, celle d'une armée turque commandée par le baï El-Abacci, venu d'El-Qalâa des Bni Abbas. Les Turcs, après une attaque infructueuse sur R'ardaïa (Ghardaïa), auraient été repoussés avec de grandes pertes.

« Souvent les pachas d'Alger demandèrent aux Bni-M'zab, soit leur soumission, soit le payement d'un certain tribut; mais les M'zabites les sachant dans l'impuissance d'appuyer leurs exigences par la force, se moquèrent toujours de ces maîtres de la côte. Abd-el-Kader lui-même ne fut pas plus heureux que les pachas; il s'en vengea, on le sait, en faisant incarcérer tous les M'zabites qui se trouvaient dans la partie du Tell qu'il commandait et ces malheureux ne recouvrèrent leur liberté qu'en lui payant une forte amende qui les ruina.

« Mais, pour être à l'abri des coups des maîtres du Tell, les M'zabites ne jouirent pas pour cela des bienfaits de la paix; sans cesse en guerre les uns contre les autres, ces malheureuses petites républiques, divisées en deux partis, payèrent trop souvent le tribut du sang à la déesse des combats.

« Plus d'une fois les motifs les plus futiles leur mirent les armes

JUIVE DU M'ZAB.

à la main et la poudre, ce juge brutal et aveugle, fut appelé à décider de quel côté était le droit. »

Actuellement, le M'zab se compose de sept villes, dont cinq dans l'Oued :

Ghardaïa, Beni-Isguen, Melika, Bou-Noura, El-Attef, et deux en dehors, Berrian et Guerrara; cette dernière sur la route de Laghouat à Ouargla. La population de ces sept villes est d'environ 28,000 habitants.

Les M'zabites sont musulmans, mais cependant ils s'éloignent de l'orthodoxie par des différences dans les pratiques religieuses. Les orthodoxes les appellent khoua-redj (chismatiques) ou bien encore khouamès (de khamsa, cinq, parce qu'ils ne commencent la série légitime des khalifs qu'au cinquième).

Les M'zabites ont incontestablement une supériorité sur les Arabes, en général; ils sont d'abord plus travailleurs et plus intelligents, puis ils ont la réputation d'être probes et de professer une grande répugnance pour le mensonge.

Leurs mœurs sont très pures et la débauche est punie chez eux par une espèce d'excommunication, *la Tébria*.

Lorsqu'un M'zabite est sous le coup de cette punition, il ne possède plus aucun droit et est pour ainsi dire mis hors la loi ; s'il veut obtenir sa grâce, il doit faire amende honorable, c'est-à-dire qu'après s'être purifié physiquement il doit se rendre les mains croisées sur la poitrine auprès de la Djemâa des Tolbas en disant :

*Ana men Allah ou men el tiabine* (Je suis des gens de Dieu et des gens qui s'amendent).

Les femmes chez eux sont beaucoup mieux considérées que chez les Arabes; leur costume pour le dehors ne se compose que d'une grande pièce d'étoffe carrée dont elles s'enveloppent des pieds à la tête et qu'elles croisent sur le visage de façon à ne laisser voir qu'un œil; d'ailleurs dans les rues on ne rencontre guère que des enfants, des vieilles femmes ou des négresses.

Dans leur intérieur, les femmes ne manquent pas de coquetterie, leurs cheveux noirs tombent en boucles de chaque côté de leur visage dont ils relèvent la pâleur mate, et forment par derrière un chignon à la grecque. — Leur costume est alors très simple, il se compose encore d'une pièce d'étoffe, retenue sur la poitrine par deux agrafes et à la taille par une ceinture.

Les femmes sont généralement jolies, mais les ophtalmies sont si répandues, que beaucoup de ces malheureuses sont borgnes où aveugles.

L'adultère est sévèrement puni et la femme qui s'en rend coupable est renfermée pendant trois mois, ne recevant que la nourriture strictement nécessaire pour qu'elle ne meurt pas de faim; puis, au bout de ce laps de temps, elle est bannie du pays. L'homme, de son côté reçoit une forte bastonnade, paye une amende et est expulsé aussi.

La principale occupation des femmes est le tissage des laines et la confection des burnous.

Quant aux hommes, ceux qui ont la bosse du commerce par trop prononcée pour se contenter des maigres avantages que leur offre le pays, s'expatrient et vont dans toutes les villes du Tell vendre des légumes, des poteries, du charbon, etc., etc.

Ceux qui restent chez eux s'occupent de leur jardin, soignent leurs palmiers et se font les intermédiaires des populations sahariennes pour les fournitures des produits du Tell, du blé particulièrement.

Le M'zab, est ainsi, le principal entrepôt du commerce entre le sud de l'Algérie et le Sahara central.

Les M'zabites habitent des constructions solides et commodes ;

alors qu'ils étaient entourés d'ennemis, le soin de la défense commune les obligeait à grouper leurs ksour dans un espace très resserré, où la plus grande partie des forces de la confédération aurait pu au besoin être réunie presque instantanément.

Les villes du M'zab sont tenues avec une propreté que l'on rencontre rarement dans les villages arabes; seul, le quartier habité par les juifs à Ghardaïa est d'une malpropreté repoussante, et il est fort étonnant que les émanations qui s'en échappent ne soient pas la cause de quelque épouvantable épidémie.

Il est vrai que, depuis l'annexion, de nombreuses améliorations ont été apportées à cet état de choses et que les juifs, qui jusqu'alors n'avaient pu sortir de chez eux avec une gandoura propre, ou une chéchia neuve sans s'en voir immédiatement dépouillés par les indigènes, doivent, à l'heure actuelle, avoir échangé leurs loques sordides contre des vêtements dignes de gens naturalisés Français.

BERRIAN. — Berrian est la première ville du M'zab que l'on rencontre en venant de Laghouat, elle en est distante de 85 kilom. S.-E.

Sa population est de 4,400 habitants.

Un mur flanqué de quelques tours sert de fortifications à cette petite ville qui compte environ trois cents maisons bien bâties, avec terrasses couvertes.

L'oasis, bien irriguée, est partagée en quatre parties et renferme de riches jardins qui sont arrosés à l'aide de puits creusés dans le lit de la rivière.

Un immense réservoir y a été construit et y donne de l'eau une partie de l'année ; de plus, pour ne pas perdre les eaux pluviales, des barrages ont été aménagés dans chaque ravin.

Depuis l'annexion, Berrian est en voie de prospérité ; se trouvant placé sur la route de Laghouat à Ghardaïa, à 45 kilomètres de cette dernière ville, elle sert de gîte d'étape et ses habitants ont maintenant à leur disposition des moyens de transport plus faciles et plus économiques.

C'est dans cette ville qu'habitaient les fameux Mkalifs qui furent souvent les compagnons du général Margueritte dans ses chasses à l'autruche.

Aujourd'hui cette tribu est à peu près disparue ; d'ailleurs, maintenant, les autruches sont loin et les caravanes mieux gardées et mieux armées qu'à l'époque éloignée où, pillant et massacrant les voyageurs, les Mkalifs étaient devenus la terreur du Sahara.

Berrian fut fondée en 1101 de l'hégire par une fraction de Ghardaïa, chassée de cette ville.

Cette date est indiquée au bas du minaret de la mosquée.

GHARDAÏA. — Ghardaïa est la principale ville du M'zab, c'est le chef-lieu du cercle; elle est bâtie en amphithéâtre autour d'un mamelon dont le minaret de la mosquée forme le sommet, et barre une grande partie de la vallée de l'Oued-M'zab.

Sa population est de 10,400 habitants dont trois cents familles israélites, originaires du Maroc, qui occupent un quartier à l'est de la ville.

Les M'zabites habitent le centre, et les Médabias, Arabes du Sud, liés à la ville par des conventions particulières, sont installés au sud-est.

Comme toutes les villes du M'zab, Ghardaïa n'a qu'une seule mosquée, qui sert à la fois de temple religieux, d'hôtel de ville et d'arsenal.

Une muraille de 3 mètres de hauteur avec quelques petits bordjs dans les angles, entoure la ville.

Un énorme barrage a été construit sur l'Oued-M'zab entre la ville et les jardins. Ces derniers sont superbes et renferment environ quinze mille palmiers.

MÉLIKA. — Au sud-est, et à 2 kilomètres de Ghardaïa, Mélika fut construite par une petite fraction de M'zabites chassés de Metlili en 751 de l'hégire.

Située au sommet d'un mamelon rocheux avec des fortifications et des ouvrages avancés fort bien compris, cette ville devait avoir, malgré son peu d'importance, un avantage considérable dans les guerres intestines qui dévoraient cette malheureuse confédération.

Mélika compte 1,750 habitants et huit mille palmiers.

C'est la ville sainte du M'zab, on y vient de toutes les parties de la contrée visiter le tombeau de Sidi-Aïssa, le saint le plus vénéré du pays.

C'est à Sidi-Aïssa que l'on doit ce fameux puits qui a 80 mètres de profondeur dans le rocher. Il fut creusé par toute la population à l'endroit même où Sidi-Aïssa, après avoir prié Dieu pour obtenir de l'eau, laissa tomber une corne de bélier.

MÉLIKA

Béni-Isguen. — Béni-Isguen, à 2 kilomètres 600 mètres de Ghardaïa, est bâtie en amphithéâtre, sur la rive droite de l'Oued-M'zab.

C'est la ville la plus riche, la plus propre et la mieux construite de la confédération.

Les murs d'enceinte, d'une hauteur de 5 mètres, ainsi que les bastions crénelés sont en très bon état ; tout, en un mot, dans Béni-Isguen respire le confortable et la tranquillité.

La population est de 4,695 habitants et son oasis, située à 500 mètres de la ville, renferme environ douze mille palmiers.

Les habitants de Béni-Isguen vivent en très mauvaise intelligence avec les Chambâa de Metlili ; à plusieurs reprises, ils eurent des démêlés au sujet des différences de rites, et les M'zabites, après une

BOU-NOURA (M'zab. Sahara algérien).

guerre où ils eurent le dessous, furent obligés de payer à leurs ennemis la somme considérable, pour eux, de 4,000 réaux.

Bou-Noura. — Bou-Noura, quoique construite d'une façon très pittoresque sur des rochers, est une ville fort peu importante.

Au sud-est et à 1 kilomètre de Mélika, elle ne compte que 1,100 habitants. Sa partie supérieure est en ruine, et ses murailles, bâties sur des amas de pierres qui, à cet endroit, bordent la rivière de chaque côté, lui donnent de loin l'aspect d'un vieux château féodal.

Une seule porte, toute petite, par laquelle cependant passent les cavaliers et les chameaux, donne accès dans la ville.

El-Attef. — A 4 kilomètres au sud-est de Bou-Noura et toujours en suivant le lit de l'Oued-M'zab, on rencontre El-Attef qui compte une population de 1670 habitants.

Bâtie en amphithéâtre, comme ses voisines, les minarets de ses deux mosquées dominent la ville, l'un à droite, l'autre à gauche.

Les murailles sont bien construites et ses portes bastionnées bien organisées pour la défense.

Au sud de la ville se trouve l'oasis qui est arrosée par de nombreux puits, alimentés par une nappe souterraine à 40 mètres environ de profondeur.

Il existait à El-Attef un barrage immense, monument imposant de la volonté et de l'opiniâtreté de ses habitants; il mesurait 8 pieds de haut, 250 mètres de long sur 10 mètres d'épaisseur et barrait complètement l'Oued-M'zab à sa sortie de la Chebka. Aujourd'hui, il est complètement recouvert par les sables.

C'est vis-à-vis d'El-Attef que l'on trouve le chemin qui mène à Guerrara; après avoir monté un mamelon rocailleux, à l'accès difficile pour les chevaux, on arrive sur un plateau aride et dénudé que l'on parcourt pendant 65 kilomètres pour atteindre à Guerrara.

\* \* \*

Le voyage de Ghardaïa à El-Goléa (273 kilomètres) ne peut se faire qu'avec des chevaux, des mulets ou des chameaux; il est indispensable d'emporter des approvisionnements pour l'aller et le retour, car, à partir de Ghardaïa, on ne rencontre dans ces contrées aucun mercantile européen ou juif.

Depuis l'occupation du M'zab, une route carrossable a été tracée jusqu'à Metlili, en contournant les mamelons qui environnent Beni-

METLILI DES CHAMBAA

Isguen. La première voiture qui a passé sur cette route est celle de M. Bourlier, actuellement député d'Alger et qui, en 1884, accompagnait M. Tirman, gouverneur général de l'Algérie, dans son voyage dans le Sud.

Metlili-des-Chambaa. — Metlili, du même ton terreux que les montagnes qui l'environnent, ne se voit pas au premier abord, il faut

la chercher pour en trouver les ruines amoncelées sur un petit mamelon dont le sommet est, comme toujours, couronné par la mosquée, qui elle, du moins, a été reconstruite.

Dans le bas, quelques maisons blanches, celle du caïd entre autres, puis une ruelle à peu près convenable, et c'est tout.

Depuis 1863, époque à laquelle la ville fut bombardée par les Français, la population ne voulant pas se donner la peine de la rebâtir, se dispersa dans l'oasis; aussi les jardins sont-ils entretenus avec un soin tout particulier, et quoique leur irrigation soit extrêmement difficile en raison de la rareté de l'eau, la végétation en est cependant merveilleuse.

Deux ruisseaux alimentés par les orages sont la richesse de l'oasis; malheureusement, dans toute cette région, les pluies sont rares.

Metlili n'a pas de murs d'enceinte, d'abord parce qu'il n'y a rien à défendre dans la ville et ensuite parce qu'elle est suffisamment protégée par les nombreux nomades des Chambâa-Berazga qui, alliés à l'oasis, sont toujours campés dans les environs.

## EL-GOLÉA

El-Goléa est à 906 kilomètres d'Alger et à 462 de Laghouat, c'est la deuxième grande étape de la route de Tombouctou.

Le commandant Letellier raconte ainsi la première expédition qui fut envoyée à El-Goléa en 1873, sous les ordres du général marquis de Gallifet :

« Parti de Biskara (Biskra) le 20 décembre, le général de Gallifet arriva à Tougourt le 30 du même mois et à Ouargla le 8 janvier. Il se remit en marche le 11 janvier et atteignit Goléa le 24 du même mois.

« Le résultat de cette heureuse opération fut de montrer aux tribus disposées à la rébellion que le châtiment pouvait les atteindre jusqu'à ce point extrême, qu'elles croyaient inaccessible à nos armes. Des protestations d'amitié nous furent envoyées d'In-Salah, situé bien au delà d'El-Goléa, à plus de moitié chemin de la mer à Tombouctou.

« La limite de l'influence française sur les oasis du désert se trouve ainsi reportée à une centaine de lieues plus au sud.

« EL-GOLÉA, ksar, puits appelés Foggara, à galeries. Dix mille palmiers.

« Population sédentaire, Zenata et nègres nomades, Chambâa-Mohadi.

« Le ksar, en ruine, est situé sur un mamelon, surmonté d'une

DEVANT EL-GOLÉA (Départ, 5 heures du matin).

kasba d'où l'on aperçoit le lit de l'Oued-Seygueur qui sert de route aux caravanes de In-Salah et de Tombouctou.

« Au bas de la kasba, les habitants ont creusé dans la terre glaise des magasins où ils renferment leurs provisions. Les jardins, clos de murs et ayant presque tous une petite maison en terre et un puits à bascule, s'étendent vers le sud, sur une longueur de 2 kilomètres, jusqu'à l'Erg, où commencent des dunes de sable presque infranchissables.

« De loin, la kasba a l'air d'une forteresse et fait un très bon effet par le soleil couchant.

« Le ksar a été une première fois démoli et conquis par un empereur du Maroc qui y a fait sa résidence pendant quelques années avant la conquête d'Alger. — A son départ, les Zénata sont revenus, mais les Chambâa-Mohadi les ont razziés de nouveau et en ont fait leurs khammès; ils viennent pour la récolte des dattes, et font cultiver leurs jardins avec l'aide d'esclaves nègres du Soudan. Ils ont de nombreux troupeaux et font un échange de produits entre le sud et le M'zab.

« Une plaque commémorative du passage de la colonne du lieutenant-colonel Belin du 1ᵉʳ régiment de tirailleurs, 17 décembre 1881, a été placée à côté de celle déjà laissée par le général Gallifet le 21 janvier 1873. »

In-Salah se trouve à environ 500 kilomètres d'El-Goléa, c'est-à-dire à dix-sept jours de marche et se compose de sept ksour et de dix mille palmiers.

Ce pays est habité par des Arabes, les Oulad-Bahamor et les Oulad-Mokhtar qui ont pris les mœurs de leurs voisins, les Touaregs, et qui, comme eux, se voilent la face.

\* \*

Seules, les caravanes peuvent franchir les 307 kilomètres qui séparent Laghouat de Ouargla.

La première partie de la route, de Laghouat à Guerrara, en passant par Ksar-el-Hairan, est assez fréquentée par les indigènes, aussi un sillon est-il suffisamment tracé pour indiquer la direction à suivre. Il y a 187 kilomètres divisés par étapes à peu près égales où l'on ne rencontre que quelques dayas, sous les arbres desquels on est heureux de s'abriter. Les rhedirs, qui sont en assez grand nombre sur cette route, sont, la plupart du temps, entièrement desséchés.

Les 120 kilomètres qui restent à faire sont d'une aridité effrayante; là, il n'y a absolument rien pour déterminer l'étape, aussi les double-t-on souvent pour arriver plus rapidement à N'Gouça, qui n'est qu'à 19 kilomètres de Ouargla.

On peut aussi se rendre de Laghouat à Ouargla en passant par Ghardaïa; de cette dernière ville, il y a alors cinq à six jours de marche, sans eau.

Ksar-el-Hairan se trouve à 30 kilomètres Est de Laghouat, sur la rive droite de l'Oued-Djedi.

Pauvre petit village entouré de jardins peu considérables, il ne compte qu'une centaine de maisons assez mal construites.

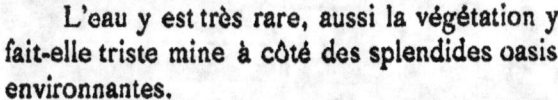

L'eau y est très rare, aussi la végétation y fait-elle triste mine à côté des splendides oasis environnantes.

La saison des pluies, seule, apporte quelque bien-être dans ce pays; l'oued toujours à sec se remplit alors et les Arabes s'empressent d'en diriger les eaux dans les puits presque toujours taris en temps ordinaire.

Ksar-el-Hairan n'a qu'une soixantaine d'années d'existence, il fut détruit en grande partie en 1842, au moment de la guerre entre Ben-Salem et les partisans d'Abd-el-Kader.

Guerrara. — Guerrara est surtout importante par son oasis qui renferme vingt-huit mille palmiers. Ses dattes sont renommées pour leur excellente qualité.

La ville est bâtie sur un rocher au fond de l'oasis; elle est entourée d'une double muraille sur trois de ses faces et d'une seulement du côté des jardins.

Les environs de Guerrara sont couverts de dunes de sable d'une aridité complète; aussi le manque d'eau est-il fréquent dans cette région, malgré les puits renfermés dans la ville et dans l'oasis.

Située à mi-chemin de Laghouat à Ouargla par la ligne directe, Guerrara pourra voir son importance augmenter le jour où de nouveaux puits auront été creusés et permettront alors aux populations émigrantes de venir s'y installer. Actuellement, l'oasis n'est arrosée que tous les deux ou trois ans, c'est-à-dire au moment

des grandes pluies. Les eaux de l'Oued-R'rir sont alors détournées par les barrages qui y sont aménagés, les jardins sont inondés et les habitants s'y transportent au moyen des portes de leurs maisons transformées en radeaux pour cette circonstance.

N'Gouça, à 228 kilomètres de Laghouat et à 19 de Ouargla, se compose d'un ksar et d'une oasis très bien organisés.

Quatre mille huit cents palmiers dattiers sont répartis dans les jardins arrosés par trente-cinq puits artésiens, sans compter les puits ordinaires. Leur eau chaude, amère et salée, comme à Ouargla, se déverse sans cesse dans des canaux profonds et étroits et sert à l'arrosement des dattiers.

Les habitants de N'Gouça, comme ceux de Ouargla, ont la couleur et les traits de la race nègre ; cependant les lèvres sont moins épaisses et le nez moins large.

La route de N'Gouça à Ouargla se fait à travers les dunes, la marche est extrêmement pénible pour les chevaux qui enfoncent jusqu'à mi-jambes, tandis que les chameaux, avec leurs gros et larges pieds, y laissent à peine l'empreinte de leurs pas.

A N'Gouça, la promenade des mariés se fait d'une façon toute particulière; les époux, généralement jeunes, de douze à quatorze ans, sont assis séparément dans une espèce de cage construite en branches de palmier. Portées par quatre forts gaillards, ces cages sont remplies des objets les plus précieux que possède la tribu et les pauvres enfants qui y sont installés, parés eux-mêmes comme des châsses, sont littéralement enfouis au milieu de tout cet attirail.

Pendant le trajet, du cadi à la demeure des nouveaux mariés, les jeunes gens et les jeunes filles vont par groupes de deux, trois ou quatre, danser sous ces espèces de palanquins, accompagnés du tambour, de la flûte, du chant des hommes et des cris des femmes.

## OUARGLA

Située à 800 kilomètres d'Alger, l'oasis de Ouargla se compose de 1,400 maisons environ, agglomérées et contiguës, la plupart construites en pisé et en pierre à plâtre et revêtues d'un crépissage.

Ces maisons sont souvent décorées d'un verset du Coran, dessiné sur leur façade en gros caractères.

Sans grande importance à l'origine, Ouargla devint peu à peu une véritable place forte.

En 1228, l'émir Abou-Zekérie, poursuivant à travers le désert son ennemi Ibn-Rania, s'arrêta à Ouargla et, frappé par la beauté du site et de la position favorable de la ville, y fit construire l'ancienne mosquée dont le minaret existe encore.

Aujourd'hui, Ouargla, malgré son grand nombre de maisons, ne compte guère que 2,000 habitants environ ; cela tient aux émigrations survenues depuis qu'un poste français y a été installé et depuis que les caravanes du Sou-

dan qui y apportaient des produits et des esclaves passent maintenant au delà de l'oasis sans s'y arrêter et se dirigent sur la Tripolitaine.

Ouargla possède actuellement deux superbes mosquées dont les minarets élevés dominent la ville et du haut desquels on embrasse

le coup d'œil de toute l'oasis et de ses deux cent cinquante mille palmiers arrosés par cent quatre-vingts puits jaillissants.

Ouargla a six portes, qui communiquent chacune avec l'oasis au moyen d'un pont jeté sur le fossé.

Ces portes, reliées par une enceinte fortifiée, précèdent, pour la plupart, un passage voûté et profond; d'énormes blocs qu'on y a roulés et autour desquels serpente le chemin, en font un défilé d'un accès difficile et dangereux en temps de guerre.

La kasba, de construction récente, est fort bien organisée, et le petit bordj qui la précède domine la porte et la place où a été élevé le monument Flatters dont elles portent le nom.

*
* *

Le ksar de *N'Gousa* dépend de l'aghalik de Ouargla ainsi que :
La zaouïa de *Sidi-Khouli*, à 14 kilomètres au N.-E.;
*Chott*, appelé aussi *Aïn-Ameur* (100 maisons, 20,000 palmiers);
*Adjadga* (90 maisons, 16,000 palmiers); *Rouissat* (40 maisons).

A 12 kilomètres à l'est de Ouargla, on rencontre aussi les traces d'une ancienne ville des *Sedrata*.

Les tribus nomades qui campent autour de Ouargla sont au nombre de cinq :

Les Chambâa-Bou-Rouba, les Béni-Sour, le Moukadma, les Saïd-Othba, les Fatnana.

Toutes ces tribus possèdent ensemble environ 1,300 tentes et 1,860 fusils.

\*
\* \*

A Ouargla, comme dans toute l'Algérie, les mariages sont l'occasion de grandes réjouissances et la fantasia, à pied ou à cheval, en fait toujours partie; mais ici, il y a encore une autre coutume fort originale et qui mérite d'être citée.

Le soir des noces, lorsque la nuit est venue, la population de la tribu se réunit autour d'un immense brasier, afin d'assister aux danses nuptiales exécutées par les filles et les garçons.

Ces danses seraient mieux à leur place à la suite d'un enterrement, elles sont lugubres! D'ailleurs, tout y prête, l'exécution, le costume des danseuses, et surtout l'effet produit par le feu de bois, dont les flammes vacillantes, en éclairant la scène de lueurs rougeâtres, rendent encore plus épaisses les ténèbres environnantes.

Tout d'abord, on voit se dessiner, dans l'obscurité, une longue file de costumes sombres qui, après avoir longé les maisons des ruelles voisines, arrive tout doucement, à pas lents et comptés, se placer dans le rayon lumineux.

La face voilée d'un tissu brun, vêtues d'étoffes noires, bleues et marron, coude à coude, les mains jointes et battant la mesure, les filles marchent ainsi, à petits pas, bien cadencés et par côté, accompagnant seulement de quelques longs gémissements, qu'elles poussent avec ensemble de temps à autre, le flûtiste endiablé, qui, soufflant de toute la force de ses poumons, jette au milieu de ce silence les notes aiguës de son terrible instrument.

Les garçons, avec leur sérouel blanc (pantalon) et leur chéchia rouge (calotte), imitent les filles, mais avec un peu plus de gaieté, plus d'entrain, et alors, chaque file ainsi organisée passe et repasse devant le feu, décrivant de longues serpentines, se croisant et s'entrecroisant avec la file opposée et ainsi de suite jusqu'à ce que le signal du départ soit donné.

* * *

Ouargla est actuellement notre dernier poste dans le Sahara, entre la province d'Alger et la province de Constantine, mais il faut espérer qu'avant peu, cette limite sera dépassée et que l'on pénétrera plus avant dans cette partie du Sahara central où tant de nos compatriotes, hardis explorateurs, ont déjà trouvé la mort !

# LES MISSIONS FLATTERS

Le but de la première mission Flatters, partie de Biskra le 7 février 1880, était de reconnaître le pays situé au delà de Ouargla dans la région des Touaregs, afin de pouvoir appuyer par des données certaines le projet du chemin de fer transaharien.

Cette première mission, composée à la hâte avec des Arabes de bonne volonté pris parmi les tribus du sud, ne présentait pas les garanties nécessaires pour mener à bien une entreprise aussi difficile. Au bout de peu de temps, les chefs s'aperçurent qu'ils ne pouvaient avoir aucune confiance dans une troupe aussi indisciplinée, et, après avoir vainement employé tous les moyens de répression et d'intimidation, se virent dans la nécessité de rebrousser chemin étant déjà arrivés au lac Menghough par 26°30' de latitude nord et à six jours de marche de la ville de Ghat.

Le 18 novembre de la même année, une seconde mission, toujours sous les ordres du colonel Flatters, partait de Laghouat, mais cette fois, formée d'hommes sur lesquels on pouvait compter et appartenant aux 1er et 3e régiments de tirailleurs algériens.

L'effectif total s'élevait à 97 hommes. Voici quelle était la composition de la mission :

*État-major :*

Colonel Flatters, capitaine Masson, lieutenant Dianous de la Perrotine, Guiard, médecin aide-major de 1re classe. MM. Beringer, Roche, Santin, ingénieurs. Dennery, maréchal des logis au 3e chasseurs de France ; Pobéguin, maréchal des logis au 3e spahis.

Deux ordonnances français, Brame et Marjollet, portaient à onze le nombre des Européens.

Le restant de la troupe était composé moitié de tirailleurs indigènes et moitié d'Arabes des tribus, dont une partie avait fait le premier voyage.

Tout le monde était monté, et 97 mehara avaient été choisis à cet effet.

Les provisions se composaient de quatre mois de vivres et de huit jours d'eau, portés par 180 chameaux. Seuls, trois chevaux, destinés à servir de cadeaux en arrivant au Soudan, étaient emmenés avec l'expédition.

Lors de la première mission, organisée avec beaucoup trop de précipitation, le colonel Flatters n'avait pas eu le temps d'avertir les chefs touaregs de son voyage dans le désert; aussi, cette fois, s'y était-il pris à l'avance et avait-il correspondu dès le mois d'avril avec les personnages les plus influents de ces régions.

A tous, il demanda de favoriser son entreprise, toute commerciale, en lui ouvrant les routes qui mènent au Soudan et, comme cela se fait toujours en pareilles circonstances, tous, d'un commun accord, envoyèrent une réponse fort évasive, prétextant mille raisons, soit pour retarder le départ, soit pour faire avorter complètement ce projet. — En un mot, ils ne s'engagèrent à rien et se conservèrent la liberté d'agir comme bon leur semblerait le moment venu.

Le colonel Flatters, quoique se rendant compte du peu de succès de ses démarches, n'en résolut pas moins de partir, et le 30 novembre il arrivait à Ouargla, d'où il repartait le 4 décembre après avoir organisé définitivement son expédition.

Nous n'entreprendrons pas de décrire au jour le jour la marche de la mission à travers le Sahara, franchissant ces vastes solitudes aux horizons sans fin, subissant les privations les plus terribles et marchant ainsi à la recherche de l'inconnu! Non, ce serait trop long, et d'ailleurs des ouvrages spéciaux ont été écrits à ce sujet; nous nous contenterons donc de donner à nos lecteurs un aperçu des principaux faits qui ont occasionné et accompagné la perte de cette malheureuse expédition.

Le 16 février 1881, c'est-à-dire après soixante-quinze jours de marche, la mission, conduite par des guides qui avaient comploté sa perte, campa dans un endroit où l'eau, manquant complètement, rendait sa situation très difficile.

Le colonel Flatters, depuis quelque temps déjà, se tenait sur ses gardes; rendu soupçonneux par le voisinage des Touaregs qui, à chaque instant, sous divers prétextes, s'introduisaient dans le camp, il avait à plusieurs reprises doublé les sentinelles pendant la nuit; aussi, ce jour-là, fut-il pris d'une certaine appréhension, lorsque les guides envoyés en reconnaissance revinrent lui dire qu'un puits se trouvait à une dizaine de kilomètres de là et l'engagèrent à y envoyer les chameaux privés d'eau depuis plusieurs jours.

Tout d'abord, le colonel hésita à donner un ordre semblable, échelonner ainsi sa colonne sur un espace relativement considérable et sous les regards anvieux des Touaregs, lui parut dangereux, surtout obligé qu'il était de diviser ses forces en plusieurs fractions pour assurer la garde du camp et fournir une escorte aux chameaux; mais malheureusement, il changea bientôt d'avis et dans la crainte de ne pas rencontrer de puits avant plusieurs jours et de démoraliser les hommes en ayant l'air de prendre de trop grandes précautions, il accepta le conseil de ses guides. Le lieutenant Dianous, le maréchal des logis Pobéguin et 40 hommes furent laissés au camp, et le colonel ainsi que le capitaine Masson, le docteur Guiard et MM. Roche et Béringer, devançant la colonne des animaux, se dirigèrent immédiatement vers le puits, afin d'en reconnaître l'emplacement et d'y organiser le service le plus rapidement possible.

Peu d'instants après leur arrivée, alors qu'ils avaient mis pied à terre, des cris épouvantables se firent entendre tout à coup, et une bande nombreuse de Touaregs, tous montés sur des mehara, fondit sur eux en quelques minutes.

L'attaque fut si prompte que personne n'eut le temps de se

défendre; seuls le colonel et le capitaine Masson déchargèrent leur revolver, mais ils tombèrent bientôt sous les coups de ces sauvages.

Le docteur Guiard, ainsi que MM. Roche et Béringer furent tués dès le début par les guides. Le maréchal des logis Dennery, qui conduisait une troupe de chameaux escortée par plusieurs hommes, était encore à quelques centaines de mètres, lorsqu'il aperçut des chameliers qui fuyaient de son côté; il se rendit aussitôt compte du danger, mais avant qu'il ait pu faire quoi que ce soit, les Touaregs l'entouraient; il n'eut que le temps de décharger son revolver, puis, ayant cherché à gagner une hauteur, il arriva épuisé, toujours poursuivi, et tomba bientôt percé de toutes parts.

Dans leur acharnement après les Français, les Touaregs oublièrent la plupart des Arabes qui se sauvèrent dans toutes les directions; plusieurs regagnèrent le camp et apprirent alors l'épouvantable nouvelle à la petite troupe qui y était restée.

L'anxiété fut grande parmi ces derniers, et les chefs, ne sachant encore au juste ce qui s'était passé, résolurent immédiatement de se porter au secours de leurs compagnons.

Le lieutenant Dianous partit avec vingt hommes, mais il s'aperçut vite de son impuissance devant les nombreux Touaregs qui, de tous côtés, sillonnaient la contrée; il rentra rapidement au camp avant la nuit et, après avoir tenu conseil, il fut décidé que l'on battrait en retraite immédiatement.

N'ayant plus de chameaux, les hommes se chargèrent le plus possible de provisions et de munitions, puis les caisses que l'on ne pouvait emporter furent brisées et l'on se mit en route la mort dans le cœur.

Pendant une quinzaine de jours, tout alla aussi bien que possible pour la petite troupe; ces malheureux, que soixante jours séparaient encore de Ouargla, étaient bien un peu fatigués par la marche, mais la perspective d'être secourus bientôt leur donnait le courage nécessaire pour franchir ces interminables étapes.

Malheureusement les vivres s'épuisèrent, l'eau qu'on ne pouvait transporter vint à manquer et les Touaregs, qui jusque-là étaient restés éloignés, revinrent par petites troupes, prétendant ne pas appartenir aux tribus du Soudan qui avaient massacré la mission et cherchant à capter la confiance des survivants en leur offrant des dattes et en leur vendant des chameaux à des prix exorbitants!

Le 9 mars, les Touaregs, qui ne cessaient d'accompagner la colonne et de surveiller ses mouvements, offrirent au lieutenant Dianous de lui vendre plusieurs moutons et quelques chameaux qu'ils devaient recevoir le lendemain; l'officier ayant accepté, on lui remit immédiatement une provision de dattes afin de soulager ses hommes qui en étaient réduits à manger de l'herbe et de la peau de chameau pilée!

Les dattes eurent le succès prévu, tous en mangèrent, sauf les sentinelles qui échappèrent ainsi à la tentative d'empoisonnement dont furent victimes tous leurs compagnons! Ces malheureux, frappés de vertige, parcouraient le camp poussant des cris aigus et gesticulant comme des possédés; le lieutenant Dianous, qui voulait se tuer, fut attaché; le maréchal des logis Pobéguin, dansant comme un véritable insensé, se coupa le pied sur une pierre tranchante et se trouva ainsi dans l'impossibilité de marcher!

Les moins malades ayant fait chauffer de l'eau soignèrent les autres et bientôt un calme relatif régna dans le camp. Le lendemain, tout le monde était sur pied comme de coutume, mais tous se ressentaient encore de la terrible secousse et s'ils se mirent en route, ce fut avec la perspective de rencontrer un puits et de trouver l'occasion de se venger des ennemis qui les avaient ainsi pris en traîtres!

Cette occasion ne tarda pas à se présenter : les Touaregs, qui avaient disparu depuis la veille, reparurent dans la soirée; ils furent reçus à coups de fusil et bientôt une véritable bataille s'engagea. Cachés dans les rochers, les deux partis se tinrent longtemps en échec; cependant le feu des tirailleurs, qui était plus juste et plus rapide que celui des Touaregs, infligea de nombreuses pertes à ces derniers, qui se replièrent enfin pour ne plus reparaître ; malheureusement les nôtres avaient à déplorer la mort du lieutenant Dianous, de Brame, de Marjollet et de quelques indigènes!

M. Santin avait disparu pendant la marche de ce jour et fut considéré comme perdu !

Mais, hélas ! ce succès relatif n'améliora pas la situation des pauvres survivants, la faim se faisait toujours sentir et, tout en marchant groupés autour de Pobéguin, qui était monté sur le dernier chameau, ils cherchaient quels moyens ils pourraient bien employer pour résister encore quelques jours!

C'est alors qu'épuisés au moral comme au physique, ces malheureux en vinrent à se manger entre eux! Tous ceux qui tombaient étaient achevés et dépecés comme de véritables animaux! Le maréchal des logis Pobéguin, lui-même, après avoir lutté jusqu'au dernier moment, fut assassiné deux jours avant l'arrivée des secours, le 31 mars, par le nommé Belkacem-ben-Zebla et, comme ses camarades, fut mangé à son tour!...

La lettre qui suit, adressée par le commandant Belin alors en tournée dans le Sud, au général de la Tour d'Auvergne, explique mieux que nous pourrions le faire la fin de cette horrible tragédie !

Ouargla, 21 avril 1881.

*Le chef de bataillon Belin, commandant supérieur de Laghouat, en tournée, au général commandant la subdivision de Médéa.*

### Mon Général,

J'ai l'honneur de vous rendre compte de l'arrivée à Ouargla, le 20 avril, du maréchal des logis Mohamed-ben-Belkacem, khalifa de l'agha, et des cavaliers du maghzen qui s'étaient portés avec lui à la rencontre du reste de la mission Flatters.

Les douze hommes qui ont pu être sauvés marchent à petites journées avec le convoi et ne pourront arriver ici que dans trois ou quatre jours. — Étant moi-même dans l'impossibilité de les attendre pour les raisons mentionnées dans mon télégramme du 18 courant, et, par suite de l'exiguïté de nos ressources en vivres et en orge, qui ne permet plus de prolonger mon séjour à Ouargla, j'ai donné des instructions au khalifa et je lui ai laissé l'argent de la mission trouvé sur les tirailleurs El-Mokhtar-ben-ghezal et Abd-el-Kader-ben-Ghorib, arrivés le 30 mars, pour qu'il pourvoie aux besoins des malheureux qui doivent rallier Ouargla dans quelques jours.

Ces douze hommes devront se reposer ici tout le temps nécessaire et être ensuite dirigés sur Laghouat dès qu'ils seront en état de supporter la fatigue du voyage.

Les détails qui m'ont été donnés par Mohamed-ben-Belkacem sont navrants ; le détachement commandé par le maréchal des logis Pobéguin est resté quatorze ou seize jours à Hassi-el-Hadjadj, point situé sur la route des caravanes se rendant de Ghadamès à In-Salah, espérant vaguement être secourus par une de ces caravanes et ne voulant pas, d'un autre côté, abandonner leur chef qui était blessé aux pieds et ne pouvait plus marcher. Les vivres faisant totalement défaut, les survivants en ont été réduits à se nourrir de chair humaine prise sur les cadavres de leurs camarades mourant successivement. C'est ainsi que ces hommes, parmi lesquels le malheureux Pobéguin qui serait mort vers le 30 mars, ont été mangés.

Les douze survivants affolés se sont remis en marche après la mort du maréchal des logis et sont arrivés à Hassi-Messeguem, au campement d'une fraction d'Amghad au moment où le nommé Radja, qui revenait d'In-Salah et qui avait été guide de la mission jusqu'à Amguid, se préparait à aller à leur secours. Ils ont été paraît-il, l'objet de spéculations infâmes de la part des Amghad (à l'exception toutefois de Radja), qui leur ont vendu des objets de première nécessité à des prix exorbitants ; c'est à Hassi-Messeguem, au moment où ils revenaient d'Hassi-el-Hadjadj où ils s'étaient rendus à chameau, accompagnés de Radja, pour enlever certains objets leur appartenant, abandonnés par eux au moment où ils s'étaient enfuis de ce point après la mort de Pobéguin, qu'ils ont été trouvés par les mehara du maghzen de Ouargla envoyés en éclaireurs, lesquels ont eu quelque peine à leur faire prendre la route du nord, les Amghad manifestant le désir de les conserver encore quelque temps chez eux pour les exploiter, sans doute, et peut-être finalement pour les tuer.

A l'Oued-Messied, ils ont été rencontrés par le kalifa et son maghzen qui ont pu les protéger plus efficacement.

Une très grave responsabilité paraît devoir peser sur les tirailleurs du 1$^{er}$ régiment susnommés, El-Mokhtar-ben-Ghezal et Abd-el-Kader-ben-Ghorib, qui se sont sauvés d'Hassi-el-Hadjadj en emmenant avec eux le dernier et seul chameau dont disposait encore le détachement de Pobéguin et sont arrivés à Ouargla, le 30 mars, porteurs d'une somme de 1,500 francs. Il semble prouvé que si ces hommes n'avaient pas emmené ce chameau, cette bête de somme aurait pu servir ou à la nourriture du détachement pendant deux ou trois jours et permettre à Radja d'arriver à Hassi-el-Hadjadj avec des vivres, tout au moins avant la mort du malheureux Pobéguin, ou servir à transporter ce dernier, ce qui aurait permis au détachement d'arriver beaucoup plus tôt à Hassi-Messeguem qui n'est distant d'Hassi-el-Hadjadj que de deux ou trois jours. Ces deux tirailleurs paraissent aujourd'hui comprendre toute la gravité de leur situation et cherchent à excuser leur conduite en disant qu'ils avaient perdu la tête et que, dans un moment d'affolement, ils n'ont songé qu'à eux. Je les emmène avec moi à Laghouat, ainsi que les hommes de la mission arrivés successivement à Ouargla les 28 mars et 6 avril.

Je ne terminerai pas cette lettre, mon général, sans témoigner du zèle, de l'intelligence et de l'énergie dont a fait preuve, dans la mission qu'il a accomplie, le maréchal des logis Mohamed-ben-Belkacem, khalifa de l'agha de Ouargla ; ce sous-officier qui, du reste, a été parfaitement secondé par les caïds des Saïd-Otba, des Beni-Thour et des Hadjadj, ainsi que par son maghzen, a fait tout ce qui était humainement possible de faire pour arriver à sauver le détachement à la rencontre duquel il s'était porté. Lui et ses compagnons n'ont pas fait moins de 60 à 80 kilomètres par jour et se sont hardiment avancés dans un pays pour ainsi dire inconnu pour eux et où ils étaient loin d'être à l'abri de toute attaque, soit de la part des Ba-Hamou, soit de la part des Oulad-Sidi-Cheikh. Tous ceux qui ont fait partie de cette expédition

MOHAMED-BEN-BELKACEM,
Khalifa de Ouargla.

seront l'objet de propositions pour récompenses honorifiques ou pécuniaires, mais j'ai tenu d'ores et déjà, à vous signaler leur conduite.

Le caïd des Chambâa Bou-Rouba, qui était à Hassi-Bou-Zid, pour une affaire de service, lorsque les contingents ont été convoqués par le khalifa et dont les tentes sont, d'ailleurs, éparpillées au sud, à l'ouest et au nord de Ouargla, à des distances très éloignées les unes des autres, s'occupait, sur mon ordre, de réunir une centaine de mehara pour se porter à la rencontre de Mohamed-ben-Belkacem; lorsque la nouvelle du retour de ce dernier m'est parvenue, j'ai, naturellement, contremandé la convocation des Chambâa, jugeant qu'il était inutile d'augmenter les forces du khalifa qui ne se trouvait plus qu'à quelques jours de Ouargla.

Si la saison n'était pas si avancée, et si l'époque où la plupart de nos tribus nomades prennent leurs campements d'été dans le Tell ou dans le Djebel-Amour n'était pas si rapprochée, il serait peut-être possible de réunir quatre ou cinq cents mehara des Mekhadma, des Saïd-Otba ou des Chambâa, et d'organiser une harka à laquelle on donnerait mission d'aller ghazzer les Touaregs-Hoggar et venger nos compatriotes aussi lâchement assassinés.

Cette expédition, commandée par un homme vigoureux et intelligent, aurait, à mon avis, grand'chance de réussir; j'en ai parlé ici au khalifa ainsi qu'aux caïds qui l'ont accompagné, et, à tous, l'idée a paru réalisable, mais à une autre époque de l'année. Pour le moment, il m'a donc fallu prescrire au khalifa de rechercher quelques hommes de bonne volonté qui voulussent se charger d'aller recueillir les divers objets (carnets, papiers, instruments, etc.) qui, n'ayant aucune valeur aux yeux des Touaregs, ont pu être abandonnés sur le lieu du massacre ou sur la route suivie par le détachement qui a battu en retraite après la mort du chef de la mission. Ces épaves pourraient avoir une importance réelle au point de vue scientifique.

Ces hommes devront également s'efforcer de se procurer quelques effets ou objets ayant appartenu au personnel français de la mission et faire leurs efforts pour donner la sépulture aux morts qu'ils pourront trouver. Dès que le khalifa aura réuni des hommes de bonne volonté, il me fera connaître quelle somme ils demanderaient pour se charger de ces recherches et j'aurai l'honneur, mon général, de porter à votre connaissance les conditions imposées par eux, afin que, si vous le jugez convenable, vous puissiez les soumettre à l'autorité supérieure.

E. BELIN.

* *

Six années se sont écoulées depuis cet épouvantable massacre, et rien, jusqu'à ce jour, n'a été fait pour donner suite au projet présenté par le commandant Belin dans la lettre ci-dessus.

Cet officier, actuellement colonel au 17ᵉ de ligne, avait eu là, cependant, une excellente idée, qui non seulement nous aurait permis de venger la mort de nos compatriotes, mais encore aurait relevé notre prestige aux yeux des populations sahariennes.

Une expédition composée d'indigènes dévoués, comme l'indiquait le commandant Belin, et commandée par un homme énergique et intelligent tel que le khalifa de Ouargla, Mohamed-ben-Belkacem, aujourd'hui officier et décoré, aurait énormément de chance de réussir. Les hommes des tribus de Ouargla connaissent le désert et s'ils y ont des ennemis dans les Touaregs, ils y comptent aussi beaucoup d'amis, parmi les tribus nomades, qui, à un moment donné, pourraient leur être d'une grande utilité.

C'est là le seul moyen de nous venger des Touaregs-Hoggar : les poursuivre avec acharnement, les battre et les razzier une bonne fois, et peut-être ainsi les rendrons-nous plus sociables, ou du moins plus craintifs.

LE MONUMENT FLATTERS 'A OUARGLA

Si cette excellente idée avait été mise à exécution après le massacre de la mission Flatters, nous n'aurions probablement pas eu à déplorer encore la mort du lieutenant Palat, tué par ses guides, dans les mêmes régions, en 1885.

L'impunité étant ainsi assurée aux assassins, le Sahara deviendra de plus en plus difficile à explorer ; aussi serait-il temps d'agir, si l'on veut faciliter les voyages et les études nécessaires aux projets de chemins de fer transaharien ou de mer intérieure.

\*\*\*

Le gouvernement a fait élever, en 1883, un monument à l'endroit même où la mission Flatters campa pendant son séjour à Ouargla.

Tous les noms des malheureux qui firent partie de cette expédition sont gravés sur une plaque de marbre pour l'encadrement de laquelle on aurait pu choisir un motif plus gracieux que cette espèce de mausolée, sans aucun style, qui a coûté, paraît-il, 15,000 francs.

## LOI DU XII AOUT MDCCCLXXXI

# LA FRANCE
### AU COLONEL FLATTERS ET A SES COMPAGNONS

**FLATTERS**, Lieutenant-colonel au 1er régiment de spahis
**MASSON**, Capitaine au service d'état-major
**DIANOUS DE LA PERROTINE**, Lieutenant au 1er régiment de […]
**D. GUIARD**, Médecin aide-major de 1re classe
**BERINGER**, Ingénieur au corps national des mines
**ROCHE**, Ingénieur
**SANTIN**, Instituteur des arts et manufactures
**DENNERY**, Maréchal des logis au 3e régiment de chasseurs
**POBEGUIN**, Maréchal des logis au 3e régiment de spahis
**BRAME**, Au 12e régiment de ligne
**MARJOLET**, opérateur
**ABDELKADER BEN HEMIDA**, Modérateur de l'Ordre de Belgica

Tirailleurs algériens.

Mohamed-ben-Saad.   Ali-ben-Lea-drba.
Abd-Ouahab-ben-Mohamed.   Mohamed-ben-Ahmet.
Ahmet-ben-Abdallah   Amer-ben-Salah.
Mohamed-ben-Belloud   Brahim-ben-ben-Abdallah
Mohamed-ben-Said   Ahmet-ben-Zamoug
Rabah-ben-Ramdam.

Auxiliaires.

Abdallah-ben-Mohamed.   Mohamed-ben-Amoram.
Ahmet-ben-Brahem   Ben-Ismail-ben-Ferahat.
Kouider-ben-Belkassem

Ils partirent de Ouargla le 4 décembre 1880, chargés d'une exploration pacifique entre Laghouat et le Soudan. Ils périrent victimes d'une trahison au pays des Touaregs Ahaggar.

Scrivants revenus en mars et avril 1881

Abdelkader-ben-Hamdoub   Abdelkader-ben-Baires.   Kalifa-ben-Daragu
Amer-ben-Hamou   Mohamed-ben-Saddok.   Abdallah-ben-Moçart
Saklar-ben-Gariat   Mohamed-ben-Belkassem   Hammed-ben-Said
Belkassem-ben-Zekia   Ahmed-ben-Ahmmed.   Kamer-ben-Sa-di.
El Boumdi-ben-Mohamed

Auxiliaires.

Abderrahman-ben-Na'm   Saddoch-ben-dadich   Ahmet-ben-Amor
Miloudi-ben-Mohamed   Belkassem-ben-Lahdar.   Abdallah-ben-Mohamed
Hassen-ben-Belhare   Mohamed-ben-Mahrez   Mohamed-ben-Mohamad.
Ali-ben-Mohamed   Kaddour-ben-Hamou.   Belkassem-ben-Rebab
Mohamed-ben-Abdel-Kader   Berkat-ben-Aatta.

**LE MONUMENT FLATTERS A OUARGLA**

# SAHARA DE CONSTANTINE

## BISKRA

Biskra est la première oasis que l'on rencontre dans la province de Constantine.

Située à 120 kilomètres de Batna, cette ville est aujourd'hui reliée au littoral par un chemin de fer qui, en partant de Constantine, passe à El-Guerra, les lacs, El-Mader, Batna, Aïn-Touta, les Tamarins, El-Kantara et Biskra.

La première occupation française de Biskra eut lieu en 1844 par un corps expéditionnaire sous les ordres du duc d'Aumale.

Une petite garnison indigène, commandée par des cadres français, y fut laissée, mais elle fut massacrée, quelques semaines plus tard, par la population soulevée.

Au mois de mai suivant, les troupes françaises l'occupaient de nouveau et cette fois pour n'en plus partir.

Cette ville, aujourd'hui chef-lieu d'un cercle de la subdivision de Batna qui compte 91,500 habitants, est un des points les plus importants de notre possession, comme poste militaire et comme centre commercial.

C'est aussi la capitale politique du Zab, pays étendu, renfermant de nombreux villages séparés de la plaine du Hodna par des massifs montagneux.

Le quartier français de la ville consiste principalement en une longue rue bordée d'arcades d'un seul côté, aboutissant au fort Saint-Germain, du nom d'un commandant tué en 1849 pendant l'expédition de Zaat-cha. Les casernes, l'hôpital et la manutention sont dans ce fort; à ses pieds, s'étend une grande place sur laquelle s'élèvent le cercle militaire, l'église, l'école, le marché, deux hôtels et de nombreuses maisons particulières.

Le village nègre fait suite à la ville française; c'est un amas de petites rues étroites et pierreuses que bordent des maisons construites en pisé et en briques séchées au soleil.

C'est dans le village nègre que se trouvent les cafés maures où dansent, le soir, les filles de mœurs faciles, les Oulad-Naïl.

.*.

Les Oulad-Naïl constituent une fraction de la grande tribu arabe des Zor'eba et sont venus dans l'Afrique centrale vers la fin du xi° siècle de notre ère; ils forment aujourd'hui une très forte confédération de tribus qui occupent un vaste territoire situé entre les Ziban, Bou-Saâda et le Djebel-Amour.

Ils cultivent un peu de céréales, quand ils peuvent établir des canaux d'irrigations ; leurs troupeaux sont nombreux et très renommés ; ils possèdent beaucoup de chameaux.

Les femmes Oulad-Naïl travaillent la laine, et les filles, danseuses du sud, errent librement dans le pays, cherchant çà et là l'occasion de gagner quelque argent ; elles servent surtout d'amusement aux étrangers, qui sont certains d'en rencontrer dans tous les cafés maures des villes du Sahara ; souvent, elles s'assemblent par troupes et s'en vont, oiseaux voyageurs, cherchant fortune tantôt dans une ville, tantôt dans une autre ; souvent aussi, la fortune est rebelle, et les pauvres Oulad-Naïl courraient parfois le risque de danser à jeun, si elles n'avaient avec la danse la ressource beaucoup plus productive de plaire aux Arabes qui viennent assister à leurs exercices. Le trafic de leurs charmes n'a d'ailleurs rien de répréhensible aux yeux de leurs concitoyens ; il est convenu qu'elles vont chercher une dot, en se prostituant dans les ksour ou dans les villes du littoral. Ces femmes ne conservent pas leur argent, elles le convertisse au fur et à mesure qu'elles le gagnent, soit en colliers, soit en bijoux, dont elles se parent comme des châsses.

Leur costume, très simple, ne se compose, le plus souvent, que d'une pièce d'étoffe de couleur voyante, retenue sur la poitrine par deux larges agrafes et à la taille par une ceinture ; seule leur coiffure présente une certaine originalité en raison de sa dimension exagérée et des nombreux ornements qu'elles y ajoutent.

Les danses ont généralement lieu le soir, dans les cafés maures. C'est alors que l'on entend le bruit assourdissant du tam-tam (espèce de tambour) et de la flûte, accompagnés de la derbouka (sorte de pot fermé d'un parchemin sur lequel on frappe avec les doigts), qui marque la cadence et dont le trémolo continuel produit ce bourdonnement qui, sans aucune transition, passe du *forte* au *piano*, et *vice versâ*.

C'est au bruit de cette musique que les Oulad-Naïl exécutent leurs différents exercices, tels que la danse des foulards, du ventre, des douros, etc., etc.; elles y mettent souvent un amour-propre exagéré, et parfois dansent pendant plusieurs heures sans discontinuer, jusqu'à ce qu'elles s'affaissent évanouies, aux grandes acclamations de l'assemblée.

Elles dansent généralement l'une après l'autre, mais souvent aussi plusieurs en même temps. Il n'y a alors aucune différence appréciable entre les gestes, les jeux de mine, les torsions convulsionnaires de celle-ci ou de celle-là. Chacune de ces poses languissantes, folles, chaque pulsation de ce délire, chaque anneau de cette spirale, est noté comme un pas de deux.

L'Arabe se fait une véritable fête d'assister à ces exercices, cependant bien monotones : tranquillement installé sur un divan, une natte ou un tapis, savourant son kaoua, ou fumant sa petite pipe de kiff, il se laisse bientôt gagner par le délire sensuel si énergiquement et si naïvement exprimé par l'Oulad-Naïl; mais jamais l'idée ne lui vient de se livrer de sa personne, sous couleur de divertissement, à un exercice aussi fatigant et hautement attentatoire à la dignité masculine.

Les indigènes, à Biskra, habitent les petits villages qui entourent le quartier européen et qui forment ainsi les faubourgs de la ville. Beaucoup d'entre eux sont aussi campés dans les environs.

Les jardins arrosés par les eaux de l'Oued-Biskra sont merveilleux, et leurs palmiers, au nombre de 150,000, produisent des dattes excellentes. Ces jardins contiennent aussi de la vigne, des abricotiers, des grenadiers, de nombreux figuiers et oliviers.

A un kilomètre de Biskra, sur la rive droite de l'Oued, se trouve la villa Landon, grand parc de 2 hectares, renommé pour ses fleurs et ses plantations de bananiers, bambous, cocotiers, caféiers, etc., etc.

A 6 kilomètres de la ville se trouve aussi un petit établissement thermal connu sous le nom de Fontaine-Chaude (Hammanes-Salhin).

\* \*
\*

La route de Biskra à Ouargla traverse la région de l'Oued-R'rir, elle se dirige vers le sud jusqu'à Tougourt, et vers le sud-ouest, de Tougourt à Ouargla.

Cette route n'est accessible qu'aux caravanes; cependant, avec une voiture légère et bien attelée, on peut arriver jusqu'à Tougourt; à partir de ce point, le chemin devient plus difficile en raison des dunes.

\* \*
\*

## L'OUED-R'RIR

L'Oued-R'rir, qui touche au pays des Beni-M'zab à l'ouest et à l'Oued-Souf à l'est, est une vaste région au sol sablonneux couvert de bas-fonds qu'émaillent de nombreuses oasis parmi lesquelles Dendoura, Ourlana, Djema, Sidi-Amran, Sidi-Rached, Tebesbet.

Seules, les importantes oasis de Mr'aïer, de Tougourt et de Temacin offrent un intérêt réel.

Depuis une trentaine d'années, on a creusé dans cette région, jusqu'alors si désolée, de nombreux puits artésiens, et aujourd'hui le sol présente une merveilleuse fertilité.

Les puits creusés avec tant de peine par les Arabes, avant cette époque, étaient établis dans de trop mauvaises conditions pour rendre les services qu'on attendait d'eux; les uns s'écroulaient, les autres, s'ils donnaient un peu d'eau, tarissaient tout à coup et c'était toujours à recommencer !

La tribu des Rouara avait la spécialité de creuser les puits et formait la corporation des r'tass (plongeurs).

Les r'tass, quoiqu'ayant le monopole de ce travail, opéraient sans aucune donnée, creusant n'importe où, enlevant la terre avec des pioches et la transportant à l'aide de paniers.

Le moment le plus intéressant de cet ouvrage était celui où, après avoir atteint une certaine profondeur, on jugeait l'instant venu de faire descendre le plongeur; celui-ci, attaché par des câbles en fibres de palmier, se graissait le corps, se bouchait les oreilles avec de la graisse de chèvre et se laissait ensuite glisser dans le puits.

C'était là le travail le plus difficile et le plus périlleux, car souvent il arrivait que le r'tass, surpris par un éboulement ou par les eaux qui jaillissaient avec violence, était retiré asphyxié.

Malgré ces dangers, les r'tass étaient fort jaloux de leur métier qui non seulement les faisait vénérer de leurs coreligionnaires, mais encore leur rapportait de grands bénéfices.

Aujourd'hui, le travail des puits artésiens est fait par des soldats qui appartiennent, le plus souvent, aux bataillons d'Afrique ou aux compagnies de discipline, et qui se rendent ainsi d'une utilité incontestable.

Dans le parcours des 355 kilomètres qui séparent Biskra de Ouargla, on rencontre comme oasis méritant d'être citées :

LES PUITS ARTÉSIENS DANS L'OUED R'RIR — TYPES DU SUD.
VUE DE OUARGLA

El-Our'ir, dont l'importance était insignifiante avant la construction d'un puits artésien, dû à l'initiative de M. Jus, ingénieur ; depuis, un bordj y a été construit et la koubba de Sidi-Makfi, qui attire dans cette oasis un grand nombre de pèlerins, a été relevée.

Aux environs d'El-Our'ir, se trouvent : *Tola-em-Mouïdi*, qui fut créée en 1879 par le capitaine Ben-Dris ; *Chria-Saïa*, plantée en 1881 par la Compagnie de l'Oued-R'rir ; et *Our'ir*, *Sidi-Mahia* et *Ayata*, que la Société de Batna et du Sud Algérien ont créés de 1882 à 1886, en creusant dans cette région sept puits artésiens et en y plantant environ cinquante palmiers.

Mr'aïer, dont les quatre-vingt mille palmiers font un des endroits les plus intéressants de l'Oued-R'rir. De nombreux puits indigènes et cinq artésiens arrosent cette oasis, qui est cependant des plus malsaines.

Le bordj est bien construit et les maisons, au nombre de cinq cents environ, sont habitées par une

vieille population appartenant à la race noire saharienne.

Sous cette oasis, passent, dans des espèces de canaux souterrains, formés par leur infiltration, les eaux de l'Igharghar, de l'Oued-Mïa, de l'Oued-R'rir et même de l'Oued-Souf.

Our'lana, qui compte environ trente mille palmiers, arrosés par trois puits artésiens.

Le bordj se trouve à l'est de l'oasis.

Le capitaine Ben-Dris, et les Sociétés de l'Oued-R'rir et agricole de Batna y possèdent de superbes propriétés.

Tamerma-Djedida, oasis qui fut fondée par le cheik Brahim il y a environ soixante-dix ans.

C'est là que le premier puits artésien fut creusé, en 1856, grâce à l'initiative du général Devaux.

Sidi-Rached, où se trouve une longue forêt de palmiers que l'on peut traverser en voiture.

## TOUGOURT

Tougourt est la capitale de l'Oued-R'rir; sa population est de 1,300 habitants, parmi lesquels on compte quelques Français; le nombre de ses maisons est d'environ trois cents. Ces dernières, construites en briques séchées au soleil, n'ont qu'un rez-de-chaussée surmonté d'une terrasse; quelques-unes cependant ont un étage.

ZAOUÏA DE TEMACIN

Une cour intérieure est aménagée au centre de chaque habitation; c'est là que les femmes travaillent, tissant les laines et fabriquant les haïcks dont Tougourt a la spécialité.

La ville est divisée en plusieurs quartiers habités par des indigènes de diverses origines; elle a trois portes, Bab-el-Blid, Bab-Biskra, Bab-el-Khadhra et possède plus de vingt mosquées dont les deux principales sont soutenues par des colonnes de marbre.

Une oasis considérable entoure la ville, on y compte quatre cent mille palmiers.

Tougourt possède de nombreux puits, les uns creusés par les indigènes, les autres artésiens, qui fournissent de l'eau en abondance à l'oasis et à la ville.

Temacin, à 10 kilomètres sud-ouest de Tougourt, compte environ mille deux cents tentes, sept cent cinquante maisons et vingt-six mille cinq cent cinquante palmiers.

La ville est construite comme toutes celles du Sahara algérien et ne possède comme curiosité que sa zaouïa où réside le chef religieux de l'ordre des Khouan de Tedjini, dont l'influence se fait sentir chez les Touaregs et jusqu'au Soudan.

Temacin est comprise entre l'agalick de Tougourt, la Tripolitaine et le caïdat des Oulad-Sahia.

De Temacin à Ouargla la route ne présente rien de remarquable, à part l'oasis de N'gouça dont la description a été donnée dans la partie relative aux oasis de la province d'Alger.

## LES ZIBAN

*Les Ziban* se divisent en trois parties : le *Zab-Chergui* (est), le *Zab-Guebli* (sud) et le *Zab-Dahraoui* (nord).

Les routes ou, plutôt, les itinéraires qui traversent les principales oasis des Ziban ne peuvent se parcourir qu'avec des chevaux ou des mulets, et il est indispensable de se munir d'approvisionnements.

On rencontre, comme oasis :

Siki-Okba, capitale religieuse du Zab, renommée à cause de sa mosquée, qui contient les restes de Sidi-Okba, l'un des premiers propagateurs de l'islamisme, et qui est un lieu de pèlerinage pour toutes les tribus de l'est. La tradition rapporte que le minaret remue chaque fois qu'un croyant évoque Sidi-Okba.

La population de cette oasis se compose de 2,200 habitants environ ; elle y est misérable et atteinte de maladies d'yeux.

Zeribet-el-Oued, située à 84 kilomètres sud-est de Biskra, n'a aucune importance; ses jardins sont insignifiants et ses palmiers peu nombreux. Seule, la koubba de Sidi-Hassen-el-Koufi mérite d'être signalée.

KRENGUET-SIDI-NADJI, de fondation moderne ; ce village fut bâti, il y a deux cent cinquante ans, par Sidi-Embareck-bel-Kassem-ben-Nadji, un des ancêtres du caïd actuel et chef de la grande tribu des Oulad-Nadji.

Les quelques monuments de Krenguet diffèrent complètement de ceux que l'on rencontre dans les Ziban ; ils ont été construits en pierre et en marbre, par des ouvriers tunisiens, aussi offrent-ils un caractère tout particulier.

Krenguet est situé à l'endroit où l'Oued-el-Arab sort des gorges de l'Aurès.

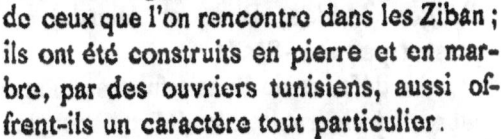

ZAATCHA, à 36 kilomètres au nord-est de Biskra ; la ville s'élève au milieu des jardins. Elle est célèbre par le siège mémorable qu'elle soutint, pendant cinquante jours, contre nos troupes, en 1849.

Un ancien portefaix d'Alger, Bou-Zian, saisit l'occasion du mécontentement général causé par l'élévation de la taxe sur les palmiers, pour exciter les indigènes à la révolte. — Les tribus voisines et les habitants de Zaatcha, enfermés dans la ville, opposèrent une résistance désespérée. Il fallut faire le siège de chaque maison ; enfin, l'assaut eut lieu sous les ordres des colonels Canrobert (aujourd'hui maréchal), de Barral et de Lourmel (tous deux morts généraux). La ville fut prise, puis rasée et reconstruite quelques années après.

EL-AMRI, à 10 kilomètres au nord-est de Zaatcha ; on a beaucoup parlé de cette oasis en 1876, lors de la révolte des habitants.

Excitée par un marabout, qui prétendait être invulnérable aux balles françaises, la population d'El-Amri refusa de payer l'impôt et prit les armes, voulant reconquérir son indépendance.

A la nouvelle de ce soulèvement, une colonne composée d'infanterie, de cavalerie et d'artillerie, sous les ordres du général Carteret-Trécourt, fut immédiatement envoyée de la province de Constantine, pendant qu'une autre, formée de la même façon, quittait la province d'Alger (Médéa, Blida et Aumale) et se dirigeait sur El-Amri en passant par Bou-Sâada.

La défense de l'oasis fut très bien organisée, et, quoique le marabout invulnérable eût été tué dès les premiers coups de feu, les habitants tinrent bon jusqu'au jour où le général Carteret, voulant en finir au plus vite, résolut de se servir de l'artillerie.

Après deux jours de bombardement, El-Amri se rendit enfin et ce qui restait de la population fut émigré et envoyé dans la province d'Oran, sous bonne escorte.

Ainsi que cela arrive souvent dans les insurrections, au moment de la reddition de la ville, les chefs avaient réussi à s'esquiver, et l'on ne trouva dans les murs que les malheureux qui n'avaient pu en faire autant.

## L'OUED-SOUF

L'OUED-SOUF, situé entre l'Oued-R'rir et la Tunisie, est un pays aride, couvert de dunes mobiles.

La population totale de l'Oued-Souf est de 25,000 habitants répartis dans sept ksours dont le principal, El-Oued, en compte 8,000 ; les autres, sans importance, sont :

Kouinin, Tarzout, Ighoum, Behima, Debila et Sidi-Roum.

De *Tougourt* à *El-Oued*, la distance est de 80 kilomètres, que l'on peut franchir en trois jours en passant à travers les dunes.

## LES DUNES ET LE SIMOUN

Ainsi que la Hollande, la Belgique et principalement les environs d'Ostende, le Sahara possède des dunes immenses.

Le sud de la province de Constantine en est particulièrement couvert; elles atteignent là des hauteurs prodigieuses et s'étendent à perte de vue.

Poussées et toujours augmentées par le vent du désert (le simoun), elles vont, viennent, se déplacent en un mot, avec une rapidité incroyable.

Ces dunes mouvantes sont un réel danger pour le voyageur, qui peut facilement s'y égarer, et sont un obstacle presque insurmontable pour la construction de lignes ferrées et même de routes.

Depuis 1882, époque de l'annexion du M'zab, de grands travaux ont été entrepris par le génie militaire afin de faire des chemins de communication entre les différentes oasis du Sud; mais il est certain que c'est peine perdue, et que, dans quelques années, ces travaux, qui auront coûté beaucoup, disparaîtront sous les sables, absolument comme la plupart des ouvrages de ce genre, exécutés par les Arabes avant notre arrivée.

Plusieurs tentatives ont été faites, plusieurs essais ont été entrepris pour arrêter l'invasion des sables; mais devant une semblable force, rien n'a réussi.

C'est là la principale difficulté qui se présente tout d'abord devant le projet d'un chemin de fer transsaharien, mettant l'Algérie en communication avec le Soudan; il y en aurait bien d'autres encore, mais la question des sables serait certainement une des plus importantes.

Le projet de mer intérieure du commandant Roudaire, s'il était exécutable, serait de beaucoup préférable à la ligne ferrée, car non seulement on atteindrait le même but, mais on trouverait peut-être là le moyen de fertiliser un pays immense qui ouvrirait alors des débouchés considérables.

Le simoun ou siroco, comme l'appellent les troupiers français, est un vent qui devient brûlant en passant sur les sables du désert; il souffle du sud-est et élève la température jusqu'à 45 degrés centigrades.

Le simoun s'annonce par une grande tache brune qui couvre l'horizon et qui augmente continuellement jusqu'à ce que le vent se fasse sentir.

Le ciel s'obscurcit alors, l'ombre des objets s'efface, le vert des arbres paraît d'un bleu sale, les oiseaux sont inquiets, les animaux effrayés.

La chaleur devient suffocante; le thermomètre atteint parfois jusqu'à 52 degrés.

Le sable est agité comme la mer et s'amoncelle en monticules.

L'homme est contraint de se jeter à terre et de se voiler la face pour n'être pas étouffé!

Le passage du simoun dure souvent plusieurs heures, quelquefois même plusieurs jours.

Pendant ce temps, il est impossible de faire quoi que ce soit; tout est couvert par le sable que dépose le vent en passant; aussi nos malheureux soldats sont-ils fort à plaindre lorsqu'ils sont surpris, dans une expédition, par cet épouvantable fléau.

La marche se continue quand même, mais avec quelles peines on avance; les fantassins sont épuisés, leurs pieds s'enfoncent dans le sable et la soif les torture ; afin de ne pas être aveuglés, ils se couvrent entièrement la tête avec leur chéchia et vont ainsi, titubant comme des gens ivres !

Les chevaux s'encapuchonnent, cherchant à respirer plus à l'aise et à éviter la poussière qui leur vient dans les yeux ; voyant à peine, ils marchent d'une allure incertaine, allant tantôt à droite, tantôt à gauche, éternuant et soufflant afin de chasser le sable qui pénètre dans leurs narines.

Les chameaux seuls supportent à peu près le simoun ; leur marche en est encore ralentie, c'est vrai, mais enfin ils avancent, poussant, de temps en temps, leur cri guttural et sans avoir l'air de trop souffrir.

# SAHARA ORANAIS

## GÉRYVILLE

GÉRYVILLE est située à 323 kilomètres d'Oran, c'est le point le plus central pour se rendre dans les oasis du Sud Oranais.

Chef-lieu d'un cercle dépendant de la subdivision de Mascara, Géryville est une redoute renfermant une caserne, un pavillon d'officiers, des magasins et un hôpital.

A l'endroit où les troupes de passage établissent leur campement, Si-Hamza, l'ancien khalifa des Oulad-Sidi-Cheikh, a fait bâtir une belle maison ; non loin de là se trouve le petit village de Géryville, habité par une population d'Européens et d'indigènes.

Le bordj de Géryville fut construit en 1853 sur l'emplacement d'un petit ksar en ruine du nom d'El-Biod, et tient son nom du colonel Géry qui, en 1845, fit le premier son apparition dans cette région, après avoir battu les Oulad-Sidi-Cheikh, commandé par Si-Hamza et forcé Abd-el-Kader à se réfugier au Maroc.

\*\*\*

C'est particulièrement dans cette contrée que l'on peut admirer la splendeur et l'originalité des réjouissances arabes ; ici, il ne se passe

pas un jour de fête sans être accompagné de danses et de coups de fusil.

Les Oulad-Sidi-Cheikh, tribu puissante, aiment la poudre; aussi, quand ils ne peuvent ou s'insurger ou se mettre en campagne pour razzier leurs voisins, se rattrapent-ils en exécutant de brillantes fantasias.

Ces fantasias sont un composé des anciens carrousels des Maures et des évolution militaires en usage dans leurs combats; mais au lieu des exercices savants, des méthodes gracieuses des anciens Maures, on ne trouve ici que la fougue, l'impétuosité et le désordre du sauvage; lancer son cheval à toute bride, l'arrêter court, le mener tantôt à droite, tantôt à gauche, sans but déterminé, tirer son coup de fusil et charger en courant, tel est le fond des fantasias, spectacles si cher aux peuplades de l'ancienne barbarie.

Quoi qu'il en soit de la bizarrerie, il y a quelque chose qui émeut fortement l'âme à voir s'élancer ces nombreux cavaliers, partant tous à la fois, poussant des cris, agitant leurs armes, faisant feu de toutes parts; à voir les chevaux s'animer à l'imitation de leurs maîtres, bondir

et se cabrer, suer sang et eau, franchir les ravins, descendre les collines, voler comme des flèches, et s'arrêter court tandis que leurs naseaux fument et que le feu semble sortir de leurs ardentes prunelles.

L'amour de l'Arabe pour son cheval est proverbial; il faut pourtant en rabattre beaucoup là-dessus comme sur bien d'autres vertus qu'on lui a si étrangement prodiguées. Parce que l'Arabe aime son cheval plus que sa femme, cela ne prouve pas qu'il l'aime beaucoup. Tout est relatif.

LE FUMEUR DE KIFF

Il passe souvent de longues heures à le contempler, et refuse parfois de le vendre à des prix très élevés ; mais il n'y a là rien de ce sentiment qui porterait, par exemple, bien des personnes à conserver leurs chiens, même au prix de grands sacrifices et quoiqu'ils ne leur soient d'aucune utilité. C'est tout simplement l'avare qui se complaît dans la vue d'un objet de haute valeur ; c'est le guerrier qui tient à ses armes, parce qu'elles lui sont utiles, ou l'homme vaniteux qui contemple avec orgueil les richesses qu'il possède.

Les selles arabes et berbères sont comme celles des Turcs. Le mors de la bride est un anneau de fer, dont la partie qui entre dans la bouche porte un bras de levier qui s'appuie contre le palais quand le cavalier marque un temps d'arrêt. Les éperons de celui-ci sont deux broches de fer, légèrement recourbées aux extrémités, avec lesquelles il pique doucement le ventre du cheval ; mais s'il n'obéit pas, il lui déchire les flancs et l'animal part aussitôt. La manière dont le mors est construit permet au cavalier d'arrêter court son cheval, même au grand galop. Cette particularité causa toujours un certain étonnement à nos troupes, lors des guerres d'Afrique, quand elles voyaient les Arabes arriver sur elles, au grand galop, s'arrêter tout court à portée de fusil, tirer, faire demi-tour, fuir avec la rapidité de l'éclair en se couchant sur leurs chevaux.

Le cheval africain n'est pas de race arabe pure ; sans ressembler tout à fait à ces beaux coursiers de l'Égypte et de la Syrie que possèdent certains Arabes riches, il s'en rapproche néanmoins. Le plus remarquable et le plus illustre de cette espèce est le cheval barbe, qui est resté encore aujourd'hui un modèle de vigueur et d'élégance.

Il a plus de taille que le cheval arabe ; il a la tête un peu longue et légèrement busquée ; sa poitrine est magnifique, ses membres forts et nerveux. Son arrière-main laisse quelquefois à désirer, mais son ensemble est merveilleux de grâce et d'élégance ; il a le pied sûr, la course rapide, et se plie néanmoins facilement aux travaux les plus compliqués du manège ; sa docilité est extrême.

Les chevaux barbes ont été renommés dans tout le moyen âge, à cause de leur douceur, de leur mérite et de l'âge avancé auquel ils parviennent, et qui a donné lieu à ce proverbe : *les barbes meurent, mais ils ne vieillissent pas.*

Le cheval africain est le type du cheval de guerre par excellence : on pourrait seulement lui souhaiter un peu plus de taille, car il n'a jamais plus d'un mètre cinquante-cinq centimètres.

Il a les jambes parfaitement faites, la croupe un peu longue, les flancs un peu ronds sans beaucoup de ventre, les épaules légères et plates, la tête petite et bien placée, le cou long et peu chargé de crins.

A voir l'ensemble, les formes peuvent paraître sèches et anguleuses, et, généralement, elles flattent peu l'œil. Mais lorsqu'on examine ces animaux de près, on trouve que tout est com- biné de manière à réunir les condi- tions de force, de vigueur et de légèreté.

Ainsi, capacité thoracique très développée, épaules mus- culeuses, forte- ment inclinées ; avant-bras longs et recouverts de fortes saillies musculaires ; ge- noux larges, ca- nons courts, ten- dons forts et détachés ; sabots durs et bien contournés : reins droits et courts ; jarrets étirés, larges et plats. Quoique très léger à la course, le cheval africain est cependant pares- seux et a besoin d'être stimulé. (*Histoire du cheval*, de Houël.)

* * *

La distance qui sépare Gé- ryville des Oulad-Sidi-Cheikh, demande à être parcourue en caravane, ainsi que celles qui séparent cette même ville, soit des Ha- miam-R'araba, soit de Brezina ou de Metlili des Chambâa. Les routes n'exis- tent qu'à l'état de sillons, tracés par les tri- bus nomades ou par les troupes qui vont et viennent dans ces régions.

## LES OULAD-SIDI-CHEIKH

Les Oulad-Sidi-Cheikh, tribu de marabouts qui passent pour descendre en ligne directe du prophète, possèdent une autorité morale énorme sur toutes les populations indigènes du Sud Oranais.

Les descendants du grand chef Si-Hamza qui, après avoir été notre ennemi, était devenu notre allié, se tournèrent de nouveau contre nous à la mort de ce dernier (1861) et en 1864, alors qu'une petite colonne commandée par le colonel Beauprêtre s'avançait dans le Sud, Si-Slima, deuxième fils de Si-Hamza, l'attaqua, la détruisit complètement et lui-même, qui avait levé l'étendard de la révolte, fut tué dans cette affaire.

Les deux frères de Si-Slima, Mohamed et Ahmet, prirent successivement le commandement de cette puissante tribu; ils moururent le premier en 1865, le second en 1867 et Si-Kaddour, qui commande encore actuellement, leur succéda à cette époque. Son neveu Si-Hamza hérita de l'autorité religieuse.

Ce n'est qu'en 1882, après avoir chassé dans l'Ouest les tribus insurgées par Bou-Amama, que nous prîmes enfin possession des nombreux ksour des Oulad-Sidi-Cheikh et qu'afin de maintenir désormais toute cette région sous notre autorité directe, plusieurs postes militaires y furent créés et entre autres celui d'Aïn-Sefra.

La superbe oasis de Figuig, qui est située sur le territoire marocain, sans cependant obéir au sultan de ce pays, et qui est voisine de notre frontière, en donnant l'hospitalité aux tribus insurgées et en leur fournissant des armes et des munitions, peut nous faire craindre à chaque instant une nouvelle attaque de ce côté. Aussi, afin de parer à cette éventualité, une ligne de chemin de fer, partant d'Arzew et se dirigeant directement sur le Figuig, est-elle en ce moment en construction.

L'oasis du Figuig est une réunion de neuf ksour indépendants, qui entourent une grande forêt de palmiers.

Une longue muraille, fort bien construite et très bien comprise pour la défense, enferme le tout ; elle est elle-même protégée par un cercle de petites montagnes qui, étant bien fortifiées, rendraient l'attaque de cette oasis relativement difficile.

On estime que la population de ces neuf ksour est d'environ 15,000 habitants ayant trois mille fusils.

Sidi-el-Hadj-ben-Ahmeur, à 9 kilomètres de Géryville, n'est plus qu'un ksar en ruine qui fut fondé, il y a environ deux siècles, par un marabout qui lui a donné son nom. Les jardins seuls existent encore ainsi que deux koubbas, l'une où est enterré le marabout fondateur et l'autre élevée en l'honneur d'Abd-el-Kader-el-Djilali.

Les Arbaouat, situés à 43 kilomètres de Géryville, sont deux ksour aux murailles pittoresques qui de loin font l'effet de quelque vieux château fort. Comme Metlili des Chambâa ces ksour, couleur sombre, se confondent au milieu des montagnes environnantes et il faut se trouver très rapproché d'eux pour en distinguer les détails.

Leurs murs renferment environ soixante-dix maisons et leur population est à peu près de 500 habitants.

El-Abiod-Sidi-Cheikh. — A 386 kilomètres d'Oran et à 63 kilo-

mètres de Géryville dans la direction du Sud, sont groupés cinq ksour, Ksar-ech-Chergui, Ksar-Sidi-Abder-Rahman, Ksar-el-Kébir, Ksar-Abid-K'eraba, au milieu desquels s'élève la fameuse koubba de Sidi-Cheikh qui fut rasée par l'ordre du général Négrier, pendant la dernière insurrection du Sud Oranais (Bou-Amama, 1881) et qui depuis fut reconstruite sur la demande et aux frais des indigènes.

Ces cinq ksour renferment environ 2,000 habitants et une centaine de maisons.

Près du Ksar-ech-Chergui, qui est le plus important, s'élèvent aussi les koubbas des fils de Sidi-Cheikh: Sidi-bou-Kars, Sidi-Mohamed-ben-Abd-Allah, Sidi-ben-ed-Din et Sidi-Abd-el-Hakem.

La koubba de Sidi-Abd-er-Rahman se trouve dans le ksar du même nom, lequel ne possède que trois pauvres maisons.

Le grand marabout Sidi-Cheikh, dont les descendants ont su conserver une si grande influence sur les populations du Sud, mourut à Rassoul. Sur le point d'expirer il demanda qu'après sa mort on le mît sur sa mule et qu'on la laissât libre d'aller où bon lui plairait, qu'à la première pose qu'elle ferait on descendît son corps pour le laver, et qu'on l'enterrât à l'endroit où elle s'arrêterait pour la seconde fois.

Bou-Semr'oun, à 40 kilomètres au sud-ouest d'El-Abiod, est un petit ksar; sa population est d'environ 500 habitants.

Le Dʳ L. Leclerc, dans ses relations de voyage, dépeint ainsi ce village : « En entrant par la porte de l'Est, percée en ogive, on arrive bientôt à une place entourée de bancs en pierre; une rue couverte, également garnie de bancs, vient y aboutir. Au nord se détache de la place une rue, la plus longue et la plus régulière de toutes, mais aussi la plus sale ; on pourrait l'appeler : Via Stercoraria...

« Bou-Semr'oun est le ksar le plus infect et le plus malsain, mais aussi le plus industrieux que nous ayons rencontré. La pierre entre en notable proportion dans les constructions. Les maisons ont généralement un rez-de-chaussée et un premier étage. Au rez-de-chaussée, sont une sorte de cuisine, des écuries et un tas hideux d'immondices. Le premier étage est habité constamment, à part le moment des fortes chaleurs. Les serrures sont confectionnées

en bois et d'une façon aussi ingénieuse qu'originale. »

La mosquée de Bou-Semr'oun, située au milieu du ksar, est bien bâtie; elle a un minaret carré, terminé par une petite flèche.

Dans tous les édifices publics, on se ressent ici du voisinage du Figuig, renommé pour ses maçons...

A côté de Bou-Semr'oun est un cimetière très étendu, au milieu des tombes s'élèvent quatre koubbas; la plus considérable, en l'honneur de Sidi-Ahmet-Tedjini, le marabout d'Aïn-Madhi, est plus grande et plus grandiose que le tombeau de Sidi-Cheikh à El-Abiod...

CHELLALA-GUEBLIA se trouve à 18 kilomètres au nord-ouest de Bou-Semr'oun. Quand on sort de cette dernière ville on longe, pendant 3 kilomètres environ, les palmiers de l'oasis au bout de laquelle sont les ruines du ksar de Oulad-Moussa; il ne reste debout que le minaret de la mosquée, qui peut avoir de 15 à 20 mètres de hauteur.

Chellâla-Gueblia ne compte qu'une centaine d'habitants descendants d'Abd-er-Rahman qui, venant de l'ouest, fonda ce ksar à une époque indéterminée et leur laissa le titre de chorfa (pluriel de chérif).

CHELLALA-DAHRANIA ou Chellâla-du-Nord, comme on l'appelle ordinairement, est située à 6 kilomètres au nord-ouest de Chellâla-Gueblia.

Bien construit en pierre, ce petit village, qui compte environ

400 habitants, est divisé par quatre rues principales, partant de la place publique.

Beaucoup mieux tenu et beaucoup mieux construit que les ksour voisins, ses maisons sont à un étage et sa mosquée s'élève à l'angle nord-est.

Les jardins, dans lesquels on n'aperçoit que quelques rares palmiers, sont bien cultivés, grâce à une irrigation bien comprise et alimentée par des eaux abondantes.

C'est dans le cimetière de Chellâla-Dahrania, que s'élève la koubba de Lella-Fatma, fille de Ben-Yussef de Miliana, ainsi que celle de Sidi-Mohamed-ben-Sliman, père de Sidi-Cheikh.

El-Asla, petite oasis qui se trouve à 14 kilomètres au sud-ouest de Chellâla-Dahrania et à 40 kilomètres au nord de Tiout, ne compte que 400 habitants et les jardins n'ont pas plus d'un quart de lieue d'étendue.

OUED EL-HALLOUF, PRES FIGUIG

# LES HAMIAM-R'ARABA

La grande tribu des Hamiam occupe, dans le sud de la province d'Oran, tout le territoire compris entre les chotts de l'ouest et de l'est et les ksour des Oulad-Sidi-Cheikh.

C'est dans cette région que se trouvent :

*Aïn-ben-Khrelil*, bordj construit à 1,190 mètres d'altitude sur la frontière marocaine pour surveiller les populations de Figuig et des environs (329 kilomètres d'Oran).

Aïn-Sfisifa, située aussi sur la frontière du Maroc, première oasis que l'on rencontre en venant de Tlemcen ; elle n'a rien de comparable aux oasis des provinces d'Alger et de Constantine ; ici, pas de palmiers, rien que des jardins encaissés au fond d'un ravin à côté du plateau sur lequel est bâtie la ville.

Autour de Sfisifa, on voit un grand nombre de koubbas, les unes isolées, les autres par groupes.

Mor'ar-Foukania ne possède qu'une mosquée et un caravansérail ; c'est un ksar insignifiant qui ne compte que 400 habitants, tous occupés à la culture des jardins.

Mor'ar-Tahtania, qui a environ 800 habitants, possède une forêt de palmiers arrosée par une source.

Le minaret de la mosquée s'élève au-dessus du ksar, un peu plus important que celui de Mor'ar-Foukania.

C'est dans ces deux ksour que prit naissance l'insurrection de Bou-Amama en 1880. Le premier fut détruit, en 1881, par le général Delbecque, à la suite de ce soulèvement.

Depuis 1883, un poste avancé de spahis a été placé dans les deux Mor'ar.

Aïn-Sefra, sur la ligne du chemin de fer d'Arzew à Figuig, a une physionomie tout à fait particulière et ne ressemble en rien aux oasis traversées jusqu'alors. Ses maisons bien bâties, propres et spacieuses, ses fortifications solidement construites lui donnent l'aspect d'une petite ville du Nord.

Ce ksar, entouré de dunes d'une immense étendue, compte environ 800 habitants (413 kilomètres d'Oran).

Tiout, située à 1,055 mètres d'altitude, a 700 habitants ; son aspect est des plus pittoresques au milieu de magnifiques bouquets de palmiers et de grands rochers de grès rouge.

Le ksar est enfoui au milieu de jardins très étendus dans lesquels des vignes gigantesques s'entrelacent aux amandiers, aux pêchers, aux figuiers.

De nombreux et curieux dessins creusés sur le flanc vertical des roches, à l'entrée de l'oasis, ont été trouvés par le docteur Jacquot. Les guerriers y sont représentés avec des plumes sur la tête et armés d'arcs et de flèches. On y voit aussi figurer un éléphant, animal qui n'a pas paru dans ces contrées depuis les anciennes époques.

*
* *

De Géryville à Brézina, la distance est de 86 kilomètres ; on rencontre :

Stitten, ksar ayant la forme d'un grand rectangle, et entouré d'une muraille flanquée de quatre tours informes qui servent de fortifications.

Au-dessus du ksar existe une espèce de kasba, dans laquelle, en cas d'attaque, on pourrait aussi organiser la défense.

Les jardins sont plantés de nombreux arbres fruitiers et ensemencés d'orge ; les indigènes s'en occupent beaucoup, tout en fabricant du goudron et en tissant des étoffes de laine.

Aïn-Mer'asil (Fontaine des lotions), à 23 kilomètres de Géryville, endroit où, selon la légende, la mule de Sidi-Cheikh s'arrêta pour la première fois.

R'asoul, qui doit son nom à une magnésite en pierre à savon qui est très employée par les Arabes.
Bien mieux située que Stitten, elle est bâtie sur un promontoire abrité du vent par les hauts sommets du Djebel-Riar.
Les maisons en pisé, couleur de terre, ressemblent plutôt à des gourbis creusés dans le sol ; elles sont au nombre d'une centaine.
Comme à Stitten, les habitants cultivent les jardins fruitiers et s'occupent des céréales. Ceux qui ne sont ni jardiniers ni commerçants, chassent une espèce d'antilope nommée beygueur-el-ouach et s'occupent de la vente des peaux.

Brézina, à 86 kilomètres de Géryville, est situé à l'extrémité de l'oasis et protégée par trois forts à tours crénelées. Les maisons, au nombre d'une cinquantaine, sont entourées d'une muraille en très mauvais état. L'oasis, composée de nombreux jardins, renferme de douze à quinze mille palmiers dont la plus grande partie des dattes ne mûrissent qu'à moitié.
Les puits sont à bascule, comme à El-Goléa ; il y en a beaucoup et ils fournissent une excellente eau.

Brezina est le point de communication entre le M'zab et le centre de la province d'Oran.

Il y a environ 316 kilomètres de Géryville à Metlili des Chambaâ ; jusqu'à Tadjourna, on rencontre quelques oasis ; mais à partir de ce point, c'est le désert dans toute son aridité.

Bou-Alan, à 52 kilomètres de Géryville, est une oasis sans aucune importance, située sur un mamelon à l'entrée d'une vaste plaine.

Sidi-Tifour n'est connue que par la réputation de ses habitants qui, se disant marabouts, exploitent leurs coreligionnaires et vivent à leurs dépens, entretenant tant bien que mal la koubba où est enterré le marabout vénéré qui a donné son nom au ksar.

Tadjrouna est une oasis absolument dénudée, où l'on ne cultive que les céréales.

Situé à 104 kilomètres de Géryville et à 212 kilomètres de Metlili, ce ksar ressemble à tous ceux que l'on rencontre dans le Sahara.

Sa muraille est flanquée de plusieurs tours en assez mauvais état, et plusieurs petites portes donnent accès dans la ville dont les rues tortueuses et sales rappellent celles de Bou-Semr'oun.

Aïn-Massin est un simple puits entouré de quelques palmiers, à moitié chemin de Tadjrouna à Metlili.

# ITINÉRAIRES

## SAHARA ALGÉRIEN

### DE LAGHOUAT (446 kilom. d'Alger) A BOU-SAADA

|  | KIL. |  | KIL. |
|---|---|---|---|
| El-Assafia (ksar) | 12 | Ogla-Feld-el-Betoum (puits) | 163 |
| Ksar Entila (petit village) | 46 | Aïn-Rich (bordj) | 185 |
| Mguied (puits artésien) | 63 | Aïn-Melah (source) | 207 |
| Messâd (ksar) | 80 | Aïn Ror'ab (étape) | 233 |
| Aïn Soltan (ksar) | 104 | Dermal (ksar) | 244 |
| Amoura (sources) | 132 | Bou-Saàda (ksar) | 263 |
| Ogla-Seba (puits) | 150 |  |  |

### DE LAGHOUAT A GÉRYVILLE

|  | KIL. |  | KIL. |
|---|---|---|---|
| Tadjemout (ksar et oasis) | 35 | Sidi-Tifour (ksar) | 112 |
| Aïn-Madhi (oasis et ksar) | 60 | Bou-Alam (pauvre oasis) | 130 |
| Treffia (petit ksar) | 69 | Aouïnet-el-Fareb (pauvre oasis) | 160 |
| Aïn-Taleb (source) | 96 | Géryville (à 323 kilom. d'Oran) | 191 |

### DE LAGHOUAT AU M'ZAB

|  | KIL. |  | KIL. |
|---|---|---|---|
| Oued-Bou-Trekfin (étape) | 24 | Oued-Our'irlou (étape) | 175 |
| Daya-el-Diba (étape) | 44 | Ghardaïa (capitale du M'zab) | 189 |
| Nili (citerne) | 52 | Melika (ville du M'zab) | 1 |
| Tilremt (étape) | 88 | Beni-Isguen | 1 |
| Oued-Setafa (puits) | 117 | Bou-Noura | 2 |
| Berrian (première ville du M'zab) | 145 | El-Attef | 6 |

## DE LAGHOUAT A OUARGLA

|  | KIL. |  | KIL. |
|---|---|---|---|
| Ksar-el-Haïran (étape) | 15 | El-Armodh (pas d'eau) | 235 |
| Daya-Moussa (pas d'eau) | 62 | Targui id. | 236 |
| Daya de l'Oued-Mrarès (p. d'eau) | 91 | El-Melah id. | 260 |
| Daya de l'Oued-Zéguérir id. | 133 | N'Gouça (ksar et oasis) | 283 |
| Daya-Fouchat id. | 167 | Ouargla (à 751 kilomètres d'Alger) | 307 |
| El-Guerrara (ville et oasis) | 187 | | |

## DE GHARDAÏA A EL-GOLÉA

|  | KIL. |  | KIL. |
|---|---|---|---|
| Hassi-el-Hadj-Aïssa (puits) | 14 | Ougaït-el-Hadjadj (pas d'eau) | 172 |
| Metlili des Chambaâ (ksar et oasis) | 22 | Hassi-Zirara (puits) | 194 |
| Oued-el-Gâo (pas d'eau) | 70 | Dakhilet-el-Amoud (pas d'eau) | 207 |
| Hassi-el-Thouil (puits) | 82 | El-Feidh (pas d'eau) | 248 |
| Oued-Kihal (pas d'eau) | 107 | El-Goléa (à 906 kilomètres d'Alger) | 273 |
| Bir-Rekaoui (puits) | 137 | | |

# SAHARA DE CONSTANTINE

## DE BISKRA (218 *kilom. de Constantine*) A OUARGLA

|  | KIL. |  | KIL. |
|---|---|---|---|
| Bordj-Saâda (bois de tamarins) | 20 | Hamerma-Kedima (oasis) | 161 |
| Taer-Rashou (bordj) | 28 | Hamerma-Djedida (oasis) | 164 |
| Bir-Djeffer (puits) | 40 | Sidi-Rached (oasis) | 179 |
| Chegga (caravansérail) | 51 | Ghamra (oasis) | 192 |
| Sethil (puits) | 72 | Tougourt (ville et oasis) | 207 |
| El-Our'ir (oasis) | 99 | Temacin (ville et oasis) | 220 |
| Mr'aier (oasis) | 107 | Zaouïa de Temelhat (oasis) | 221 |
| Aïn-el-Kerma (source) | 117 | Blidet-Amar (oasis) | 230 |
| Sidi-Khelil (oasis) | 120 | El-Hadjira (oasis) | 278 |
| Aïn-Rfihan (source) | 142 | Hassi-el-Arifdji (puits saumâtre) | 300 |
| Zaouïet-Riab (oasis) | 148 | N'Gouça (village et oasis) | 339 |
| Mazer (oasis) | 150 | Ouargla (à 573 kilomètres de Constantine) | 355 |
| Ourl'ana (oasis) | 152 | | |
| Djema (oasis) | 153 | | |

## DE BISKRA AU ZAB-CHERGUI

|  | KIL. |  | KIL. |
|---|---|---|---|
| Sidi-Okba (oasis) | 20 | Zeribel-el-Oued (oasis) | 84 |
| Aïn-Naga (oasis) | 44 | Krenguet-Sidi-Nadji (oasis) | 107 |
| Sidi-Salah (oasis) | 54 | | |

## DE KRENGUET-SIDI-NADJI A KRENCHELA

|  | KIL. |  | KIL. |
|---|---|---|---|
| Kheiran (oasis) | 22 | Krenchela (oasis) | 82 |
| Sidi-Kebeloub (oasis) | 58 | | |

## DE KRENGUET-SIDI-NADJI A BISKRA

|  | KIL. |  | KIL. |
|---|---|---|---|
| Badès (oasis) | 12 | El-Haouch (oasis) | 104 |
| Zeribet-Ahmet id. | 19 | Taher-Rashou (maison de commandement) | 129 |
| El-Faïd id. | 59 | | |
| Sidi-Mohamed-Moussa | 93 | Biskra | 153 |

## DE BISKRA AU ZAB-GUEBLI

|  | KIL. |  | KIL. |
|---|---|---|---|
| Oumach (oasis) | 16 | Lioua (oasis) | 44 |
| Melili-et-Bigou id. | 28 | Oulad-Djellal id. | 84 |
| Ben-Thious id. | 36 | Sidi-Khaled id. | 92 |
| Saïra id. | 42 | | |

## DE BISKRA AU ZAB-DAHRAOUI

|  | KIL. |  | KIL. |
|---|---|---|---|
| Bou-Chagr'oum (oasis) | 31 | Tolga (oasis) | 40 |
| Lichana id. | 35 | El-Amri id. | 48 |
| Zaatcha id. | 36 | | |

## SAHARA ORANAIS

### DE GÉRYVILLE (323 kilomètres d'Oran) AUX OULAD-SIDI-CHEIKH

|  | KIL. |  | KIL. |
|---|---|---|---|
| Sidi-El-Hadj-ben-Ameur (ancien ksar) | 9 | Bou-Semr'oun (ksar) | 103 |
| Les Arbaouat (ksour) | 43 | Chellala-Gueblia id. | 121 |
| El-Abiod-Sidi-Cheikh (ksour et koubbas) | 63 | Chellala-Dharania id. | 127 |
|  |  | El-Asla (oasis) | 141 |

### D'EL-ASLA A AÏN-SFISIFA

|  | KIL. |  | KIL. |
|---|---|---|---|
| Tiout (oasis) | 40 | Aïn-Sfisifa (à 383 kilomètres d'Oran, par Tlemcen) | 82 |
| Aïn-Sefra (ksar) | 52 |  |  |

### D'EL-ASLA A MOR'AR TAHTANIA

|  | KIL. |  | KIL. |
|---|---|---|---|
| Tiout (oasis) | 40 | Mor'ar Tahtania (à 440 kilomètres d'Oran, par Tlemcen) | 79 |
| Aïn-Sefra (ksar) | 52 |  |  |
| Mor'ar Foukania (oasis) | 64 |  |  |

### DE GÉRYVILLE A BRÉZINA

|  | KIL. |  | KIL. |
|---|---|---|---|
| Stitten (ksar) | 15 | R'asoul (ksar) | 51 |
| Aïn-Mer'asil (source) | 23 | Brézina (ksar et oasis) | 86 |

### DE GÉRYVILLE A METLILI DES CHAMBAÂ

|  | KIL. |  | KIL. |
|---|---|---|---|
| Stitten (ksar) | 15 | Tadjrouna (oasis) | 104 |
| Bou-Alam (oasis) | 52 | Aïn-Massin (puits) | 276 |
| Sidi-Tifour (ksar) | 70 | Metlili (ksar et oasis) | 316 |
| Kreneg-el-Melh (défilé) | 76 |  |  |

## ERRATA

Page 308, ligne 16. — Le maréchal des logis Vilmet a pris sa retraite dernièrement et a été remplacé dans son poste par un sous-officier indigène nommé Kaddour.

Page 375, ligne 13. — Lire : En y plantant environ *cinquante mille* palmiers.

# TABLE

|  | PAGES |
|---|---|
| Physionomie générale du Sahara. | 301 |
| Les Arabes sédentaires et nomades. | 303 |
| Les chameaux. | 305 |
| Les chasses à la gazelle, à l'autruche et au faucon. | 310 |
| Description et historique des principales oasis. | 317 |
| Laghouat. | 317 |
| Bou-Saâda. | 326 |
| Aïn-Madhi. | 328 |
| Le M'zab. | 333 |
| El-Goléa. | 340 |
| Ouargla. | 354 |
| Les missions Flatters. | 358 |
| Biskra. | 369 |
| Les Oulad-Naïl. | 370 |
| L'Oued R'rir. | 374 |
| Tougourt. | 376 |
| Temacin. | 379 |
| Les Ziban. | 380 |
| L'oued Souf. | 382 |
| Les dunes et le simoun. | 383 |
| Geryville. | 387 |
| Les fantasias. | 388 |
| Le cheval arabe. | 390 |
| Les Oulad-Sidi-Cheikh. | 392 |
| El-Abiod. | 393 |
| Les Hamiam-R'araba. | 397 |
| Aïn-Sefra. | 398 |
| Tiout. | 398 |
| Les principaux itinéraires, etc., etc. | 401 |

PARIS. — IMPRIMERIE G. ROUGIER ET Cⁱᵉ, RUE CASSETTE, 1.

www.ingramcontent.com/pod-product-compliance
Lightning Source LLC
Chambersburg PA
CBHW072114220426
43664CB00013B/2114